# 本册目次

# 持静齋續增書目卷五

## 經部

### 易類

周易本義十二卷 明官刊本，字大豁目。

宋朱子撰。

周易傳義大全二十四卷 明初刊本。又一部。

明永樂中翰林院學士胡廣等奉敕撰。

**周易粹義五卷** 舊抄本。有沈德潛《序》，間有删改，蓋其稿本。

國朝薛雪撰。

**讀易偶存五卷** 抄本。

國朝華學泉撰。

## 詩　類

**詩異文補四卷** 舊抄本，有「登府馮氏」、「震伯審定」諸印〔一〕。蓋其稿本。取材雖廣，而遺誤處亦多。

國朝馮登府輯。嘉興人。

# 周禮類

## 考工記上下二卷 刊本。

唐杜牧注。

# 儀禮類

## 儀禮識誤三卷 聚珍板本。前目有。

宋張淳撰。

## 儀禮集説十七卷 明初刊本。前目有。

元敖繼公撰。

# 春秋類

## 春秋辨疑四卷 聚珍板本。前目有。

宋蕭楚撰。

## 春秋傳註三十六卷 刊本。

明嚴啓隆著。入《存目》。

## 春秋經傳集解三十卷 刊本。附《考證》、《音義》、《名號歸一圖》各卷。

晉杜預撰，近人合編。

## 五經總義類

葛本十三經古注六函四十八册 刊本。

明金蟠校。

鄭志三卷 刊本。

漢鄭康成撰。

## 小學類

千字文注一册 明人精抄大字本，與胡曾《咏史詩》共一函。

縮本説文解字韻譜十卷 刊本。

國朝馮桂芬摹徐鉉原本。

佩觿三卷 宋刊本。原目有。

宋郭忠恕撰。

六書統二十卷 元至大改元刊本。季振宜曾藏。

元楊桓撰。

從古正文五卷 明刊本，闕。

明黄諫撰。

回溪史韻□□卷 舊抄本，闕。汪士鐘曾藏。

宋錢諷編。

# 附録

海篇直音四卷 元明間刊本。

正字玉篇大全一厚册 日本天保十四年刊本。日本甘泉堂梓。

詩韻輯編五卷 明刊本。王士禛曾藏。不箸撰者姓名。

切韻考五卷

國朝陳澧撰。

# 史　部

## 正史類

**史記索隱三十卷** 汲古閣毛氏覆刊宋單行本。

唐司馬貞撰。

**新唐書二百二十五卷** 明南監刊本。原目有。

宋歐陽修、宋祁同撰。

**舊五代史考異五卷** 抄本。

國朝邵晉涵撰。

遼史拾遺二十四卷，補編三卷 抄本。

國朝楊復吉輯。蓋因厲鶚《拾遺》尚有未備，而采《舊五代史》、《契丹國志》、《宋元通鑑》諸書以附益之。

## 編年類

續資治通鑑長編十八卷 舊抄本。始太祖建隆元年，終欽宗靖康二年。卷末有「常熟瞿氏鑒藏」、「恬裕齋」諸印。原目有此書，而繁簡不同。

宋李燾撰。乾道四年所進。

人代紀要三十卷 明刊本。有「韓村古雅堂書籍」、「筠甫藏書」諸印。

明顧應群撰。入《存目》。

憲章録四十七卷 明刊本。起洪武，迄正德。蓋用編年之例，以續所作《宋元通鑑》者。

明薛應旂撰。入《存目》。

欽定五朝實録 抄本。不全。

太祖高皇帝本紀二卷

太宗文皇帝本紀四卷

世祖章皇帝本紀八卷 存二卷。

乾坤正氣集内諸賢小傳一卷 陳彬華手稿。始周屈大夫，終明江天一，蓋從《正氣集》節采者。

國朝陳彬華撰。

## 紀事本末類

### 通鑑紀事本末補後編五十卷

舊抄本。《自序》題「康熙庚午」，蓋其手稿。

國朝張星曜撰。星曜，字紫臣，仁和人。

## 別史類

### 皇宋中興兩朝聖政六十三卷

宋刊巾箱本。汪士鐘、黄丕烈均藏。闕。

宋留正等編。

### 李氏藏書世紀六十八卷

明刊本。原《目》有。

明李贄撰。入《存目》。

歷代二十四史統紀表十三卷，歷代沿革表上中下三卷，歷代疆域表上中下三卷　嘉慶丁丑刊本。

國朝段長基輯。

## 雜史類

史纂通要後集宋二卷，金一卷　元刊本，精善。宋末胡一桂著《史纂通要》，起三皇，迄五代。此書以宋、遼、金三史仿其體例續之。璜川吴氏、閬原汪氏曾藏。

元董鼎撰。鼎，番陽人，號季亭。一桂，新安人，號雙湖。

先撥志始二卷　刊本。

明文秉蓀撰。入《存目》。

## 詔令類

聖訓三百卷 内府刊本。

高宗純皇帝御製。

## 傳記類

元名臣事略十五卷 元刊本，卷首有「元統乙亥余志安刊于勤有書堂」一條，與抄本頗有異同。有「安樂堂藏書記」、「汪士鐘讀書」諸印。又舊抄本，邵朖仙以淡生堂抄本校過。

元蘇天爵撰。

明名臣琬琰録二十四卷，續録二十二卷 藝海樓依閣抄本。

明徐紘編。

續名賢小記二卷　嘉慶乙亥吴枚庵手抄本。大概録勝國諸老遺事。枚庵抄此，時年已七十四歲，用心可謂勤矣。

國朝徐晟撰。晟，字禎起，一字損之。活埋庵主人樹丕子。樹丕，字武子，工八分書，著《識小録》四卷，頗多遺聞軼事。

雷塘庵主弟子記八卷　刊本。原目有。

國朝張鑑編。紀故大學士阮元事蹟，略如年譜。

潘文恭年譜一卷　刊本。

國朝大學士潘世恩自訂。

小浮山人年譜一卷　刊本。

國朝潘曾沂自訂。即潘公恭公之長子。

歷代傳國世次一卷 舊抄本。有「璜川吴氏探梅山房」印。

吴静軒編。不著名。先述正統世次、年號，次及僭竊。

江蘇昭忠録十六卷 刊本。

蘇州忠義局輯。

## 載記類

安南紀略上下二卷 舊抄本。

國朝任楝撰。

## 總志類

方輿勝略十八卷　明刊本。

明程百二輯。

方輿類纂二十八卷　刊本。

不著姓名，但書「文畬堂校梓」。

## 都會類

滇繫四十册　刊本，即《雲南通志》。

國朝師範輯。

廣東全省輿圖十二卷 刊本。

國朝吴興祚撰。

## 郡縣類

天順襄陽志四卷 明刊本。

明襄陽張恒編。

永昌府志二十六卷 乾隆五十年刊本。

國朝宣世濤修。

河間府志二十八卷 嘉靖間刊本。

明樊深撰。

河南府志一百十五卷　乾隆四十四年刊本。

國朝施誠修。

南安府志三十二卷　同治七年刊本。

國朝黄鳴珂修。

鄖陽府志三十卷　萬曆間刊本。

明徐學謨撰。

韶州府志十八卷　康熙三十六年刊本。

國朝唐宗堯修。

武岡州志三十卷 嘉慶二十二年刊本。

國朝許紹宗修。

潮州府志四十二卷 刊本。

國朝周碩勳輯。

豐順縣志八卷 刊本。

國朝葛曙輯。

常州府志三十八卷 康熙甲戌年刊本。

國朝于琨修。

長洲縣志三十四卷 乾隆十八年抄本。

國朝莊有恭輯。

江都縣志三十二卷 乾隆八年刊本。

國朝高士鑰輯。

豐縣志十六卷 乾隆二十四年刊本。

國朝盧世昌輯。

安東縣志十七卷 雍正五年重修抄本。

國朝余光祖輯。

溧陽縣志十六卷 嘉慶十八年刊本。

國朝陳鴻壽修。

川沙廳志十二卷 道光十六年刊本。

國朝何士祁修。

武進縣志三十六卷 道光二十三年刊本。

國朝楊承湛修。

桃源縣志十卷 抄本缺。

國朝蕭文蔚輯。

蘭谿縣志十八卷嘉慶五年刊本。

國朝嚴榮輯。

吴江縣志五十八卷乾隆丁卯刊本。

國朝陳莫纕輯。

崇明縣志二十卷雍正五年刊本。

國朝張文英修。

靖江縣志十八卷康熙十一年刊本。

國朝鄭重輯。

濟源縣志十六卷 乾隆二十六年刊本。

國朝蕭應植修。

金壇縣志十二卷 乾隆十五年新抄本。

國朝楊景曾修。

無錫金匱縣合志四十卷 嘉慶十八年刊本。

國朝秦瀛輯。

華亭縣志十六卷 乾隆五十六年刊本。

國朝程明愫輯。

婁縣志三十卷乾隆五十三年刊本。

國朝謝庭薰修。

江陰縣志二十四卷乾隆甲子刊本。

國朝蔡澍輯。

南匯縣志十五卷乾隆五十八年刊本。

國朝胡志熊輯。

甘泉縣志二十卷乾隆七年刊本。

國朝張宏運輯。

新修宜興縣舊志十卷 同治八年刊本。

國朝陸鴻逵修。

宜興縣志四卷 刊本。

國朝阮升基輯。

增修荆溪縣志四卷 刊本。

國朝唐仲冕輯。

續宜興荆溪縣志十四卷 刊本。

國朝龔潤森輯。

丹陽縣志二十二卷 乾隆十五年刊本。

國朝鄒廷模輯。

清河縣志二十四卷 咸豐四年刊本。

國朝吳棠修。

上海縣志二十卷 嘉慶十九年刊本。

國朝葉機輯。

奉賢縣志十卷 乾隆十九年刊本。

國朝李治灝輯。

震澤縣志三十八卷 乾隆十一年刊本。

國朝陳和志輯。

常熟縣志二十六卷 康熙丁卯刊本。

國朝楊振藻輯。

昭文縣志十卷 雍正九年刊本。

國朝勞必達輯。

沛縣志十卷 乾隆五年刊本。

國朝李棠輯。

金山縣志二十卷 乾隆十六年刊本。

國朝常琬輯。

嘉定縣志十二卷 乾隆七年刊本。

國朝程國棟修。

睢寧縣志十二卷 康熙五十七年刊本。

國朝劉如晏修。

青浦縣志四十卷 康熙八年刊本。

國朝楊卓修。

崑新縣合志四十一卷 道光五年刊本。

國朝張鴻修。

句容縣志六卷 抄本。

明王僖等同修。

銅山縣志二十四卷 道光十年刊本。

國朝崔志元修。

寶山縣志十卷 乾隆十年刊本。

國朝趙酉輯。

## 河渠類

具區志十六卷 刊本。

國朝吴縣翁澍輯。

## 邊防類

兵垣四編附九邊圖論一卷，函海圖編一卷 明套板。

明唐順之編。

## 山水類

柳元山水譜二册 刊本，古雅。

國朝黄中通編。

西湖志彙抄二卷 刊本。

國朝俞思沖撰。

## 外紀類

西藏志四卷 舊抄本，卷末有道光壬午仁和龔自珍手跋。

不著作者姓名。

日本外史三十二卷 東洋文政十二年刊本。

日本布衣賴襄輯。

## 職官類

元秘書監志十一卷 舊抄本。嘉慶中吴騫手校。

元王士點、商企翁同撰。

御史題名録一册 刊本。

國朝黄玉圃編輯。

## 官箴類

三事忠告三卷 刊本。

元張養浩撰。

安民實政十一卷 舊抄本。

明吕坤撰。

欽定訓飭州縣規條一卷 刊本。

雍正八年河東總督田文鏡奉敕條列。

蒞政摘要二卷 刊本。

國朝陸隴其撰。

## 儀制類

政和五禮精義注十卷 舊抄本。

題「宋韋彤編」。其書雜録經記，而不及宋事，全與題不相契，稍暇當考其顛末。且韋彤，唐人，有《五禮精義》，見馬氏

《通考》。此題爲宋，亦作僞之顯然可考者也。

**宋政和冠婚喪祭禮十七卷** 舊抄本。

題「宋南康黃灝商伯撮撰」。核其書，與題不相應。乃以《儀禮》十七篇分節略注，明晰簡當，似乾嘉老輩言《禮》家著述。

**大清通禮五十卷** 刊本。

乾隆元年奉敕纂。

## 邦計類

**錢幣考一卷** 抄本。有「海寧陳鱣觀」印。

此書即在《皇朝文獻通考》中摘抄者。

錢幣芻言一卷，續一卷刊本。
國朝王瑬撰。

## 目録類

欽定圖書集成目録二十卷刊本。
康熙□年奉敕編。

浙江採集遺書總録十二卷刊本。
國朝閩浙總督鐘音等輯。

百宋一廛賦一卷 抄本，原《目》有。

國朝顧廣圻撰，黄丕烈註。

儀顧堂書目一册 抄本。

國朝陸心源編。

## 金石類

金薤琳琅二十卷 明刊本，善。

明都穆撰。

金石萃編一卷 抄本。

國朝顧沅編。

鐘鼎彝器四册 阮氏刊本，善。

國朝阮元編。

## 史評類

漢書評林一百卷 明刊本。

明凌稚隆輯。

諸史拾遺五卷 刊本。

# 子部

## 儒家類

楊子法言十卷 元刊本。

漢楊雄撰，宋司馬光註。

呂氏鄉約一卷 宋刊本。有「安樂堂藏書」印。誤入。

宋呂大忠撰。

四如講義六卷 明刊本。誤入。

宋黄仲元撰。

庭訓格言一卷 刊本。

雍正八年世宗憲皇帝御纂。

北學編三卷 刊本。誤入。

國朝魏一鰲撰。

曾子注釋四卷 揚州阮氏刊本。

國朝阮元註。

## 兵家類

**戰守全書十八卷** 明刊本。

明范景文撰。

**則克録三卷** 丁拱辰刊本。原目有。

泰西湯若望授，明焦勖述。俱言火器之法，演砲以算法通者始此。

**治平勝算十九卷** 抄本。闕首卷，言水、陸戰守之事甚備。

題「雙峰年羮堯輯」。

武備彙編即數理全書四十八卷 抄本。有「吴晉德」印。

國朝福康安輯潘元焯手稿。吴晉德序

演砲圖説四卷，後編二卷 刊本。原目有。

國朝丁拱辰撰。

## 法家類

棠陰比事一卷，附録一卷 刊本。

宋桂萬榮撰。

## 農家類

**豐豫莊課農法一卷** 刊本。

國朝潘曾沂撰。

## 醫家類

**重修證類本草三十卷** 金泰和甲子刊本。平陽張存惠因解人龐氏本附以寇氏《衍義》，訂輯重刊，較嘉祐《補註》多增藥品六百二十八種，圖亦分晰無含混者，較之元刊爲更上一層。如此巨編，歷六七百年尚覺神明焕然，無絲毫污損，真醫家之秘笈也。季振宜、顧嗣立、吴翌鳳曾藏。

宋唐慎微撰。

三因極一病證方論十八卷 宋刊本。分病爲三因，一内因，一外因，一内外因也。

宋陳言撰。

保命集三卷 刊本。

金劉守真撰。

丹溪心法附餘二十四卷 明嘉靖十五年刊本。

元朱震亨撰。明方廣類編。

東醫寶鑑二十三卷，目録二卷 東洋刊本。緜紙初印，甚善。

明朝鮮許浚奉教撰。

理瀹駢文一卷 刊本。專言膏藥之法。原目誤入集部。

國朝吴師機撰。

## 天文算法推步類

天元曆理十卷 坊刊本。

國朝徐發撰。

回回曆法天符曆法十册 舊鈔本。顧澗蘋藏。推步精確，時有特見。

不著撰人名氏。有吴伯宗《序》，疑是明初之書。

## 術數類

### 參籌秘書十卷 明刊本。

采禽遁奇門諸書，以備兵家之用。行軍若專信其言，必爲所誤也。

明汪三益撰。入《存目》。

### 太乙統宗寶鑑二十卷 舊抄本。

舊題「元曉山老人撰」。入《存目》。

## 算學類

### 衡齋遺書三卷 刊本。

國朝汪萊撰。

## 藝術類

### 山谷題跋六卷 明刊本，善。

宋黄庭堅撰。

### 集古印正五册 刊本。

明甘暘編。

### 印譜日課編四卷 刊本。以正月初一日起，至十二月三十日止，凡遇古人書籍事實有關涉者，撰爲印章，考證頗博。

國朝盧登焯編。

印典八卷 刊本，善。

國朝朱象賢輯。

## 雜技類

泰西奇器圖説四卷 舊抄本。

西士鄧若函授，明王徵述。

## 雜家類

筆記三卷 明刊本。在《宋人八種》中。

宋宋祁撰。

東原録一卷 小山堂抄本。

宋龔鼎臣撰。

五總志一卷 小山堂抄本。陳鱣藏。

宋吴炯撰。

寓簡十卷 舊抄本。

宋沈作喆撰。

祛疑説一卷 明刊本。在《宋人八種》中。

宋儲泳撰。

經鉏堂雜志八卷 精抄本。顧沅藏。

宋倪思撰。

厚德録四卷 明刊本。在《宋人八種》中。

宋李元綱撰。入《存目》。

螢雪叢話二卷 明刊本。在《宋人八種》中。

宋俞成撰。

讀書隨記續記二卷 宋元間刊本。

不著撰者名氏。

筆塵十八卷 明刊本。

明于慎行撰。入《存目》。

星溪集略六册 舊抄本。

明汪佑手稿。

廣莊一卷 舊抄本。

明袁宏道撰。

觴政一卷 舊抄本。

明袁宏道撰。

瓶史一卷 舊抄本。又附《華嵩遊草》一卷。

明袁宏道撰。

雜録十册 舊抄本。

不著撰者姓名。

地學淺釋十三卷 上海製造局刊本。

國朝華蘅芳筆述。

製藥三卷 上海製造局刊本。

國朝丁樹棠筆述。

**開煤要法十二卷** 上海製造局刊本。

國朝王德均筆述。

**化學鑑原五卷** 上海製造局抄本。

英國韋而司撰。

**汽機信度一册** 上海製造局抄本。

## 類書類

**蒙求集註二卷** 明人大字精抄本，與《千字文》、《咏史詩》同函。

《蒙求》，晉李瀚撰；《集註》，宋徐子光撰。

海録碎事二十二卷 明刊本。

宋葉廷珪撰。

古今源流至論前集十卷，後集十卷，續集十卷，别集十卷 宋刊本。郁泰峰曾藏。

《前》、《後》、《續》三集，宋林駉撰；《别集》，宋黄履翁撰。

春秋左傳摘奇十二卷 影宋抄本。顧嗣立、何元錫均藏。闕。

宋胡元質撰。

新編事文類聚前集六十卷，後集五十卷，續集二十八卷，别集三十二卷，新集三十六卷，外集十五卷，遺集十五卷 元刊本，精善。

《前》、《後》、《續》、《别》四集，宋祝穆撰；《新集》、《外集》，元富大用撰；《遺集》，元祝淵撰。

古儷府十二卷 舊抄本。陳鱣曾藏。

明王志慶編。入《存目》。

古今類傳四卷 刊本。分春、夏、秋、冬四令。

國朝董穀士編。

齊名紀數十二卷 嘉慶間刊本。

國朝王承烈撰。

閭丘辨囿十種共二册 刊本。

瓣香寸玉五册 舊抄本。分三十四類。

國朝顧嗣立編。

桐窗説餘十卷 明人抄本，分二十五類。戴光曾藏。

## 小説家類

大唐世説新語十三卷 明刊本。

唐劉肅撰。

王文正筆録一卷　明刊本。在《宋人八種》中。

宋王曾撰。

陶朱新録一卷　舊抄本。

宋馬純撰。

丁晉公談録一卷　明刊本。在《宋人八種》中。

不著撰人名氏。

東洲几上語一卷，枕上語一卷　舊抄本。

宋施清臣撰。

萬曆野獲編三十卷 舊抄本。

明沈德符撰。

古今風謡二卷 明刊本。

明楊慎撰。入《存目》。

三岡識略十卷 舊抄本。始甲申，終丁丑，述明末之事居多。

國朝董含撰。

施氏家風述略一卷 刊本。

國朝施閏章撰。附有愚山手開藥方在内。

詒安録二卷 刊本。

國朝沈湛撰。

## 釋家類

景德傳燈録三十卷 舊抄本。

宋沙門道原撰。

釋氏稽古略續集三卷 明刊本。

明釋幻輪編。此所以續元覺岸之《稽古略》也。始元世祖甲子，終明熹宗丁卯，計三百六十四年。凡僧四百三十餘人。

## 附録　明世學山四十一種

俱舊抄本。中有與前目複見者數家，不復註明。其有爲《提要》所已採者，因繁簡不同，亦復概低一格。

### 郁離子一卷

明劉基撰。

### 潛溪邃言一卷

明宋濂撰。

### 文原一卷

明宋濂撰。

華川卮辭一卷

明王褘撰。

青巖叢録一卷

明王褘撰。

侯城雜誡一卷

明方孝孺撰。

薛子道論一卷

明薛瑄撰。

白沙語要一卷

明陳獻章撰。

海樵子一卷

明王崇慶撰。

黎子雜釋一卷

明黎久之撰。

海涵萬象一卷

明黃潤玉撰。

蜩笑偶言一卷

明鄭瑗撰。

類博雜言一卷

明岳正撰。

談藝録一卷

明徐禎卿撰。

錢子測語一卷

明錢琦撰。

## 詩談一卷

明徐泰撰。

## 甘泉新論一卷

明湛若水撰。

## 疑齋筆語一卷

明王鴻儒撰。

## 傳習則言一卷

明王守仁撰。

經世要談一卷

明鄭善夫撰。

心齋約言一卷

明王艮撰。

陰陽管見一卷

明何塘撰。

空同子一卷

明李夢陽撰。

方山紀述一卷

明薛應旂撰。

桑子庸言一卷

明桑悦撰。

后渠庸言一卷

明崔□撰。

升庵瑣語一卷

明楊慎撰。

詩評一卷

明王世貞撰。

文評一卷

明王世貞撰。

藝圃擷餘一卷

明王世懋撰。

近峰記略一卷

明皇甫庸撰。

學古瑣言一卷

明鄭曉撰。

廉矩一卷

明王文禄撰。

海沂子一卷

明王文禄撰。

文脉一卷

明王文禄撰。

## 二谷讀書記一卷

明侯一元撰。

## 客問一卷

明黄省曾撰。

## 擬詩外傳一卷

明黄省曾撰。

## 澹齋内言一卷

明楊繼益撰。

清暑筆談一卷

明陸樹聲撰。

儼山外纂一卷以上四十一種，俱在《明世學山》書中。

明陸深撰。

附録　廣百川學海一百三十七種俱明刊本。凡例與學山同。

聖學範圍圖

明岳元聲撰。

## 立春考

明邢雲路撰。

## 正朔考

宋魏了翁撰。

## 龍興慈記

明王文禄撰。

## 在田録

明張定撰。

肇基録

明夏元吉撰。

初政記

明沈文撰。

逐鹿記

明王禕撰。

東朝記

明王泌撰。

**龔起雜事**

明楊儀撰。

**椒宫舊事**

明王達撰。

**造邦賢勳録。**

明王禕撰。

**掾曹名臣録**

明王凝齋撰。

## 明良録略

明沈士謙撰。

## 從政録

明薛瑄撰。

## 致身録

明史仲彬撰。

## 殉身録

失名。

## 備遺録

明張芹撰。

## 平夏録

明黄標撰。

## 復辟録

失名。

## 夷俗記

明蕭大亨撰〔一〕。

## 北征録

明金幼孜撰。

## 北征後録

明金幼孜撰。

## 北征記

明楊榮撰。

## 使高麗録

宋徐兢撰。

## 玉堂漫筆

明陸深撰。

## 金臺紀聞

明陸深撰。

## 制府雜録

明楊一清撰。

## 北虜紀略

明汪道昆撰。

翦勝野聞

明徐禎卿撰。

觚不觚録

明王世貞撰。

溪山餘話

明陸深撰。

清暑筆談

明陸樹聲撰。

## 吴中故語

明楊循吉撰。

## 甲乙剩言

明胡應麟撰。

## 三朝野史

元吴萊撰。

## 熙朝樂事

明田汝成撰。

委巷叢談

明田汝成撰。

蜩笑偶言

明鄭瑗撰。

玉笑零音

明田藝蘅撰。

春雨𥜥述

明解縉撰。

## 病榻寤言

明陸樹聲撰。

## 褚氏遺書

明褚澄撰[三]。

## 瀟湘録

唐李隱撰。

## 清尊録

宋廉宣撰。

## 昨夢録

宋康譽之撰。

## 就日録

元虞集撰。

## 驚聽録

宋皇甫枝撰。

## 劇談録

宋鄭景璧撰。

解酲語〔四〕

元李材撰。

耳目記

唐張鷟撰。

括異志

宋魯應龍撰。

枕　譚

明陳繼儒撰。

猥譚

明祝允明撰。

語怪

明祝允明撰。

異林

明徐禎卿撰。

羣碎録

明陳繼儒撰。

位業圖

梁陶弘景撰。

空同子

明李夢陽撰。

冥寥子遊

明屠隆撰。

廣　莊

明袁宏道撰。

## 貧士傳

明黄姬水撰。

## 長者言

明陳繼儒撰。

## 香案牘

明陳繼儒撰。

## 娑蘿館清言

明屠隆撰。

## 續清言

明屠隆撰。

## 歸有園麈譚〔五〕

明徐太室撰。

## 偶譚

明李鼎撰。

## 冗譚

明彭汝讓撰。

## 金石契

明祝肇撰。

## 考槃餘事

明屠隆撰。

## 嵓栖幽事

明陳繼儒撰。

## 友論

泰西利瑪竇撰。

## 農説

明馬一龍撰。

## 山栖志

明慎蒙撰。

## 林水録

明彭年撰。

## 吴社編

明王穉登撰。

客越志

明王穉登撰。

雨航記

明王穉登撰。

荆溪疏

明王穉登撰。

大嶽志

明方升撰。

蜀都褋抄

明陸深撰。

金山褋志

明楊君謙撰。

泉南雜志

明陳懋仁撰。

武夷雜記

明吴拭撰〔六〕。

海槎餘録

明顧岕撰。

瀛涯勝覽

明馬觀撰。

滇載記

明楊慎撰。

閩部疏

明王世懋撰。

## 吴中勝紀

明華鑰撰。

## 田家五行

明婁元禮撰。

## 明月編〔七〕

明王穉登撰。

## 丹青志

明王穉登撰。

## 書畫史

明陳繼儒撰。

## 畫説

明莫是龍撰。

## 畫塵

明沈顥撰〔八〕。

## 畫禪

明釋蓮儒撰。

竹派

明釋蓮儒撰。

詞旨

元陸輔之撰。

詞評

明王世貞撰。

曲藻

明王世貞撰。

## 曲艷品

明潘之恒撰。

## 樂府指迷

明張玉田撰。

## 陽關三疊圖譜〔九〕

明田藝蘅撰。

## 藝圃擷餘

明王世懋撰。

學古編〔一〇〕

明吾丘衍撰。

古今印史

明徐官撰。

古奇器録

明陸深撰。

硯　譜

明沈仕撰。

## 奕律

明王思任撰。

## 葉子譜

明潘之恒撰。

## 茶疏

明許次紓撰〔一一〕。

## 岕茶箋

明馮可賓撰〔一二〕。

## 觴政

明袁宏道撰。

## 瓶史

明袁宏道撰。

## 瓶花譜

明張謙德撰。

## 藝花譜

明高濂撰。

## 藝菊譜

明黄省曾撰。

## 藝蘭譜

明高濂撰。

## 種樹書

明俞宗本撰。

## 學圃襍疏

明王世懋撰。

## 野蔌品[一三]

明高濂撰。

## 稻品

明黄省曾撰。

## 蠶經

明黄省曾撰。

## 魚經

明黄省曾撰。

獸經

明黄省曾撰。

虎苑

明王穉登撰。

# 集部

## 别集類 漢至宋。

諸葛丞相全集四卷 刊本。康熙間朱璘所編，附益後人題咏之文，未免末大於本。

蜀漢諸葛亮撰。

**讀杜愚得十八卷** 明洪武間刊本，佳。

明單復註。

**五家評本杜工部集二十卷** 五色套印本。

王世貞、王慎中、王士禛、邵長蘅、宋犖評點。

**權載之文集五十卷** 刊本。《四庫》所收僅十卷，此五十卷。蓋從王漁洋所見本覆刊也。

唐權德輿撰。

**咏史詩二卷** 明人大字精抄本。與《千字文》、《蒙求註》同册。

唐胡曾撰。

和靖詩集四卷 舊抄本。

宋林逋撰。

韓魏公集二十卷 康熙間張伯行刊本。

宋韓琦撰。

王魏公集上下二卷 明人抄本。

宋王安禮撰。

松鄉别集上下二卷 明人抄本。曹溶藏。

宋任士林撰。

**參寥子集十二卷** 明人抄本。毛晉、張月霄曾藏。

宋釋道潛撰。

**擊壤集二十卷** 明刊本。

宋邵雍撰。

**斜川集十卷** 元刊初印本，精善。

宋蘇過撰。

**唐眉山集二十卷** 舊抄本。此猶是據宋本過抄者，故與汪刊卷數不同。又一部，十卷。汪亮采刊本，缺詩。

宋唐庚撰。

梁谿集一百八十卷 舊抄本。

宋李綱撰。

鄱陽集四卷 金陵刊本，即據本齋依閣抄本付刻者也。又二部。

宋洪皓撰。

岳忠武遺集八卷 刊本。比明徐階所編者爲多。

宋岳飛撰。

周益公全集二百卷 精抄本。

宋周必大撰。

附録　明抄宋人小集一函三十七種計三十九集《凡例》與子部《學山》同。

太玉山人佩韋齋集七卷

宋俞德麟撰。

倚松老人集二卷

宋饒節撰。

何潛齋集四卷

□□□□撰。

傅忠肅公集一卷

宋傅察撰。

具茨集一卷

宋晁冲之撰。

幼槃集七卷

宋謝邁撰。

汪浮溪集一卷

宋汪藻撰。

高東溪詩一卷

宋高登撰。

白石詩一卷

宋姜夔撰。

薛瓜廬集一卷

宋薛師石撰。

雪巖吟草一卷

宋宋伯仁撰。

雪磯叢稿五卷

宋樂雷發撰。

疏寮小集一卷

宋高似孫撰。

雪林删餘一卷

宋張至龍撰。

癖齋小集一卷

宋杜旃撰。

秋江烟草一卷

宋張弋撰。

靖逸小草一卷

宋葉紹翁撰。

心遊摘稿一卷

宋劉翼撰。

竹溪十一稿一卷

宋林希逸撰。

臞翁詩集二卷

宋敖陶孫撰。

静佳龍尋稿一卷

宋朱繼芳撰。

静佳乙稿一卷

宋朱繼芳撰。

端隱吟稿一卷

宋林尚仁撰。

山居存稿一卷

宋陳必復撰。

雲泉詩一卷

宋薛嵎撰。

漁溪詩稿二卷

宋俞桂撰。

漁溪乙稿一卷

宋俞桂撰。

無懷小集一卷

宋葛天民撰。

雪篷稿一卷

宋姚鏞撰。

芸影倦遊稿一卷

宋施樞撰。

芸影横舟稿一卷

宋施樞撰。

吾竹小稿一卷

宋毛珝撰。

皇荂曲一卷

宋鄧林撰。

竹莊小稿一卷

宋胡仲參撰。

東齋小集一卷

宋陳鑒撰。

竹所吟稿一卷

宋徐集孫撰。

西麓稿一卷

宋陳允平撰。

陵陽先生集三卷

宋韓駒撰。

寇忠愍集二卷

宋寇準撰。

龍洲道人集十五卷

宋劉過撰。

## 別集類元

草廬文粹五卷 明宣德九年刊本。季振宜藏。

元吴澄撰。

石田集十五卷 舊抄本。孫星衍藏。

元馬祖常撰。

至正集八十一卷 藝海樓抄本。闕。

元許有壬撰。

貢禮部集八卷 舊抄本。

元貢師泰撰。

貞居先生集六卷，附録一卷 精抄本。計曦伯藏。

元張雨撰。

天隱禪師集六卷 明刊本。

元釋圓至撰。

樵雲獨唱四卷 抄本。

元葉顒撰。

東山存稿七卷，附録一卷 明刊本。

元趙汸撰。

楊鐵崖文集五卷 明刊本。

元楊維楨撰。

玉山草堂集二卷 明刊本。

元顧德輝撰〔一四〕。

九龍山人稿一卷 精抄本。

元□□□撰。

附録 金侃手抄元人詩一函計六種《凡例》與子部《學山》同。金侃，吴人，明諸生，入國朝隱居不仕，傭書自給。此六種并下十三種，皆其六十歲後所手抄也。人品與翰墨俱足珍寶，不獨所選詩超然物外也。每種卷首皆有「金侃仲子」、「老迂」等印。每卷末皆有自註抄書年月，有一種抄二三歲始竣事者。古人心苦節高如此。

秋聲集四卷

元黄鎮成撰。

圭峰集五卷

元盧琦撰。

清江碧嶂集一卷

元杜本撰。

傲軒吟稿一卷

元胡乘龍撰。

揭曼碩詩集四卷

元揭徯斯撰。

石田集五卷

元馬祖常撰。

又金侃手抄元人詩一函計十三種《凡例》見前。

所安遺集一卷

元陳泰撰。

漢泉漫稿五卷

元曹伯啓撰。

## 金囦集一卷

元元淮撰。

## 肅雝集一卷

元鄭氏允端撰。

## 檜亭稿五卷

元丁復撰。

## 黄文獻公集五卷

元黄溍撰。

南湖詩集二卷

元貢性之撰。

鹿皮子集四卷

元陳樵撰。

居竹軒詩集四卷

元成廷珪撰〔一五〕。

霞外集十卷

元馬臻撰。

傅與礪詩集八卷

元傅若金撰。

道園學古録八卷

元虞集撰。

静思先生詩集八卷

元郭鈺撰。

## 別集類 明

翠屏集四卷 舊抄本。

明張以寧撰。

覆瓿集八卷 舊抄本。

明朱同撰。

青丘全集 刊本。

明高啓撰。

家藏集七十七卷 明刊本。

明吴寬撰。

擬古樂府上下二卷 刊本。

儼山集一百卷，續集十卷 明嘉靖刊本佳。

明李東陽撰。

明陸深撰。

蘭暉堂集四卷 明刊本。

明屠應埈撰。

趙文肅公集 明刊本。

明趙貞吉撰。

孫太初集八卷 刊本。

明孫一元撰。

楊文懿公金坡稿七卷，銓部稿一卷，晉庵稿一卷，鏡川稿五卷，桂坊稿四卷，東觀稿八卷 明刊本，善。

明楊在陳撰。

羣玉樓稿八卷 明刊本，善。

明李默撰。

祐山集十卷 明刊本。毛晉藏。

明馮汝弼撰。

玄晏齋文集三卷，奏議二卷 明刊本。

明孫慎行撰。

安我素集四卷 刊本。

明安希范撰。

渼陂集十六卷，續集三卷 明刊本。

明王九思撰。

倪小野集八卷 明刊本。

明倪宗正撰。

餐薇子集三十卷 明刊本，佳。

明岳和聲撰。

金栗齋文集十一卷 明刊本。

明金瑶撰。

玉茗堂集十五卷 明刊本。

明湯顯祖撰。

熊經略書牘四卷 明刊本。

明熊廷弼撰。

葛中翰集四卷 刊本。

明葛麟撰。

未學庵集十卷 刊本。

明錢履撰。

吴節愍遺集二卷 刊本。

明吴易撰。

## 別集類國朝

御製樂善堂全集四十卷內府刊本。

高宗純皇帝御纂。

四此堂稿十卷刊本。

國朝魏際瑞撰。

邦士文集十八卷刊本。

國朝邱維屏撰。

騰笑集八卷 刊本。

國朝朱彝尊撰。

遥擲集□□卷〔一六〕刊本。善。

國朝馮武撰。

遂初堂集十六卷 刊本。

國朝潘耒撰。

樊榭先生遊仙集二卷 刊本。又一部。

國朝厲鶚撰。

湘中草一卷 刊本。

國朝湯傳楹撰。

墨井詩抄四卷 刊本。

國朝吴歷撰。

潛揅堂文集傳三卷 抄本。中有錢竹汀手改三百餘字。

國朝錢大昕撰。

歗夫詩文稿十八卷 刊本。

國朝李夢松撰。

藍户部集二十六卷 刊本。

國朝藍千秋撰。

思適齋十八卷 刊本。

國朝顧澗蘋撰。

鑑止水齋集二十卷 刊本。

國朝許宗彦撰。

聽漏吟草一册

國朝顧沅手稿。

真有益齋文集十卷，息耕草堂十六卷 刊本。

國朝黄安濤撰。

漱芳閣集十卷 刊本。

國朝徐士芬撰。

東洲草堂詩二十七卷 刊本。

國朝何紹基撰。

鴻爪集一卷 刊本。

國朝任荃撰。

通隱堂詩存三卷 刊本。

國朝張京度撰。

太僕集一卷 刊本。

國朝吴一嵩撰。

懷清堂書稿三册 手稿。

不著姓名。

紅荔山房稿一册 手稿。

國朝唐金華撰。廣東新會人。

存悔齋稿一册 抄本。

不著姓名。多集杜詩。

雜稿八厚册 舊抄本，多點竄，當是前輩手稿。

不著姓名。

## 總集類

才調集十卷 垂雲堂刊本，精善。王鴻漠舊藏。

蜀韋縠編。

唐文粹一百卷　宋寶元二年刊本。宋槧總集之存留於世間者，莫古於此。時刊訛脱陳陳，安得以此懸之國門，使不爲俗本所誤哉！田耕堂、宜稼堂均藏。

宋姚鉉撰。

西漢文鑑二十一卷，東漢文鑑二十卷　宋刊本。古氣渾穆，對之肅然。其文多有張溥所未選者，可寶也。田耕堂、愛日精廬均藏。

題「石壁野人陳鑑編」。

瀛奎律髓四十九卷　刊本，善。

元方回編。

## 草堂雅集十三卷 舊抄本。

元顧瑛編。

## 兩漢策要十二卷 據趙文敏手寫本付刊，精善。

不著編輯姓名。卷首有元大定乙巳王大鈞《序》〔一七〕。

## 元詩體要十四卷 刊本。

明宋緒編。

## 漢魏詩紀十卷 明刊本，善。

明馮惟訥編。

詩學大成二十五卷 明刊本。

明李攀龍編。

集古文英八卷 明刊本，善。

明顧祖武編。

二蘇文抄共四十八卷 明刊本。

明茅坤編。

吴都文粹續集五十六卷，補遺一卷 舊抄本。原目有。

明錢穀編。

武康四先生集十四卷　明刊本，善。

明楊鶴編。

國雅二十卷　明刊本，善。

明顧起綸編。

苑詩類選三十卷　明刊本，善。

明包節編。

四明文獻二册　明人抄本。

明鄭真輯。

今古文抄八卷　明刊本。

明徐鳴鶴編。

宋詩選四册　明人抄本。

不著編輯者名氏。

删訂唐詩解二十四卷　刊本。

明唐汝詢編。

五唐人詩集五册　汲古閣刊本。

□□□□編。

御定全金詩七十四卷 刊本。

康熙五十年奉敕編。

金文雅十六卷 刊本。

國朝莊仲方編。

文穀五卷 手抄本。有「馮舒」、「空居閣」諸印。

國朝馮舒編。

新安二布衣詩八卷 舊抄本。二布衣者，吴非熊、程孟陽也。

國朝王士禛編。

本事詩十二卷 刊本，善。

國朝徐釚編。

唐詩英華二十四卷 刊本。

國朝顧有孝編。

詩風集十六卷 刊本。

國朝徐崧編。

## 詩文評類

四溟詩話四卷 刊本，善。

明謝榛撰。

## 一瓢齋詩話一卷 刊本。

國朝薛雪撰。

# 詞曲類

## 蘆川詞上下二卷 明人影宋抄本。

每頁板心有「功甫」二字。何義門《跋》以爲錢功甫所藏之本，不知黄蕘圃所見宋板板心已有「功甫」二字，則非錢功甫明甚。或張元幹，一字功甫耶？此書蕘圃以宋本校過。卷末手跋至七八次，亦可謂好古之篤矣。又抄本，與前部共一函，均黄丕烈藏。

宋張元幹撰。

## 澹齋詞二卷 刊本。

國朝毛周撰。

## 【校勘記】

〔一〕清馮登府，字雲伯，此作「震伯」，疑有誤。

〔二〕蕭大亨　原作「葉大亨」。按《廣川學海》明刻本《夷俗記》作者作「蕭大亨」，據改。

〔三〕按，《四庫全書提要》考證《褚氏遺書》爲「宋時精醫理者所著，而僞託澄以傳」。褚澄亦南齊人，此題「明」，誤。

〔四〕醒　原作「醒」，據明刻本改。

〔五〕園　原作墨釘，據明刻本徐太室撰《歸有園塵譚》補。

〔六〕吴拭　原作「吴栻」。按，明馮可賓輯《廣百川學海》，收録吴氏此書，署名作「新都吴拭」。又錢謙益《列朝詩集小傳》云：「拭，字去塵，居新安之上山。」新安舊名新都。其人字「去塵」，則名「拭」正合。因據改。

〔七〕編　原作「篇」，據《廣百川學海》改。

〔八〕顯　原作「灝」，據《廣百川學海》《畫塵》改。

〔九〕陽關三叠　原脱「三叠」二字，據《廣百川學海》補。

〔一〇〕編　原作「篇」，據《廣百川學海》改。

〔一一〕紓　原作「舒」，據《廣百川學海》改。

〔一二〕賓　原作「璸」，據《廣百川學海》改。

〔一三〕蔌　原作「簌」，據《廣百川學海》改。

〔一四〕元　原作「明」。按顧德輝爲元代學者，卒於洪武二年，不當爲「明」。且此爲元代别集類書目，題「明」顯誤。因改。

〔一五〕成廷珪　原作墨釘，據《四庫全書總目提要》補。

〔一六〕「卷」空缺上原爲墨釘。查《清人别集總目》，馮武《遥擲集》爲「二十一卷」。

〔一七〕按，元代無「大定」年號，「大定」爲金世宗年號，「乙巳」爲金世宗大定二十五年。

# 持靜齋藏書記要

梁光華
梁　茜　點校
蒙耀遠

# 點校説明

廣東豐順丁日昌（一八二三—一八八二），字禹生，一字雨生，號持静，既是晚清協助曾國藩、李鴻章辦理洋務的得力助手，又是曾、李向朝廷舉薦，先後擔任蘇松太道、兩淮鹽運使、江蘇布政使、江蘇巡撫、福建巡撫兼督船政、會辦南洋海防、節度水師，并充兼理各國事務大臣等職的朝廷高官。丁氏同時又是富有實力、嗜好鑒賞、購置各類圖書古籍的學問家和藏書家。丁氏藏書樓初名「實事求是齋」，又名「百蘭山館」、「讀五千卷書室」等，終以其號「持静齋」名聞天下。丁氏藏書匯聚上海郁松年宜稼堂、黄丕烈皕宋一廛、蘇州顧沅藝海樓等晚清幾大藏書樓精品書，宋元明清舊版、鈔本、善本書琳琅滿目，號稱「十萬卷」。丁氏聘請其時在曾國藩幕府中久負盛名的學問家、詩人、書法家莫友芝擔任其開辦的蘇州書局總校理，又同時禮請莫氏幫助其整理持静齋藏書。莫友芝《持静齋藏書記要·序》叙述曰：

同治丁卯秋末，友芝浙游，還及吴門，禹生中丞命爲檢理持静齋藏書三百有若干匣，散記其撰述人代、卷帙刊鈔。逾兩月粗一周，未及次序。明年春，開書局，董校旁午。夏秋間暫還金陵，略以四部别之，旋輟去。己巳開歲，局事少减，乃舉官本《簡明目録》，悉齋中所有，注當條下。《庫目》未收或成書在後者，約略時代，條記於上下端，用助朝夕檢覽。東南文籍，夙稱美備，鎮、揚、杭三閣又得副天府儲藏。軍興以來，散亡殆盡。吾中丞鋭意時艱，力振頽弊，而敷政餘閑，即典册不去手。計十年搜集，除複重，可十萬卷。其中宋元善刻及舊鈔，大部小編，單秘無行本者，且居十之三四。於嘑，富哉！猶自以爲未備，不欲泛濫編録，因舉傳本希見，指述大略爲《記要》二卷存之，以諗好古之士。二月庚午，獨山莫友芝。

莫氏《郘亭日記》同治八年（一八六九）三月八日記曰：「《持静齋藏書記要》二卷編成，作字寄馬雨農、潘伯寅，并持謁中丞，留晚飯，乃出。」可見《持静齋藏書記要》最終編成于同治八年三月，其上卷記宋刊本（金刊附）十三種、元刊本十八種、明刊本（近代佚書附）二九〇種；下卷記鈔本、稿本四五〇種，全書共計七七一種。莫氏記所收各種書目版本、版式、卷次、序跋、經藏流傳及各種書内容提要，宋元金本書相對較詳，明本、近代書則相對簡略。特别是《四庫》收存書或未收書，則一一注明。《四庫》著録之正誤，亦加評點。莫氏是晚清就已享譽天下的著名目録版本學家，曾國藩、李鴻章委派其收訪江南古籍和《四庫》散佚之書，所著風行於海内外的代表名著《郘亭知見傳本書目》及《宋元舊本書經眼録》，與此《持静齋藏書記要》互爲呼應，三書互爲伯仲，交相輝映！同治八年三月，丁日昌得到莫友芝爲其所作《持静齋藏書記要》之後，即付梓行世。此後先後有據丁氏同治刻本排印的多種印本行世，例如民國七年廣州華英書局本、民國十三年（一九二四）蘇州文學山房本、民國二十三年（一九三四）北京來薰閣本，近年則有二〇〇九年上海古籍出版社出版發行的李淑燕點校本等等。

此次點校，以北京師範大學圖書館藏民國十三年（一九二四）蘇州文學山房本爲底本，以友芝《郘亭知見傳本書目》、《宋元舊本書經眼録》與之同條互校，兼以莫氏整理之《持静齋書目》以及《四庫全書總目提要》爲參校本，李淑燕點校本爲參校本，并依《持静齋藏書記要》正文，新編目録，以便檢索。

梁光華　梁　茜　蒙耀遠

二〇一三年十二月于黔南民族師範學院

# 目録

## 持静齋藏書記要卷之上

**宋刊本**金刊附



**元刊本**

**明刊本** 近刊佚書附

## 持静齋藏書記要卷之下

### 鈔本

同治丁卯秋末，友芝浙游，還及吴門，禹生中丞命爲檢理持静齋藏書，三百有若干匣，散記其撰述人代、卷帙、刊鈔。逾兩月粗一周，未及次序。明年春，開書局，董校旁午。夏秋間暫還金陵，略以四部别之，旋輟去。己巳開歲，局事少减，乃舉官本《簡明目録》，悉齋中所有，注當條下。《庫目》未收或成書在後者，約略時代，條記於上下端，用助朝夕檢覽。東南文籍，夙稱美備，鎮、揚、杭三閣又得副天府儲藏。軍興以來，散亡殆盡。吾中丞鋭意時艱，力振頽弊，而敷政餘閑，即典册不去手。計十年搜集，除複重，可十萬卷。其中宋元善刻及舊鈔，大部小編，單秘無行本者，且居十之三四。於嘑，富哉！猶自以爲未備，不欲泛濫編録，因舉傳本希見，指述大略，爲《記要》二卷存之，以諗好古之士。二月庚午，獨山莫友芝。

# 持静齋藏書記要卷之上

## 宋刊本 金刊附

**毛詩要義三十八卷**〔一〕

宋魏了翁撰。其居靖州時，取《九經注疏》摘爲《要義》之一也。依《箋》編二十卷，中又分子卷十有七，首《譜序》一卷，凡爲三十八卷。每頁十八行，行十八字。每卷各以一、二、三分條爲目，卑一格書。有一條二目者，其第二目標之眉上。又有當條所掇未盡之義，亦于眉上書之。鶴山《諸經要義》皆舉當時善本，綱提件析，條理分明，爲治經家不可少之書。今《四庫》所收，僅《周易》、《儀禮》是全帙，《尚書》、《春秋左傳》皆不完。後儀徵阮氏元撫越，乃得《尚書》闕卷及闕首二卷之《禮記》進之。而《毛詩》一種，自直齋、公武不著録，阮氏力求不得見者，乃巋然獨存于東南兵燹之餘，首尾完整，神明焕然，誠無上祕笈也。據卷中諸印，知經藏者曹寅、吴可驥及長白昌齡，桐鄉沈炳坦，後歸郁松年，推爲宜稼堂諸宋本之冠。今歸持静齋。

**儀禮注十七卷**〔二〕

漢鄭康成撰。每卷末分計經、注字數，宋本經史常有此例。每頁板心上端并有「淳熙四年刊」五篆字，嘗見乾道本《漢書》隸書刊年于板心中段之下。此亦其例。

**漢書一百二十卷**〔三〕

漢班固撰，唐顔師古注。宋景祐刊本，不足七十卷，據景祐本影鈔者七卷，餘以元人覆本補足之。歷藏陳繼儒、曹溶、黄丕烈、張蓉鏡、郁松年諸家。其原刊鈔補之卷及大德、元統修補之頁，丕烈悉記其目，裝卷端。影補數卷，猶出自倦圃前，頗爲精善。黄丕烈有此書完本，爲倪瓚凝香閣物者，後歸汪士鐘。此其次也〔四〕。

**資治通鑑綱目五十九卷**

宋朱子撰。乾道壬辰四月刊。緜紙精印〔五〕，半頁八行，行十七字。目雙行，亦十七字。季振宜、郁松年經藏。有明弘治初題識，已謂「此書難得善本，似此首尾精完，無儳配，尤難得」。矧更歷三百七十年，猶精完無少損缺，真鴻寶也。

**東都事略一百三十卷**〔六〕

宋王偁撰進。宋眉州刊本。半頁十二行，行二十四字。目録卷尾有楷書二行木記云：「眉山程舍人宅刊行，已申上司，不許覆板。」初印，極精好，薄緜紙，四端甚寬。此書康、雍間有覆本，亦可，對此便無足觀。有「薛紹彭」、「劉涇」二印。首有陳鱣録《讀書敏求記》及鱣圖像印。又經藏上海郁氏宜稼堂。偁，眉州人，故其鄉里首爲刊板。此本紙墨之善，與《綱目》巨編，皆海内所希見，史部之甲乙也。

**輿地廣記殘本二十一卷**

宋歐陽忞撰。其書三十八卷，此宋刊。起卷十八至末，而闕前十七卷。蓋顧氏小讀書堆舊藏。黄丕烈仿刊此書，《序》謂「淳祐重修本藏亡友顧抱冲家，不可復見」者，殆即此也。

**東南進取輿地通鑑三十卷**

宋孝節先生趙善譽撰。宋刊本。是書今《四庫》未收，各家書目惟《傳是樓》有之，云「二十卷」。考《宋志・史鈔類》，趙善譽《讀史輿地考》六十三卷，一名《輿地通鑑》。《直齋書録》有《南北攻守類考》，亦六十三卷，云：「監進奏院趙善譽撰進(七)，以三國、六朝攻守之變，鑒古事以考今地，每事爲之圖。」按《直齋》説，知即此書，而異其題耳。其書既分圖三國至南北朝東南攻守事，圖後又附以地理考及本事始末，蓋爲南渡後圖金而作，是當日極有心人極有用書也。惜存卷才及半而弱，序全而目不具。于三十卷後有割補痕，以冒爲不闕，欺售者。然較傳是樓本已增十卷，且總圖總論具在，其每事分圖亦及于晉，于讀史方輿致用處，亦已見其大端。因其法推究之，資于宏濟不少。斷帙僅在，而舉世莫傳，亦史部無上之祕笈矣。半頁十三行，行十九字。宋克、冒鸞、黄丕烈、汪士鐘、郁松年皆經藏。

《自序》云：善譽聞險要視乎地，攻與守屬諸人。古今之地未始殊絶，而或得或失者，人事之不侔也。自三國以迄于陳，南北攻守之變備矣。其事可類而覽也，□其地不可不考而圖也。覽古之事，以考今之地，□爲有用之學哉！難之者曰：「古尋陽本治江北，而今在江南，自温嶠始徙也。古當塗，本以塗山爲邑，而今在姑熟，晉成帝遷之也。是郡邑之不常，未易以今究也。古駱谷道，自盩厔南通漢中，今塞矣。唐武德間所開，非必漢、魏之舊也。古巢河水，北流合于肥河，今湮矣。吴魏舟師之所由不可見矣。是川陸之不常，未易以今論也。」若此之類，不勝殫舉。則此書欲以有用，無乃幾于無用也。吁！杜征南預以晉之郡國，而釋春秋之地名，顔祕監師古以唐之州縣，而注秦漢之疆域，其曰未詳者，不害爲闕疑，而二書遂了然于千載。而以古今之難窮爲諉〔八〕，而不盡其心哉！故因《通鑑》編年，參之正史，以類南北之武事，即地理之書，考之今日，以究攻守之所在。既載其事以論之，又爲圖于前，以便稽覽。雖曰昔人遺迹不無湮滅，而古今地志亦或疏略，然尋文□圖，可考者十常八九。其所未究則闕之，以俟博□，於史學不爲無補也。唐太宗有言曰：「以古爲鑒，可知興替。」而光武系隆炎漢，廓清六合，實有感于披輿圖之日。則是書之有用，將不止爲觀史之助焉。趙善譽謹序〔九〕。

**鹽鐵論十卷**

漢桓寬撰。宋刊本。每半頁十行〔一〇〕，行十八字。末卷尾有「淳熙改元錦谿張監税宅善本」二行楷書木記。首有己巳孟春河漢馮武題識云：「以贈平原文虎道兄。」武，班之猶子也〔一一〕。文虎，不知何人。己巳，應係康熙二十八年。

**圖解校正地理新舊十五卷**〔一二〕

宋官撰。金刊本。宋初，因唐吕才《陰陽書》中《地理》八篇增輯爲《乾坤寶典》。景祐初命修正舛戾，别成三十五篇，賜名《地理新書》。皇祐三年復詔王洙等勾管删修，勒成三十二篇。事具洙《進書序》，略曰：自吕才成書，名以地理，而專記冢墓，頗殺以室舍，吉凶同條，非著書之法。今首以城邑、營壘、寺署、郵傳，則左陰有陽，刑禍福德所相也。辨之以四方，叙之以五行，商之以五姓，憲之以九星，媲之以八卦，參之以八變，爲《地事》，凡二十篇。終以冢穴，埏道、門陌、頃畝。則開三閉九，山壟水泉聽相也。任之以八將，齊之以六對，董之以三鑑，傣之以六道，爲《葬事》，凡十篇。若乃岡原利害，則繪之以易民用，爲《地圖》一篇。種次有彙，則總之以便看讀，爲《目》一篇。勒成三十二篇。閫之以經義，辨鑿空也。質之以史傳，信休咎也。廣之以異聞，求成敗也。巫史所傳，則存其可據者，不顓折見也。辭質而易曉，便于俗也。文繁不具傳〔一三〕。金世宗大定甲辰宋淳熙十一年平陽畢履道校正，爲之圖解。章宗明昌壬子當宋紹熙三年古戴鄙夫張謙更爲精校以行。此本即其時刻也。《四庫》未收，各家書目亦未著録，亦術數家古笈僅存者矣。汪士鐘、黄丕烈皆經藏。半頁十七行，行三十字。其雙行細注，皆刻劃分明。

**米海岳畫史一卷**〔一四〕

宋米芾撰。首有葉氏藏書印，蓋菉竹堂故物。末朱書「康熙癸巳蔣生子範所贈」。咸豐四年顧武保識其前，謂是册宋槧初印，購、貞、殷、徵等字避諱。朱字一行，何義門手筆。子範，長洲蔣楝字，義門弟子也。

**寶古堂重修考古圖十卷**

宋吕大臨撰。刊印極精善。中有文淵閣印，蓋明内府物也。定爲宋刊宋印。

**世彩堂韓昌黎集註四十卷外集十卷遺文一卷附集傳一卷**

唐韓愈撰，宋廖瑩中輯註。刊板初印，紙墨精絶。項氏萬卷堂舊藏。又經藏汪士鐘、郁松年。每卷尾有「世綵堂廖氏刊梓家塾」篆書兩行木記。每頁心下端有「世綵堂」字。明萬曆中，長洲徐時泰翻刻此書，悉以「東雅」易頁心「世綵」字，卷尾木記皆易之，世謂東雅堂本。舊印亦精工可觀，而以此本視之，直奄奄無生氣，尚未到唐臨晉帖也。海内集部佳本，斷當推此第一。

**三蘇文粹七十卷**

殘本。宋人編録宋蘇洵及二子軾、轍之文。失其姓名。或以爲陳亮，蓋緣亮有《歐陽文粹》而附會耳。《四庫》據明刊本，未見宋刊，存其目于明人總集中〔一五〕。此本僅後半，始三十四卷，至七十。其前半闕，實宋刊也。

## 元刊本

**尚書蔡氏傳輯録纂註六卷書序纂註一卷**

元董鼎撰。其子真卿以延祐戊午十月刊于閩坊。其卷首綱領，末頁有「建安余氏勤有堂刊」篆文二行木記。全書皆朱筆句讀，註及輯纂，并朱墨筆抹其綱要。本書考證未備或增引，書之卷端，不知何人筆也。每半頁十行，行大字二十，小二十四。每卷末有「秀水朱氏潛采堂圖書」，又有「項蘭谷史籍章」、「檇李姚我士史籍章」、「紵山埜逸」三印。曝書亭舊藏。

**春秋胡氏傳纂疏三十卷**〔一六〕

元汪克寬撰。有至元戊寅汪澤民〔一七〕、至正辛巳虞集兩序。《凡例》後自記成書始末，爲至正六年丙戌。後有楷字二行木記云：「建安劉叔簡刊于日新堂。」吳國英跋云：「至正戊子正月鐫諸梓。」克寬至明猶存，與修《元史》。此著則先已刊行。半頁十行，行二十一字。傳亦大書，卑一格。

**元新刊禮部韻略五卷首貢舉條式一卷**〔一八〕

金王文郁撰。并舊韻二百六部爲一百六部，即陰氏《羣玉》所本。而所并二韻之間必以魚尾隔之，使舊部分明可見，則勝于陰韻之叢脞。是書初刊于金正大己丑。此本五卷，末有「大德丙午重刊新本，平水中和軒王宅印」二行書木記，則元重刊本也。卷首載貢舉三試程式，一曰《御名、廟諱迴避》，二曰《考試程式》，三曰《試期》，四曰《章表迴避字樣》。可見當時制度，可與史志選舉科目條互證。又有《壬子新增分毫點畫正誤字》五葉，則刊成後六年所增。《四庫》未收。

**五代史記七十五卷**

宋歐陽修撰，徐無黨注。刊本。半頁十行，行十八字，注行二十一字。略如今行王、柯兩

《史記》之式，而字尤圓好。不載附刊年月。以書品定之，實元刊也。

**通鑑地理通釋十四卷**

宋王應麟撰。元至正十一年附《玉海》刊本。

**金陀粹編二十八卷續編三十卷**〔一九〕

宋岳珂撰。珂以嘉定戊寅守嘉禾，刊《粹編》。紹定改元，又刊《續編》。元時，嘉禾板已無存。至正二十三年，吴門朱元祐重刊于西湖書院，即此本也。《岳忠武王文集》十卷，珂悉載《粹編》中，爲卷之十至十九。《四庫》録忠武遺文僅一卷，爲明徐階所編，謂十卷本已不傳。檢核是編，固完善無恙也。欣喜記之。齋中又有依鈔此本一部。

**通典詳節四二十卷**

元人節鈔杜佑書，以備科舉之用。《目録》後有「至元丙戌重新繡梓」三行。未爲善本，聊以元刊附存。

**管子二十一卷**

刊印不工。王芑孫舊藏。以朱筆校過。以爲元板。九行，行二十字。首題識云：「芸臺先生至杭，停泊胥江，過鷗波舫，出是書相贈。同年黄蕘圃見之，定是元板，市中不可多得，因重裝之。鐵夫記。」〔二〇〕

**政和新修經史證類本草三十卷**

宋唐慎微撰，曹忠孝奉敕校。元刊明印。曝書亭舊藏。

**書法鉤玄四卷**

元蘇子啓撰。《四庫》存目。此明趙宧光寒山精舍所藏元刊本。卷中批抹多用草篆。四卷末記一行云：「萬曆壬子仲春二日胡蝶寢閣。」皆凡夫手迹也。一卷首有印曰「梁鴻墓下」。凡夫寒山[一一]，當去鴻墓不遠。聞昔有梁方伯莅吴，訪求鴻墓不得，正可依寒山舊址一更尋之。

**玉海二百卷附詞學指南四卷**[一二]

宋王應麟撰。元至元四年刊，至正十一年補正漏誤六萬字。趙體書，極工緻，首尾一律，緜紙精印本。失首册，精鈔配入。當湖胡惠孚、滬上郁松年皆經藏。半頁十行，行二十字。明時此板歸南監，正德、嘉靖遞有修補，不足觀已。

**小學紺珠十卷**[一三]

宋王應麟撰。元刊明印本。

**韻府羣玉二十卷**

元陰時夫、中夫兄弟同編。延祐甲寅刊本[一四]。

**羣書事林廣記前集卷之一後集卷之二**

宋西穎陳元靚編。考倪燦《明史·藝文志稿補》宋有陳元靚《事林廣記》十卷，注云「一作十二卷」。蓋即其殘帙。疑宋元舊刊也，姑附之元本中。《四庫》未收。

**集千家註杜詩二十卷附録一卷**

唐杜甫撰。元高楚芳删南宋書肆所編千家註，散附以劉會孟評語刻之，印本尚可。亦元末明初也。

**臨川集一百卷**

宋王安石撰。危素未入明所刊。亦有明時修板。

**東萊吕太史文集十五卷外集五卷**〔二五〕

宋吕祖謙撰。元刊本。按：《四庫》本尚有《别集》十六卷，《附録》三卷，《拾遺》三卷，合四十卷。此本尚佚其半。

**劉静修先生集二十二卷**

元劉因撰。元刊本，細行密字，頗精雅。《四庫》録此集三十卷，乃别據一元刊也〔二六〕。

## 明刊本 近刊佚書附

**東坡易傳九卷**

宋蘇軾撰。明焦竑刊。

**周易新講義十卷**

宋龔原撰。字深甫，遂昌人。少與陸佃同師王安石，官至寶文閣待制。安石自以《易解》未善，故紹聖後，原《講義》與耿南仲註并行場屋〔二七〕。見晁公武《讀書志》。《四庫》未收。日本天瀑山人以活字印入《佚存叢書》，自題「文化五年」，當今嘉慶十三年。

**泰軒易傳六卷**

宋清源李中正字伯謙撰。後有嘉定庚辰廣川董浩跋，云：「泰軒先生以《易》鳴吾邦，凡卦爻之義，皆于六書中求之。」是書久佚，《經義考》不載，《四庫》未收，唯日本足利學藏有其國文明中影本。歲庚申，天瀑山人以活字印行，當今嘉慶五年。

**洗心齋讀易述十七卷**

明潘士藻撰。萬曆丙午刊。

**周易會通十二卷**

明汪邦柱、江柟同輯。萬曆丁巳刊。《四庫提要》「汪」作「王」，入《存目》。後凡《四庫存目》之書，但注云《存目》。

**易憲二卷**

明沈泓撰。明刊本。《存目》。又一舊鈔本。

**東坡書傳十三卷**

宋蘇軾撰。明焦竑刊。

**書經纂言四卷**〔二八〕

元吴澄撰。明嘉靖己酉顧應祥刊于滇中。秀水朱氏曝書亭舊藏。通志堂刊是書，即據此本。首有題識云：「是書購之海鹽鄭氏，簡端所書，猶是端簡公手迹也。會通志堂刊《經苑》，以此畀之，既而索還存之笥。壬申歲歸田，檢櫝中藏本，半已散失，幸此書僅存。又七年，曝書于亭南，因識。竹垞七十一翁。」

**詩集傳八卷**

宋朱子撰。明司禮監官刊附《音釋》本。字大豁目〔二九〕。

**毛詩正變指南圖六卷**

宋人撰。明陳重光訂刊。《存目》。

**六家詩名物疏五十四卷**

明馮應京撰。萬曆乙巳刊。

**詩經類考三十卷**

明沈萬鈳輯。明刊本。《存目》。

**考工記注二卷**

唐杜牧撰。道光間，仁和胡埏琳琅秘室活字印本。未收。

**周禮全經釋原十四卷**

明柯尚遷撰。隆慶四年刊。

**儀禮注疏十七卷**

漢鄭氏注，唐賈公彦疏。明廬陵陳鳳梧刊本。按：明至正德時，南監諸經疏板尚無《儀禮》，僅有宋楊復《儀禮圖》。嘉靖初，鳳梧在山東刊此十行本，乃移入焉〔三〇〕。未幾，李元陽按閩，刊十三經，其《儀禮》即因此本。後北監、毛晉刊經疏，并依閩本。其經文脱逸數處與改賈氏舊疏五十卷爲十七，皆自鳳梧此刊始。惟板式、字畫皆可觀。

**禮記集説三十卷**

元陳澔撰。明刊本。《四庫》著録《雲莊禮記》十卷。今本通行皆然。疑此是原編。

**春秋經傳集解三十卷**

晉杜預撰。明仿宋岳氏本。岳氏《相臺九經》，明時多有覆刊，以此經爲最善。

**音點春秋左傳句解三十五卷**

元朱申撰。明刊。《存目》。

**春秋億六卷**

明徐學謨撰。徐氏刊《海隅集》本。

**左求二卷**

明錢旃撰。崇禎四年刊。《四庫》未收。後凡《提要》所無，但注云：「未收」。

**春秋臆説四卷**

國朝吴啓昆撰。康熙五十九年刊。未收。

**六經圖巨册六卷**

宋陳森乾道元年編。曰《大易象數鈎深圖》、《尚書軌範撮要圖》、《毛詩正變指南圖》、《周禮文物大全圖》、《禮記制度示掌圖》、《春秋筆削發微圖》各一卷，彙刊于撫州。明萬曆丙辰郭若維更考定刊之。未收。

**四如講稿六卷**

宋黄仲元撰。明嘉靖丙午刊。

**簡端録十二卷**

明邵寶撰。崇禎辛未刊。附《書説》一卷，《左觿》一卷〔三二〕。

**四書集註二十六卷附大學中庸或問二卷**

宋朱子撰。明司禮監刊本。

**經筵進講四書十册**

明張居正撰。今康熙十一年刊本。未收。

**附論語新註四卷**

今日本豐幹子卿撰。自序署「天明戊申」，當乾隆五十三年。

**苑洛志樂二十卷**

明韓邦奇撰。嘉靖中刊。

**鄭世子樂律全書四十二卷**

明朱載堉撰。凡十種。明刊巨册。

**説文長箋一百四卷附六書長箋七卷**

明趙宧光撰。萬曆戊午刊〔三二〕。《存目》。

**五音類聚四聲篇海十五卷**〔三三〕

金韓道昭撰。明萬曆中刊。《存目》。

**五音集韻十五卷**

金韓道昭撰。明萬曆中刊。

**洪武正韻十六卷**

明樂韶鳳等奉敕撰。司禮監官刊本。

**泰律篇十二卷**

明太僕寺卿河西葛中選見堯撰。論字母音呼之學。《四庫》未收。嘉慶庚午汪潤之督學雲南，始與楊一清《關中奏議》、《石淙集》合刊以行。

以上經部

**史記集解合索隱一百三十卷**

漢司馬遷撰，宋裴駰集解，唐司馬貞索隱。明正德時依中統本傳刊。

**史記三家注本一百三十卷**

唐張守節《正義》，合《集解》、《索隱》編之。明嘉靖四年王延喆覆刊宋本，初印，以黄柏染緜紙。凡序目尾或卷尾有「王氏校刊」木記處，悉裁去，以冒宋本。其《周本紀》第廿七頁，王氏所據宋本失之，以意補綴。失載《正義》、《索隱》數條，此正相合。然宋本不可得，得王本如此者，亦宋之次矣。又一部，緜紙完善，印亦中上。又萬曆二年，余有丁校刊南監本，又萬曆二十四年馮夢禎校刊南監本〔三四〕。

**漢書一百二十卷**

漢班固撰，唐顔師古注。明嘉靖九年南監祭酒張邦奇等校刊本〔三五〕，緜紙初印，絶精。

**後漢書一百二十卷**

《紀》、《傳》，宋范曄撰，唐章懷太子賢注。《志》，晉司馬彪撰，梁劉昭注補〔三六〕。明吴勉學刊本。

上正史。

**資治通鑑綱目五十九卷**

宋朱子撰。附商輅撰《續編》二十七卷。明成化官刊大字本。

**資治通鑑綱目七家注五十九卷**〔三七〕

明正德癸酉福州刊本。七家者，宋尹起莘《發明》、劉友益《書法》，元汪克寬《考異》、王幼學《集覽》、徐文昭《考證》，明陳濟《正誤》、馮智舒（一作劉弘毅）《質實》。本各自爲書，自弘治戊午黄仲昭刊本彙入編中，此本繼之。《書法》、《發明》，義例紛紜，尤亂人意。後來傳刻通行，未有能廓清之者。

**資治通鑑節要五十卷續編三十卷**

明官刊大字本。《節要》存目，《續編》不收。

**歷代通鑑纂要九十二卷**

明正德六年李東陽等表進。十四年慎獨齋刊。《四庫》不收，于《通鑑輯覽·提要》中一及之。以《輯覽》因是書蕪漏而作也。上編年。

**人代紀要三十卷**

明顧應祥撰。嘉靖三十七年刊。《存目》。

**古史六十卷**

宋蘇轍撰。明萬曆辛亥南監刊本。

**通志二百卷**

宋鄭樵撰。明官刊大字本〔三八〕。

**宋史新編二百卷**

明柯維騏撰。嘉靖乙卯刊。《存目》。

**李氏藏書六十八卷續二十七卷**

明李贄撰刊。《存目》。

**國語注附補音二十一卷**

吴韋昭注，宋宋庠補音。明張一鰻、郭子章同校刊。

**戰國策鮑註十卷**〔三九〕

宋鮑彪注。明嘉靖壬子刊。

**建文書法儗五卷**

明朱鷺撰刊。《存目》。

**先撥志始二卷**

明文秉蓀撰刊。紀萬曆起至崇禎二年諸大案。《存目》。

**頌天臚筆二十四卷**

明金日升撰。紀崇禎時誅璫、起廢諸事。崇禎己巳刊。《四庫》未收。

**明朝小史十八卷**

刊本。題蘆城赤隱吕毖輯著。紀録始太祖，至福王。按：毖校次《明宫史》，《四庫總目》以爲蓋明宫監。今蘇城西南靈巖山下小桃源，是毖隱居處，有墓碑記其辟穀及禱雨異徵。臨終書偈有云：「一輪明月空中相，千片桃花影裏身。」又似明之遺老隱於佛道者。疑莫能明也。《四庫》未收。上雜史。

**包孝肅奏議十卷**

宋包拯撰。明刊，據宋淳熙元年趙磻老廬州本〔四〇〕。

**諫垣遺稿二卷**

明湯禮撰。嘉靖癸巳刊。未收。

**司馬奏疏三卷**

明王家楨撰。字軒録，長垣人。明末爲兵部侍郎，甲申殉難。康熙時刊本。未收。

**唐忠臣録三卷**

明鄭瑄編唐張巡、許遠事實，附以南霽雲、雷萬春及後人祠記題詠。正統十三年刊。未收。

**殷太師比干録三卷**

明曹安集編比干墓碑題咏。天順二年刊。未收。

**楊文敏公年譜四卷**

明徐文洒編。譜楊榮事迹。嘉靖壬子刊，藍印。未收。

**宋左丞相陸公全書八卷**

刊本。明末王應熊編。録宋陸秀夫事迹、遺文，附以贊詠。未收。

**忠節録一卷**

刊本。録明孫傳庭傳志。未收。

**唐才子傳十卷**

元辛文房撰。今嘉慶癸亥日本人活字印本〔四一〕，猶是元人舊帙，較《四庫》八卷本爲足。

**列卿年表一百九十三卷**

明雷禮撰。始洪武，至隆慶。《四庫》此類《存目》有禮《列卿紀》百六十五卷，才及嘉靖，而書題、卷數不同，蓋彼于《表》後又附事迹行實。此則單《表》無行實之別一本也。

**明郡牧廉平傳十卷**

明王昌時輯刊。始洪武方克勤，至萬曆朝朱燮元，百五十二人。載李元陽仁甫知荆州府，首拔張居正，爲得人。未收。

**吴中人物志十三卷**

明張昶撰〔四二〕。隆慶庚午刊。《存目》。

上傳記。

**通鑑總類二十卷**

宋沈樞編。明刊本。又一部元本者，佳。

上史鈔。

**輿地紀勝二百卷**

宋王象之撰。《四庫》未收。至嘉、道間始得舊鈔，傳録甚不易。咸豐中，南海伍崇曜始刊此本[四三]。中缺二十七卷，無從補完。

**明一統志九十卷**

明李賢等奉敕撰。慎獨齋刊本[四四]。

**嘉靖太倉州志十卷**

明嘉靖丁未周士佐、周鳳岐重修刊本。未收。

**萬曆杭州府志一百卷**

明萬曆七年郡人陳善纂修。刊本。未收。

上都會邦縣。

**水經注四十卷**

漢桑欽撰，後魏酈道元注。明嘉靖中刊本。上端書考校語，幾滿，甚博贍。未詳其人。

**河防一覽十四卷**

明潘季馴撰。明刊本。

**籌海圖編十三卷**

明胡宗憲撰。明刊本。

**兩浙海防考十卷**

明范淶撰。萬曆元年刊。《四庫》未收，而《存目》中有淶《兩浙海防類考續編》十卷，則續此編也。上邊防。

**金陵梵刹志五十三卷**

明葛寅亮撰刊。上古迹。

**續吴録二卷**

明沛劉鳳子威撰刊。記明初及于萬曆時。

**帝京景物略八卷**

明劉侗、于奕正同撰刊。《存目》。上地理雜記。

**遊名山記四十八卷圖一卷附録一卷**

明人因何鏜《古今游名山記》而廣之。刊本。失姓名。《存目》。上雜記。

**東西洋考十二卷**

明張燮撰。萬曆戊午刊。上外紀。

**唐六典三十卷**

唐玄宗御撰，李林甫等奉敕注。明嘉靖甲辰浙江按察司刊。上職官。

**舊京詞林志**

明周應賓撰。萬曆二十五年刊。《存目》。

**臣軌二卷**

唐武后撰，其注未詳撰人。分《國體》、《至忠》、《守道》、《公正》、《匡諫》、《誠實》、《慎密》、《廉潔》、《良將》、《利人》十章。自鄭樵《通志》後無著録者。《四庫》未收。嘉慶初日本人活字印本。

**牧津四十四卷**

明祁承㸁編。天啓甲子刊。《存目》。上職官。

**通典二百卷**

唐杜佑撰。明嘉靖戊戌方獻夫刊。

**福建市舶提舉司志一卷**

明高問奇編。嘉靖乙卯刊。未收。

**康濟譜二十五卷**

明潘猶龍撰。崇禎庚辰刊。未收。

**活民書拾遺一卷增補一卷**

元張光大增，明朱熊補遺。蓋增補宋董煟書。舊刊。未收。

上邦計。

**史通二十卷**

唐劉知幾撰。明嘉靖乙未陸深刊于蜀中本。顧廣圻藏。初印精善。

**小學史斷二卷**

宋南宫靖一撰。明刊本。《存目》。

**學史十三卷**〔四五〕

明邵寶撰。崇禎辛未刊附《簡端録》本。

上史評。

以上史部

**鹽鐵論註十二卷**

漢桓寬撰，明張之象註。嘉靖癸丑刊。《存目》。

**中說十卷**

隋王通撰。明世德堂刊〔四六〕。

**中說考七卷**

隋王通撰，明崔銑考〔四七〕。未收。

**大學衍義補一百六十卷**

明丘濬撰。明刊未有評點之本。

**質孔説二卷**

國朝康熙間昆山周夢顔撰。琳琅秘室活字本。未收。

**蠹言四卷**

國朝嘉慶間高密李詒經五星撰。宿遷王氏信芳閣活字本。

上儒家。

**兵録十四卷**

明何汝寅撰。萬曆丙午刊。未收。

上兵家。

**農書十卷**

元王禎撰。明萬曆末刊本。不足。

上農家。

**管子二十四卷**

唐房玄齡注。明萬曆壬午趙用賢刊。

**商子五卷**

明刊。

**韓非子二十卷**

明趙用賢刊。

**敬由編十卷**

明合肥竇子偁爲刑部郎時編。録前代明君賢臣慎獄執法事。案：曰「敬由」者，取《書》「式敬爾由獄」之意。明萬曆辛亥刊。未收。上法家。

**黄帝素問二十四卷**

唐王冰注。明嘉靖庚戌顧從德覆刊宋本，佳〔四八〕。

**難經集注五卷**

明王九思等集吴吕廣、唐楊元操、宋丁德用、虞庶、楊康侯各家之説。《四庫》未收。嘉慶癸亥日本人活字印本。

**傷寒九十論一卷**

宋許叔微撰。《四庫》録其《本事方》，而此未收。其書列證論治，剖析甚精〔四九〕。世久無傳，惟張金吾愛日精廬有舊鈔，琳琅秘室以活字印行。

**外臺秘要四十卷**

明末刊本〔五〇〕。

**證類大全本草三十卷**

宋唐慎微撰。明萬曆戊戌刊。

**雞峰普濟方三十卷**

宋張鋭撰。久無傳本，故《四庫》未收。道光戊子，汪士鐘得南宋刊本，仿刊以行，猶缺四卷〔五二〕。

**生生子赤水玄珠三十卷醫案五卷醫旨緒餘二卷**

明孫一奎撰刊。

上醫家。

**四元玉鑑三卷**

元燕山朱世傑漢卿撰。總二十四門，分二百八十八問，具開方、實方、廉隅之數，用天元一術正負開方之法，又神而明之，算學一大家也。《四庫》未收。道光間甘泉羅士琳茗香撰《細草》，晰爲二十二卷刊之。

上算學。

**太玄經十卷附釋音一卷**

漢揚雄撰，晉范望注。明刊本。

**五行大義五卷**

隋蕭吉撰。徵引秘緯，多亡逸之笈。《隋書·藝術傳》稱吉博學多聞，精陰陽術算，而不及此書。隋、唐《志》亦不録，今《四庫》亦未收。嘉慶己未，日本人乃以活字印行，知不足齋即因其本。

上術數占候。

**靈棋經二卷**

題漢東方朔撰。晉顔幼明、宋何承天、元陳師凱、明劉基四家注解。明刊本。

上占卜。

**星學正傳二十一卷**

明楊淙撰。首《總括圖》三卷，又《玉井奥訣》一卷，《玉照神經》一卷，末《圖説》。萬曆壬午自序刊。未收。

**書譜一卷**

唐孫過庭撰。明刊。

**續書斷二卷**

宋朱長文撰。明刊本。長文既爲《墨池編》，以張懷瓘書自開元以來未有紀録，而唐初諸公亦或闕未立傳。用其例，掇所聞見，自唐興至本朝熙寧間以續之。熙寧七年八月自序。《四庫》未收(五二)。

上書畫。

**明楊西峰琴譜八卷**

明楊表正撰刊。表正有《琴譜大全》，入《存目》。此其別本也。

上琴譜。

**集古印譜五卷印正附説一卷**

明秣陵甘暘撰。萬曆丙申序刊。未收。

上譜録。

**墨子六卷**

周墨翟撰。舊十五卷，明茅坤刊本併之。

**呂氏春秋二十六卷**

秦呂不韋撰，漢高誘注。明天啓丁卯刊本。

**化書六卷**

南唐譚峭撰。明天啓張鵬舉刊。

**金罍子上篇十二卷下篇十二卷**

明陳絳撰。萬曆丙午刊。《存目》。

**竇子紀聞類編四卷**

明竇文照撰。萬曆庚辰刊。《存目》。

上雜學。

**文學正路三卷**

今日本豐幹子卿撰。論讀經及諸子。題「享和辛酉增定」，當嘉慶六年。

**演繁露十六卷續演繁露六卷**

宋程大昌撰。明萬曆丁巳刊。

**丹鉛總録二十七卷**

明楊慎撰。嘉靖甲寅，其門人滇中梁佐台爲福建簽事所刊。蓋即《提要》所謂「合諸録爲一編」，「除重複」，刊于上杭之書帕本也。藍印。

**兩山墨談十八卷**

明陳霆撰。嘉靖乙亥刊。《存目》。上雜考。

**魏公談訓十卷**

宋蘇象先述其祖丞相頌遺訓。分二十類，三百餘條。《四庫》未收。道光十年始刊此本。

**曲洧舊聞**〔五三〕

宋朱弁撰。刊本。顧廣圻以惠棟校勘過録。

**鶴林玉露十六卷**

宋羅大經撰。明單刊本。

**李竹懶雜著十一種二十四卷**

其《六研齋筆記》四卷、《二筆》四卷、《三筆》四卷，著録于雜家。其《紫桃軒雜綴》三卷、《又綴》三卷，入《存目》。于藝術又録《竹懶畫賸》、《續畫賸》、《墨君題語》各一卷于《存目》。又有《禮白嶽記》一卷、《璽召録》一卷、《薊旋録》一卷，不收。

**留青日札三十九卷**

明田藝蘅撰。萬曆初刊。《存目》。

**涌幢小品三十二卷**

明朱國楨撰刊。《存目》。

**戒庵老人漫筆八卷**

明李詡撰。萬曆丁未刊。《存目》。上雜説。

**閑署日鈔二十二卷**

明舒榮都輯。以德行、言語、政事、文學四科分編史事。天啓壬戌刊。未收。

**説郛一百二十卷**

明陶宗儀編。明刊。附《續説郛》四十卷，陶珽編，刊于國初。入《存目》。

**歷代小史一百五卷**

明豐城李栻編刊。《存目》。

**堯山堂外紀一百卷**

明蔣一葵撰。萬曆丙午刊。《存目》。

**鹽邑志林六十二卷附聖門志六卷**

明樊維城編刊。《存目》。

**少室山房筆叢正集三十二卷續集十六卷**

明胡應麟編。萬曆丙午刊。

**顧氏文房小説四十種**

明顧元慶編刊。《存目》。

**增定古今逸史五十五種**

明吴琯編刊。《存目》。

**津逮秘書十五集百四十種**

明毛晉編刊。《存目》。何焯硃筆校過。凡汲古閣所刊，以行本多，皆不録。此以何校録之。上雜編。

**古本蒙求三卷**

後晉李瀚撰并注。《四庫》未收。嘉慶丙寅，日本活字印本。

**册府元龜一千卷**

宋王欽若等奉敕撰。明刊本。

**錦繡萬花谷前後續三集一百一十卷**

宋淳熙時人編，未詳姓名。明刊本〔五四〕。

**古今合璧事類備要前後續别外五集三百六十六卷**

宋謝維新撰。明嘉靖丙辰錫山秦氏刊。

**左氏蒙求一卷**

元吴化龍撰,《四庫》未收。嘉慶辛酉,日本人活字印本。

**喻林一百二十卷**

明徐元太撰。萬曆乙卯刊〔五五〕。

**萬姓統譜一百四十六卷附氏族博考十四卷**

明凌迪知撰。萬曆己卯刊。

**文林綺繡五種五十三卷**

明凌迪知萬曆丁丑編刊〔五六〕。宋林越《兩漢雋言》十卷,迪知《左國腴詞》八卷、《太史華句》八卷、《文選錦字》二十一卷,張之象《楚騷綺語》六卷。并存目。

**三才圖會一百六卷**

明王圻撰刊。《存目》。

**經濟類編一百卷**

明馮琦撰。萬曆甲辰刊。

**同姓名録十二卷補録一卷**

明余寅撰。萬曆丁巳刊。

**廣博物志五十卷**

明董斯張撰。萬曆丁未刊。

**廣類函二百卷**

明俞安期編。萬曆癸卯刊。《存目》。

**潛確類書一百卷**

明陳仁錫撰刊。未收。

**古雋考略六卷**

明顧充撰刊。《存目》。

**卓氏藻林八卷**

明卓明卿撰。萬曆庚辰刊。《存目》。

**五侯鯖十二卷**

明彭儼撰刊。《存目》。

**問奇類林三十五卷**

明郭良翰編。萬曆己酉刊。未收。

上類書。

**玉照新志六卷**

宋王明清撰。明刊本〔五七〕。

**水東日記三十八卷**

明葉盛撰。明刊本[五八]。

**偶記十卷**

明鄭仲夔撰。朱謀㙔序之。《四庫存目》有仲夔《蘭畹居清言》十卷，而不及此。上小説。

**元中記一卷**

晉郭璞撰。多記異聞，其書久亡。道光丙戌高郵茅泮林輯刊。

**幽明録一卷**

宋劉義慶撰。《四庫》未收。琳琅秘室活字本。

**茅亭客話十卷**

宋黄休復撰。琳琅秘室依宋本活字印。

**道德會元二卷**

元李道純撰。明弘治丁巳刊。未收。

**老子翼三卷考異一卷莊子翼八卷闕誤一卷附録一卷**

明焦竑撰。萬曆戊子刊。

**莊子十卷**

無注。明萬曆丁丑兩淮都轉刊于慎德書院〔五九〕。

**莊義要删十卷**

明孫應鼇撰。據所見説《莊》若干家，删存其要。萬曆庚辰刊于滇中。史志有，《四庫》未收。

**解莊三卷**

明陶望齡撰。郭明龍刊。《存目》。

**周易參同契發揮三卷**

宋俞琰撰。明宣德三年刊本〔六〇〕。

以上子部

**楚詞集註八卷辨證二卷後語六卷**

宋朱子以王逸本重編而爲之註。明正德己卯沈圻重刊于休寧〔六一〕。

**蔡中郎集六**

漢蔡邕撰。明嘉靖戊申刊本。顧廣圻跋云：「天聖癸亥歐静本十卷六十四篇〔六二〕，今爲六卷九十二篇，全屬嘉靖時俞憲、喬世寧所改。」盧抱經《鍾山札記》云：「歐本首篇是《橋太尉碑》。此十卷本猶勝六卷者」。

**曹子建集十卷**

魏曹植撰。明汪士賢刊。

**嵇中散集十卷**

魏嵇康撰。明刊本。顧沅以明吳匏庵鈔本校〔六三〕。

**支道林集二卷**

晉支遁撰。近嘉慶乙丑僧寒石重刊明支硎山人本〔六四〕。未收。

**鮑參軍集十卷**

宋鮑照撰。明刊本。近周錫瓚以宋本校〔六五〕。

**謝宣城集五卷**

齊謝朓撰。明萬曆己卯宣城重刊。

**陰何詩集二卷**

梁陰鏗、何遜撰。明錢塘洪氏合刊。《四庫》收何集，陰集未收〔六六〕。

**天台三聖詩集二卷**

唐寒山子、豐干、拾得皆唐貞觀中台州僧也。宋淳熙己酉沙門志南編刊。明永樂丙申重刊。

**雜詠二卷**

唐李嶠撰。凡百二十首，即晁公武《志》、《單題詩》一百二十詠也。此嘉慶己未日本人活字印本，較《全唐詩》所收爲足。

**張曲江集十二卷**

唐張九齡撰。萬曆甲申刊。

**分類補註李太白集三十卷**

唐李白撰。宋楊齊賢註，元蕭士贇删補。明許自昌刊。

**杜律虞注二卷**

元虞集註杜甫七言律詩。明楊士奇刊本。《存目》。

**杜詩愚得十八卷**〔六七〕

明單復撰。宣德甲寅刊。《存目》。

**王右丞詩七卷孟襄陽詩二卷**

唐王維、孟浩然撰。宋劉會孟評點。明刊本〔六八〕。

**顔魯公集十五卷補遺一卷年譜一卷附録一卷**

唐顔真卿撰。明嘉靖二年錫山安氏刊〔六九〕。

**郎君胄詩集六卷**

唐郎士元撰。明正德戊寅刊。未收。

**韓昌黎集四十卷外集十卷**

明萬曆丙辰游居敬刊于寧國。無注。

**韓昌黎詩集註十一卷年譜一卷**

國朝顧嗣立撰刊。未收。此本有硃筆、黄筆評點，皆可味。卷中有徐天睽、申涵光、陳邦豪、萊孝諸人印，未知出誰手。

**韓昌黎詩集**

無註。刊本。顧沅以硃筆録汪琬、墨筆録何焯兩家評點。

**校正音釋柳先生集四十三卷别集二卷外集二卷附録一卷**

唐柳宗元撰。明刊以宋童宗説註釋、張敦頤音辨、潘緯音義合編之本。有「隴西世家」印。

**濟美堂柳河東集註四十五卷外集二卷龍城録二卷附録二卷集傳一卷後序一卷**

亦宋人以韓醇音註合童、張、潘諸家音註編輯之本。明嘉靖中吴郡郭雲鵬刊。世以配東雅堂韓文，然不及逮甚。或謂其本亦出宋之世彩堂一莫能質也。有虞山景氏家藏印。

**孟東野集十卷**

唐孟郊撰。明嘉靖丙辰無錫秦禾刊本。又嘉靖己未商州刊。蔣重光、顧沅經藏。商州本高照藏〔七〇〕。

**李衛公集二十卷外集四卷别集十卷**

唐李德裕撰。明刊本。

**昌谷集五卷**

唐李長吉撰。明徐渭、董懋策批注本。

**劉復愚集六卷**

唐劉蜕撰。按：蜕集名《文泉子》，本十卷，已散佚。明天啓甲子吴馡編刊此本。《四庫》據者，崇禎庚辰韓錫所編，云「僅得一卷」，而不及此本。

**孫可之集十卷**

唐孫樵撰。明正德乙丑王鏊依文淵閣宋本録出付刊。鏊論學古文必宗昌黎，學昌黎當取徑韓門李習之、皇甫持正及後來能傳韓法之孫可之，先後于内府録出刊行。今傳本亦罕觀。

**皮子文藪十卷**

唐皮日休撰。明正德庚辰袁邦正仿宋本。

**甫里集十九卷**

唐陸龜蒙撰。明萬曆癸卯刊。

**小畜集三十卷**

宋王禹偁撰。此刊本，蓋《提要》所謂近刊。其外集七卷，尚未見刊本。

**宋景文公集殘本三十三卷**

宋宋祁撰。原一百五十卷，此殘本。卷十六至二十、卷二十六至三十二，并律詩。卷八十一至八十五，表狀。卷九十六至九十九，序説述論。百一二，雜文。百七，行狀。百十八至廿五，啓狀。頗多《永樂大典》本未載之篇。嘉慶庚午，日本人以活字印行。

**傳家集八十二卷**

宋司馬光撰。明崇禎刊本。

**周元公集三卷**

宋周敦頤撰。明初濂溪書院本最佳。又一嘉靖刊本，十七卷，徒增益附録，未大于本。

**文忠集一百五十三卷附録五卷**

宋歐陽修撰。明萬曆壬子刊。

**歐陽文粹二十卷**

宋陳亮編。明萬曆丁未刊。有老輩硃筆點抹評。

**元豐類稿五十卷附録一卷**

宋曾鞏撰。明成化庚寅刊。

**臨川集一百卷**

宋王安石撰。明嘉靖庚申撫州何氏覆元刊本。

**東坡集四十卷**

宋蘇軾撰。明嘉靖十三年江西布政司刊七集之一。

**尹和靖集十卷**

宋尹焞撰。明嘉靖庚寅刊。

**吴文肅公集二十卷附録二卷附棣華雜著一卷**

宋吴儆撰。《四庫》本題《竹洲集》。《雜著》則其兄俯之文。明萬曆甲辰刊。

**崔舍人玉堂類稿二十卷西垣類稿二卷玉堂附録一卷**

宋崔敦詩撰。字大雅。常熟人。紹興進士，官至中書舍人。《類稿》皆孝宗時制誥、口宣等。《宋志》亦有此稿，而以爲周必大撰。或益公集初編亦有此名。若此集中文，則皆益公集所無也。諸家書目惟菉竹堂有之，明中葉後則無聞矣。嘉慶丁卯，日本人始以活字印行。《四庫》未收。

**江湖長翁集四十卷**

宋陳造撰。明萬曆戊午刊。

**方鐵庵文選六卷**

宋方大琮撰。其集著録《四庫》，三十七卷。未見刊本。惟此《選》萬曆八年刊。

**滄浪先生吟卷三卷**

宋嚴羽撰。明正德丁丑李堅刊。《四庫》録者二卷。此蓋并《詩話》編之。

**文文山集十六卷**

宋文天祥撰。明嘉靖庚申張元裕重編刊。

**魯齋遺集十二卷**

宋王柏撰。明崇禎壬申刊。

**遺山集四十卷附録一卷**

金元好問撰。錫山華氏刊。

**雁門集十四卷附録一卷别録一卷**

元薩都拉撰。《四庫》依汲古本三卷。此本今嘉慶中其諸孫龍光所注，較爲足本。

**南海百詠一卷**

元方信孺孚若撰。刊本。未收。

**丁鶴年集四卷**

元丁鶴年撰。《四庫》本一卷，《藝海珠塵》本三卷，亦不足。此琳琅祕室據愛日精廬影鈔元刊本活字印。一卷《海巢集》，二《哀思集》，三《方外集》，四《續集》。附。

**誠意伯文集二十卷**

明劉基撰。嘉靖丙辰刊。

**陶學士集二十卷**

明陶安撰。弘治十二年刊。

**槎翁文集十八卷**

明劉崧撰。士禮居藏明刊本。《四庫》録其詩八卷，而其文八卷入《存目》，蓋據分刻之本。此又其彙刻者。

**羅川剪雪詩一卷**

明弘治庚戌，陝西真寧學官强晟，詠雪中故事刊之。未收。

**王文恪集三十六卷**

明王鏊撰。董其昌校刊本。絶精善。後附王禹聲《鷴音》一卷。《四庫》本題《震澤集》。

**方簡肅文集十卷附録一卷**

明方良永撰。明刊本。

**祝氏集略三十卷**

明祝允明撰。明刊。頗佳。《四庫》本題《懷星堂集》。

**穀庵集選十卷附録二卷**

明姚綬撰。英宗時人。附《東齋稿》一卷，綬孫惟芹撰。嘉靖中刊。未收。

**陽明先生集要三編十五卷年譜一卷**

明王守仁撰。分《理學》四卷、《經濟》七卷、《文章》四卷。明人摘編刊本。

**居夷集三卷**

明王守仁撰。乃其謫龍場時詩文。《全書》中無此目，蓋明時單刊之本。頗善。未收。

**莊渠遺書十六卷**

明魏校撰。嘉靖癸亥刊。《四庫》本十二卷。

**周恭肅集十六卷**

明周用撰。嘉靖中刊。《存目》。

**顧文康公文草十卷詩草六卷續稿五卷三集五卷疏草二卷**

明顧鼎臣撰。明刊。《四庫》收其《未齋集》二十二卷，入《存目》，不分詩、文，蓋别一本。

**考功集十卷附録一卷**

明薛蕙撰。明刊。

**遵巖集二十五卷**

明王慎中撰。刊本。

**唐荆川文集十八卷**

明唐順之撰。刊本。

**震川文集三十卷别集十卷**

明歸有光撰。刊本。

**雅宜山人集十卷**

明王寵撰。嘉靖丙申刊。《存目》。

**袁禮部詩二卷**

明袁袠撰。嘉靖中刊。未收。

**松溪集十卷**

明程文德撰。隆慶初刊。《存目》。

**張文忠集十九卷**

明張孚敬撰。萬曆乙卯刊。《存目》。

**董中峰文集**

明董玘撰。唐順之選。王國楨刊。未收。

**弇州山人四部稿一百七十四卷續稿二百七卷**

明王世貞撰刊。

**夏桂洲集十八卷**

明夏言撰。明刊。《存目》。

**蟣蠓集五卷**

明盧柟撰。刊本。

**祐山文集十卷**

明馮汝弼撰刊。《存目》。

**馮北海集四十六卷**

明馮琦撰。萬曆中刊。未收。

**來禽館集二十九卷**

明邢侗撰。萬曆戊午刊。《存目》。

**金粟齋文集十一卷**

明金瑶撰。萬曆丙辰刊。《存目》。

**願學集八卷**

明鄒元標撰。萬曆己未刊。

**墨井詩抄二卷三巴集一卷畫跋一卷**

明吴歷撰刊。未收。

**循滄集二卷**

明姚希孟撰。文震孟序刊。未收。

**突星閣詩鈔五卷**

明王戩孟穀撰刊。未收。

**七録齋文集六卷詩集三卷**

明張溥撰刊。未收。

**浪齋新舊詩一卷**

明徐波撰。未收。

**考槃集六卷**

明趙宧光之妻陸卿子詩。明刊本。未收。

**絡緯吟十二卷**

明吴范允臨之室徐媛小淑氏撰。萬曆癸卯刊。未收。

**趙忠毅公集二十四卷**

明趙南星撰。崇禎戊寅刊。未收。

**孫文正公續集二卷**

明孫承宗撰。刊本。未收。

**倪鴻寶應本十七卷**

明倪元璐撰。《四庫》録其集亦十七卷，及續編等二十三卷，而無此名。此殆其初刊本。

**陳忠裕全集三十卷**

明陳子龍撰。王昶校刊。未收。

**賜誠堂文集十六卷**

明管紹寧撰。刊本。未收。

**葛瞿庵遺集四卷**

明丹陽葛麟蒼公撰。崇禎壬午舉人。順治二年死難。活字本。未收。

**吴節愍公遺集二卷**

明吴易撰。字日生。道光癸巳刊。未收。

**張别山遺稿一卷**

明張同敞遺詩。道光癸卯漢皋青霞閣刊。未收。

**宫詞紀事二卷**

題東吴鶴樵錢位坤撰。上卷北都五十首，下卷南都五十首。刊本。序稱「乙酉嘉平」，則我大清順治二年也。

**文館詞林殘本四卷**

唐許敬宗等奉敕編。原一千卷，今下存卷六百六十二詔征伐下；六百六十四詔撫邊一；六百六十八詔赦宥四；六百九十五令下移都等十一事。嘉慶初日本人活字印本〔七二〕。曾以校《曹子建集》，可補數篇。

**文苑英華一千卷**

宋李昉等奉敕編。明刊。

**元文類七十卷目録三卷**

元蘇天爵編。明萬曆中刊。

**古賦辨體八卷外集二卷**

元祝堯編。明成化丙戌刊。

**唐詩品彙九十卷拾遺十卷**

明高棅編刊。

**元詩體要十四卷**

明宋緒編刊。

**新安文獻志一百卷**

明程敏政編刊。

**文翰類選大成一百六十三卷**

明李伯璵、馮原同編。成化壬辰刊。《存目》。

**半山集一卷**

明廬江丁繼仁于所居銅山結亭，曰半山，集名人賦詠以成此卷。弘治元年刊。未收。

**春秋詞命三卷**

明王鏊輯。正德丙子刊。《存目》。

**文編六十四卷**

明唐順之編。天啓時刊。

**三蘇文範十八卷**

明楊慎選編宋蘇洵及二子之文刊本。《存目》。

**古今詩刪三十四卷**

明李攀龍編刊。

**名世文宗十六卷**

明王世貞編。陳繼儒註刊。未收。

**中原文獻集二十四卷**

明焦兹編刊。《存目》。

**古樂苑五十二卷**

明梅鼎祚輯刊。

**古文品外録二十四卷**

明陳繼儒編刊。《存目》。

**兩漢書疏十三卷**

明豐城李琯輯刊。未收。

**漢魏六朝百三名家集一百十八卷**

明張溥編。原刊本。

**東漢文二十卷**

明張采受先編刊。未收。

**簫臺公餘詞一卷**

宋姚述堯撰。刊本。未收。

以上集部

**【校勘記】**

〔一〕莫友芝乙丑（一八六五）五月于上海借郁松年宜稼堂所藏是書時所作記録更爲詳盡，可參莫氏《宋元舊本書經眼録》卷一。《郘亭知見傳本書目·經部》亦記是書。三書記録可互參。

〔二〕《宋元舊本書經眼録》卷一曰:「同治甲子,署蘇松太道丁禹生日昌獲之上海肆中。乙丑五月三日,客道署,借讀,審定爲實事求是齋經籍之冠。」實事求是齋、持静齋均是丁日昌書齋名。

〔三〕《宋元舊本書經眼録》卷一更爲詳盡。

〔四〕《宋元舊本書經眼録》卷一記録謂:「後歸張氏、郁氏,今歸豐順丁氏。」

〔五〕此句之下,《宋元舊本書經眼録》卷一尚有「首尾一律」四字。

〔六〕《郘亭知見傳本書目》所記尚有五峰閣本、掃葉山房本等,可互參。

〔七〕進奏院:本書及《宋元舊本書經眼録》均誤爲「奏進院」。唐大曆年以前稱「上都留後院」,唐大曆十二年改稱「進奏院」。《直齋書録解題》正作「進奏院」。據改。

〔八〕《宋元舊本書經眼録》卷一此句無「今」字。

〔九〕《宋元舊本書經眼録》此下尚有黄蕘圃庚午夏跋,可參。

〔一〇〕《宋元舊本書經眼録》卷一作「每半葉九行」。

〔一一〕《宋元舊本書經眼録》卷一此句作「馮武乃定遠之從子」。

〔一二〕《宋元舊本書經眼録》卷二亦記是書頗詳,註明「金本」。

〔一三〕此節録王洙《進書序》,《宋元舊本書經眼録》卷二收録王洙序全文,可參。

〔一四〕《宋元舊本書經眼録》卷一記録與此小異,可參。

〔一五〕《郘亭知見傳本書目》卷十六集部八記是書,名爲「《三蘇先生文粹》七十卷」,且記云:「張氏《志》載有宋本。」

「《提要》入之《存目》，以爲明人編者，誤也。」

〔一六〕《宋元舊本書經眼録》卷二亦記是書，詳而可參。

〔一七〕至元：《宋元舊本書經眼録》卷二作「至正」，誤。

〔一八〕《宋元舊本書經眼録》卷二亦記是書，可參。

〔一九〕《郘亭知見傳本書目·史部七》亦記是書版本，可參。

〔二〇〕《宋元舊本書經眼録》卷二亦記是書，謂「《管子注》二十四卷（元本）」；且註明「今歸豐順丁氏。」其「首題試云」下兩句文字有異：「因出《管子》一書相贈。後同年黄蕘圃見之」。

〔二一〕凡夫寒山：《持静齋書目》增一「居」字，作「凡夫居寒山」，是。

〔二二〕莫郘亭《郘亭知見傳本書目·子部》亦記是書，云：「元至元六年慶元路儒學刊《玉海》，并附十三種，半頁十行，行二十字，并仿趙體書。元印棉紙寬大，極精美，豐順丁禹生有之，少附刊諸件。」可互參。

〔二三〕《郘亭知見傳本書目·子部》亦記是書。

〔二四〕《郘亭知見傳本書目·子部》記是書云：「宋時有《韻府大全》，陰時夫似從《大全》中輯出。」

〔二五〕《郘亭知見本書目·集部四》在「《東萊集》四十卷」之下記曰：「静持室有元刊《東萊呂太史文集》十五卷，外集五卷，十行，行廿字。」静持室即丁禹生持静齋。

〔二六〕莫郘亭《宋元舊本書經眼録》卷二記是書爲「《劉静脩先生文集》三十二卷，元本。金劉因撰。每半頁十三行，行二十字。」

〔二七〕《郘亭知見傳本書目·經部·易》記此書云：「王安石自以《易解》少作未善，不專以取士，故紹聖後原與耿南仲注易并行場屋。」

〔二八〕《郘亭知見傳本書目》和《持静齋書目》，此書名均爲「《書纂言》四卷」，無「經」字。然莫氏《宋元舊本書經眼録》卷二亦謂「書經纂言四卷」，且記云：「明嘉靖己酉顧應祥據正德辛巳本重刊於滇中。是曝書亭舊藏。通志堂即依此本付雕，今歸豐順丁氏。」

〔二九〕《郘亭知見傳本書目·經部·詩》此句作：「明司禮監刊本，二十卷，字大醒目。」

〔三〇〕《郘亭知見傳本書目·經部》記此書曰：「正德五年，陳鳳梧刊《儀禮注疏》於山東，合爲十七卷，以板送南監。」

〔三一〕《郘亭知見傳本書目·經部七》記此書《四庫》入《存目》，且有清雍正壬子華氏劍光閣刊本。

〔三二〕《郘亭知見傳本書目·經部·小學字書》曰：「有萬曆丙午刊本。《四庫》入《存目》。又有《六書長箋》七卷，同時刊，亦入《存目》。」

〔三三〕海：原脱，據《郘亭知見傳本書目·經部·小學字書》補。

〔三四〕《郘亭知見傳本書目·史部》在「《史記正義》一百三十卷」注語下曰：「萬曆二年，余有丁(氏)大字本、小字本。萬曆二十四年馮夢禎本。」

〔三五〕《郘亭知見傳本書目·史部·正史》此句作：「漢班固撰，其妹昭續成之，唐顔師古注。南監本嘉靖九年張邦奇、江汝璧校刊。」

〔三六〕《郘亭知見傳本書目·正史》此二句作：「《志》三十卷，晉司馬彪續《漢書》文，梁劉昭注。」

〔三七〕《郘亭知見傳本書目·史部》此書無「七家註」三字，但解題明言「七家」爲：「宋尹起莘《發明》、劉友益《書法》、元汪克寬《考異》、王幼學《集覽》、徐文昭《考證》、明陳濟《正誤》、馮智舒(一作劉宏毅)《質實》。」

〔三八〕《郘亭知見傳本書目·史部·别史》作:「殿本,明刊大板本。」
〔三九〕《郘亭知見傳本書目·史部·雜史》此書名爲「《鮑氏戰國策注》十卷。」釋爲「明嘉靖壬子杜詩刊本」。
〔四〇〕《郘亭知見傳本書目·史部六》此句作「《包孝肅奏議》有宋淳熙元年趙磻老廬州本,明刊本依之」。
〔四一〕《郘亭知見傳本書目·史部七》記此書云:「嘉慶中王氏刊本。日本《佚存叢書》活字本十卷。」
〔四二〕尕:又作「祀」。《持静齋書目》和《中國古籍善本書目》均作「尕」。
〔四三〕《郘亭知見傳本書目》此句作:「咸豐五年,廣東粵雅堂刻本。」
〔四四〕《郘亭知見傳本書目》此句作:「弘治乙丑慎獨齋刻本。」
〔四五〕學史:原誤作「史學」,據《持静齋書目》改。
〔四六〕《郘亭知見傳本書目·子部·儒家》記此書曰:「舊本題隋王通撰。世德堂六子本。」
〔四七〕《郘亭知見傳本書目·子部·儒家》「《中説》十卷」條下有「明崔銑《中説考》七卷,刊本」。
〔四八〕《郘亭知見傳本書目·子部五》記是書:「明嘉靖庚戌武陵顧從德翻雕宋本王註二十四卷本,最善。十行,行二十字。」
〔四九〕《郘亭知見傳本書目·子部五》此兩句作:「其書先列病症,後論治法,剖析頗精。」
〔五〇〕《郘亭知見傳本書目·子部五》此句作:「明末經餘居刊」。
〔五一〕《郘亭知見傳本書目·子部五》此句作「缺二、三、六、八,共四卷」。
〔五二〕《郘亭知見傳本書目·子部·藝術類》此句下尚有兩句:「丁禹生有舊刊本,蓋是元帙。」此乃莫氏專爲丁禹生持静齋藏書整理記要,爲何偏偏缺此兩句,頗爲費解。

〔五三〕舊：原作「紀」，誤，據《持静齋書目》、《增訂四庫簡明目録標注》改。

〔五四〕《郘亭知見傳本書目・子部十一》記是書云：「不著撰人。嘉靖丙申刊本。」

〔五五〕《郘亭知見傳本書目・子部十一》此下尚云：「刻二十八宿字樣，每葉二十行，行二十字。有摘鈔本，名《喻林一葉》，二十四卷。」

〔五六〕《郘亭知見傳本書目・子部十一類書類》卷上記此書曰：「明凌迪知彙刊，其散目已存史鈔類書兩存目中。」

〔五七〕《郘亭知見傳本書目・子部十一》記是書：「明刊本。秘笈本。唐宋本。學津本。有分五卷本，山塘汪氏影元抄本五卷。敏求記五卷。」

〔五八〕《郘亭知見傳本書目・子部十一》記是書云：「明常熟徐氏原刊三十八卷，萬曆癸丑補刊二卷。康熙中刊本四十卷。」

〔五九〕《郘亭知見傳本書目・子部十四》「《莊子註》十卷」之下記無註本有二：一本與此相同，一本爲「施堯臣刊四子於粤東紫薇堂，亦明萬曆丁丑，無注」。

〔六〇〕《郘亭知見傳本書目・子部十四》記是書尚有「釋疑一卷」，且箋記云：「元至正元年嗣天師張與封刊本。明宣德三年刊本，善。」

〔六一〕《郘亭知見傳本書目・集部一》記是三種刻本：「明仿宋刊本。成化乙未何喬新刊本。正德己卯沈圻於休寧刊本，善。」

〔六二〕天聖：原誤作「天順」，據《郘亭知見傳本書目》改。

〔六三〕《郘亭知見傳本書目・集部・別集一》記是書曰：「静持室有顧沅以吴匏庵鈔本校於汪本上。」

〔六四〕《郘亭知見傳本書目·集部·别集類一》載是書爲「支遁集二卷」，云：「晉釋支遁撰。遁字道林。……《隋志》載《支遁集》八卷，……嘉慶乙丑僧寒石刊明支硎山本，可。」

〔六五〕《郘亭知見傳本書目·集部·别集一》記是書云：「静持室有顧沅以宋本校汪刊本。」

〔六六〕《郘亭知見傳本書目·集部·别集一》在「何水部集一卷」之下記曰：「明錢塘洪瞻祖合刊《陰何詩集》二卷。」

〔六七〕《四庫全書總目》此書名爲「《讀杜詩愚得》十八卷」，此脱書名爲首字「讀」。《持静齋書目》卷五作：「讀杜愚得十八卷，明洪武間刊本，佳。明單復注。」

〔六八〕《郘亭知見傳本書目·集部·别集一》在「王右丞集註二十八卷附録二卷」之下記云：「明套板本七卷，與孟浩然集合刊，明東璧圖書本，乃黄氏刊十二家詩集本。」

〔六九〕錫山：《郘亭知見傳本書目·集部·别集一》作「無錫」。

〔七〇〕《郘亭知見傳本書目·集部·别集一》未記有商州本，然而記「黄丕烈藏北宋槧。汪氏有宋刊殘本」。

〔七一〕《郘亭知見傳本書目·集部八》記「文館詞林四卷」，云：「是編僅存六百六十二及六十四、六十八、九十五四卷，皆漢魏以來詔令，日本人用活字擺印者。」

# 持静齋藏書記要卷之下

## 鈔本

**周易要義十卷**

宋魏了翁撰。其《九經要義》之一也。第一卷分上、中、下，二卷至七分上、下。又有八子卷。世無刊本〔一〕。

**周易本義通釋十卷附輯録雲峰易義一卷**

元胡炳文撰。是書《四庫》本十二卷，卷數不同。然其書僅存上、下經。其十翼，則明時裔孫珙玠雜拾他書，引雲峰説所補，歧異或由于此。今惟行通志堂本，得舊鈔亦資校勘。曝書亭舊藏本。

**讀易考原一卷**

元蕭漢中撰。依閣鈔本〔二〕。

**周易圖説二卷**

元錢義方撰。依閣鈔本。

**卦變考略一卷**

明董守諭撰。依閣鈔本。

**周易旁註四册**

明朱升撰。舊鈔本。《四庫存目》收其《圖説》二卷，謂其書原本十卷，冠以《圖説》二篇，逸其註而僅存《圖説》。此本一册爲《圖説》，餘三册爲註，蓋猶是全書。

**半農易説稿本一卷**

國朝惠士奇撰。《四庫》本六卷。此其未成手稿也。首有「紅豆書屋」印。

**尚書集傳纂疏六卷書序纂疏一卷**

元陳櫟撰。明祁氏澹生堂舊鈔本。

**詩序二卷**

依閣鈔本。

**詩總聞二十卷**

宋王質撰。明祁氏澹生堂舊鈔本，末有淳熙癸卯吴興陳日强刊成跋。蓋依宋式過録。可校正聚珍本〔三〕。

**研溪先生詩説稿本一卷**

國朝惠周惕撰。《四庫》本三卷。此卷與《半農易説》一卷同册，蓋其所録未定稿也。

**内外服制通釋七卷**

宋車垓撰。依閣鈔本。其書本九卷，嘗見舊鈔，具後二卷細目，特有録無書耳。

**月令解十二卷**

宋張虙撰。依閣鈔本。

**禮經類編三十卷**

明李經綸撰。舊鈔本，《四庫存目》「經」作「記」。

**家禮儀節八卷**

明丘濬撰。鈔本。《存目》。

**春秋五禮例宗七卷**

宋張大亨撰。依閣鈔本。凡世無刊本，藏書家皆據閣本鈔存〔四〕。今東南三閣，僅文瀾舊儲得杭人丁丙掇拾，存十二三，殘脱無緒。揚、鎮兩閣竟燹毁無一紙。凡曩昔傳鈔，彌加珍祕，此類是也。又一本，似舊鈔，有曹溶印，并題識，乃襲《提要》中《永樂大典》載此書已佚軍禮之説。在國初時尚未知檢《大典》以校古書。其爲舊鈔或鈔閣本，不可知。其題識則僞作也。

**春秋比事十七卷**

宋沈棐撰〔五〕。依元刻舊鈔。周春藏本。

**春秋分紀九十卷**

宋程公説撰。於説《春秋》家最爲淹貫。世無刊本。此張金吾月霄所藏舊鈔，載其《愛日精廬藏書志》中者〔六〕。

**春秋講義四卷**

宋戴溪撰。依閣鈔《永樂大典》本。卷各分上、下，實八卷。

**春秋長歷四卷**

國初陳厚耀撰。舊鈔本。

**九經辨字讀蒙十二卷**〔七〕

國初沈炳震撰。依閣鈔本。是書《四庫》依鈔本著録，未見刊本。

**讀四書叢説四卷**

元許謙撰。鈔本。

**四書留書六卷**

明章世純撰。鈔本。

**皇祐新樂圖記三卷**

宋阮逸、胡瑗奉敕撰。舊鈔大字本〔八〕。卷末有「皇祐五年十月初三日，奉聖旨開板印造」兩行，乃依影宋舊鈔傳摹者。後有嘉熙己亥伯玉跋、元天曆四年吴壽氏跋、明萬曆三十九年常清道人跋，皆記借録原委。

**樂書二百卷**

宋陳暘撰。鈔本。是書宋慶元刊，後有元至正、明鄭世子、張溥三刊，然傳本不多。此依元本過録。

**琴譜六卷**

元熊朋來撰。依閣鈔本。

**韶舞九成樂補一卷**

元余載撰。依閣鈔《永樂大典》本。

**鐘律通考六卷**

明倪復撰。鈔本。

**説文解字篆韻譜五卷**

南唐徐鍇撰。舊鈔本。是書世無佳刻，舊鈔亦資校勘。

**佩觿三卷**

宋郭忠恕撰。舊鈔本。是書自康熙時張士俊刊本外，又有仿宋非一。此本秀水朱氏潛采堂舊藏，當即士俊所據之本。

**俗書刊誤十二卷**

明焦竑撰。依閣鈔本。

**經子難字二卷**

明楊慎訂釋。舊鈔本。《存目》。

**切韻指掌圖二卷附檢例一卷**

宋司馬光撰。依閣鈔本。

**九經補韻一卷**〔九〕

宋楊伯嵒撰。鈔本。

**柴氏古今通韻八卷**

國朝柴紹炳撰。舊鈔。《存目》。

以上經部

**五代史記纂誤三卷**

宋吳縝撰。依閣鈔《永樂大典》本。

**皇王大紀八十卷**

宋胡宏撰。依明萬曆閩刊鈔本。

**續資治通鑑長編一百八卷**

宋李燾撰。舊鈔本。是書《四庫》本五百二十卷，乃依《永樂大典》鈔輯其先後所進諸本合編之。此則其乾道四年所進建隆元年至治平四年閏三月五朝事迹之本也。藏家鈔傳皆僅此本。《四庫》本嘉慶己卯昭文張氏以活字印行，齋中亦有之。

**宋十朝綱要二十五卷**

宋眉山李𡌴編。始太祖，至高宗。每朝首列年號、皇后、公主及宰相、參知政事、樞密使、樞密副使、使相、三司使、學士、舍人院、御史中丞人名，及進士何人、榜人數，及外改廢置州府，及誕節神御殿名，然後按年紀事。《四庫》未收。

**明穆宗實録七十卷**

舊鈔本。《四庫》不收。

**皇明大政記三十六卷**

明雷禮撰。舊鈔本。起洪武，至正德六年。《四庫存目》者二十五卷。

**國榷二十卷**

國初談遷撰。《明史》及《千頃堂書目》載此書百卷。此僅崇禎一朝附以福藩耳。《四庫》不收。

**通鑑紀事本末補**

殘鈔本四册。題國子監學正王延年撰。首册又點易其銜爲翰林院侍讀，蓋其後所晉官，其成書時尚學正也。一册始于魏大三晉，四册止于鄧后臨朝，凡廿九事。如桑孔興利、兩漢崇學等，亦足補袁書之遺。而瑣細標目者，多或袁書已載而別目復見。陳鱣藏。

**通鑑紀事本末補後編五十卷**

國朝張星曜撰。字紫臣，仁和人。以袁氏《本末》未有專紀崇信釋老之亂國亡家以爲篇者，乃雜引正史所載，附以稗官雜記及諸儒明辨之語，條分類集，以爲此書。（其紀歷代佛氏之亂，曰《歷代君臣奉佛之禍》四卷，曰《佛教事理之謬》十卷，曰《佛徒縱惡之禍》五卷，曰《儒釋異同之辨》五卷，曰《儒學雜禪之非》十卷，曰《歷代聖賢君臣闢佛之正》七卷。紀歷代老氏之亂，曰《歷代君臣求仙奉道之禍》三卷，曰《道教事理之謬》二卷，曰《道士縱惡之禍》一卷，曰《儒老異同佛老異同之辨》二卷，曰《歷代君臣聖賢闢老之正》一卷。古之闢異端者多矣，未有如此之專心致志者。得此總彙，亦易爲明晰。自序題「康熙庚午」[一〇]。此其手稿也。唯其書不專紀事，多録辨論之語，亦與書題不合。若芟其繁蕪，爲雜家子書之一種，則大善矣。

**建炎筆録三卷**

宋趙向朋撰。舊鈔本。記自建炎三年正月車駕在維揚起，訖于紹興七年十二月十三剔辭上殿，本末粲然。《四庫》未收。

**辨誣筆録一卷**

宋趙鼎撰。舊鈔本。辨謝祖信論其嘗受張邦昌僞命，辨王次翁論其乾没都督府錢，辨資善堂汲引親黨數事，皆秦檜忌惡所誣，足與史傳相發明。《四庫》未收。

**北行日録八卷**

舊鈔本。以宋人《北狩行録》、《竊憤録》、《竊憤續録》三種合編之者，明汪梅也。《北狩録》，蔡絛撰。《竊憤録》，不著撰人。并《存目》。

**建炎復辟記**

宋人撰。失其名。舊鈔本。《存目》。

**太平治迹統類前集三十卷**

宋彭百川撰。依閣鈔本。

**襄陽守城録一卷**

宋趙萬年編。舊鈔。《存目》。

**辛巳泣蘄録**

宋趙與褒撰。舊鈔。《存目》。

**焚椒録一卷**

遼王鼎撰。錢曾藏。明人舊鈔本。有錢牧齋跋。《存目》。

**金國南遷録一卷**

金張師顔撰。舊鈔。《存目》。

**廷樞紀聞二十册**〔一一〕

存十二册。題「臣于謙私編」。始正統七年，至十四年。秀水陸維垣舊藏，稱其條分縷析，謹嚴有法，蓋當時實録。後顧沅經藏。《四庫》未收。

**三朝聖諭録三卷**

明楊士奇撰。舊鈔。《存目》。

**姜氏祕史四册**

明姜清撰。惠棟藏舊鈔本。《存目》僅一卷。

**革除遺事節本六卷**

明黄佐撰。正德庚辰序。舊鈔。《存目》。

**宣靖備史四卷**

明陳霆聲伯撰。嘉靖癸卯自序。鈔本。未收。

**酌中志二十三卷**

明宫監劉若愚撰。所記始萬曆慎册立，至崇禎誅逆賢諸事，亦偶及于邊防，餘皆宫闈瑣事。其第十八卷載監中經籍板目及印釋、道兩藏紙墨工料，亦資考核。《四庫》未收。又寫本《明宫史》五卷，亦題若愚撰。蓋即《酌中志》不足之本而易其名。其《内板經書紀略》爲末卷，而《志》在十八可知矣。《四庫·政書》亦録《明宫史》五卷，而題蘆山赤隱吕毖校次，蓋即若愚書，而毖校之耳。豈五卷本即毖所摘録耶？

**酌中志餘一厚册**

鈔本。不題編人。其自識云：編《酌中志》既竣，篋中有昌、啓、禎三朝紀載之堪與兹志發明者，曰《東林點將録》，（王紹徽），曰《東林朋黨録》，曰《東林同志録》，曰《東林籍貫》，曰《盜柄東林夥》，曰《天鑒録》（上五種未詳撰人），曰《夥壞封疆録》（昭陽魏應嘉），曰《欽定逆案》，曰《天啓宫詞》（虞山陳悰），曰《擬故宫詞》，（毗陵唐宇昭），凡十種合編之，而題以《志餘》。然則編者亦劉若愚也。其前七種俱見《四庫》「傳記類」《存目》〔一二〕，而《志餘》不收。

**三朝野記七卷**

題江上遺民李遜之輯。記昌、啓、禎三朝事。舊鈔本。《四庫》不收。

**四朝野乘十三卷**

未詳撰人。鈔本。闕前五卷，僅卷六至十三之《啓禎紀聞録》八卷。《四庫》不收。

**啓禎紀聞録八卷**

鈔本。蓋國初吴人撰。疑即前書。不收。

**談往一册**

題花村看行侍者偶録〔一三〕。其七篇爲《説鈴》，已刻，即《四庫存目》之一卷。此本七篇已較《説鈴》本加詳。其三十四篇俱未刻者，其未言西湖居止，蓋杭州人。舊鈔本。

**明初群雄事略八册**

國朝錢謙益撰。記明太祖開創削平、揭竿同起諸人事。猶其在明時編也。舊鈔本。《四庫》不收。

**甲申野史彙鈔四十一卷**

國朝全祖望輯。舊鈔本。其子目則毛霦《平叛記》二卷，無名氏《圍城日記》十卷，顧苓《金陵野鈔》十四卷、《難臣紀略》一卷，錢名世《四藩本末》四卷，陳盟《閣臣事略》一卷，楊陸榮《殷頑録》六卷，吴應箕《剥復録》六卷，吴嶽《清流摘鏡》六卷。《四庫》不收。惟《平叛記》入《存目》。

上雜史。

**左史諫草一卷**

宋吕午撰。依閣鈔本。

**商文毅疏稿略一卷**

明商輅撰。依閣鈔本。

**關中奏題稿十卷**

明楊一清撰。舊鈔。《四庫》本題《關中奏議》。

**周忠愍奏疏二卷**

明周起元撰。依閣鈔本。

上奏疏。

**李相國論事集六卷**

唐蔣偕編。依閣鈔本。

**紹陶録二卷**

宋王質編。舊鈔本。

**象臺首末五卷**

宋胡知柔撰。依閣鈔本。

**宋陳少陽先生盡忠録八卷**

明正德乙亥鄭陳沂魯南編〔一四〕。載宋陳東上書，而先以像、狀、傳，附以詔敕、哀挽、題跋，末卷爲雜詠、遺稿。楊一清爲之《序》。《四庫》録《少陽集》十卷，其半爲附録，而未收此。

上傳記名人。

**廉吏傳二卷**

宋費樞撰。舊鈔本。

**草莽私乘一卷**

明陶宗儀撰。鈔本。《存目》。

**吴乘竊筆一卷**

未詳撰人。記宋至明萬曆三十人。鈔本。未收。

**南忠記一册**

舊鈔本。紀明末殉難諸人。自序題庚寅孟夏逸史氏錢肅潤，則我朝順治七年也。未收。

上傳記總録。

**安禄山事迹三卷**

唐姚汝能撰。鈔本。《存目》。

上傳記別録。

**五國故事二卷**

宋初人撰。失其名。鈔本。

**九國志十二卷**

宋路振撰。張唐英補。久無傳本。嘉慶間，儀徵阮氏得曲阜孔氏舊鈔殘帙，凡列傳百三十六篇，編爲十二卷進呈。此嚴杰書福樓所依鈔也。

**黑韃事略一卷**

宋彭大雅撰。依明茶夢道人姚咨録本過鈔。未收。

**後梁春秋二卷**

明姚士粦撰。舊鈔。《存目》。

上載記。

**越史略三卷**

不著名氏。蓋安南國人撰。依閣鈔本。

**東國史略六卷**

不著名氏。蓋朝鮮人撰。舊鈔本。每卷各分上下。《四庫》本題《朝鮮史略》。

上載記附録。

**歷代宮殿名一卷**

宋李昉撰。《直齋書録》載之，《四庫》未收。舊鈔精本。

上地理宫殿名。

**元和郡縣圖志四十卷**〔一五〕

唐李吉甫撰。舊鈔密行。失其圖。

**元豐九域志十卷**

宋王存撰〔一六〕。依宋本鈔。曹寅舊藏。

**方輿勝覽七十卷**

宋祝穆撰。鈔本。

**吴郡圖經續記三卷**

宋朱長文撰。黄丕烈藏舊鈔善本[一七]，顧廣圻以《演繁露》易之者也。

**乾道臨安志三卷**

宋周淙撰。吴翌鳳鈔本。

**海鹽澉水志八卷**[一八]

宋常棠撰。依閣鈔本。

**淳祐玉峰志三卷續志一卷**

宋陽羡凌萬頃、陳留邊實同撰，實又續之。條理簡核，爲考崑山文獻最古之書[一九]。士禮居依明祝允明寫本過録。《四庫》未收。

**咸淳毗陵志三十卷**

宋四明史能之因宋慈未成之稿續撰。汪士鐘藏舊鈔本。《四庫》未收。

**齊乘六卷**

元于欽撰。依元本舊鈔。畢瀧藏。黄丕烈校。

**至正金陵志十五卷**[二〇]

元張鉉撰。依閣鈔本。

**滇略六卷**

明謝肇淛撰。舊鈔本。（《四庫》本十卷。）　上都會郡縣。

**黔書二卷**

國朝田雯撰。鈔本。《四庫》附其《古歡堂集》下。

**東南防守利便三卷**〔二二〕

題「宋右迪功郎江南東路安撫使司準備差遣臣陳克、左宣教郎添差通判建康軍府提舉圩田臣吴若同進」。首有吕祉進此書繳狀〔二三〕。寫本。《存目》。

**鄭開陽雜著十一卷**

明鄭若曾撰。依閣鈔本。

**温處海防圖略一卷**

明蔡逢時撰。《存目》二卷。

**秦邊紀略五卷**

國初人撰。失其姓名。舊鈔本。《存目》四卷。　上邊防。

**赤松山志一卷**

宋倪守約撰。依閣鈔本。

**汴京遺迹志二十四卷**

明李濂撰。

上古迹。

**石湖志略一卷文略一卷**

明盧襄撰。《存目》。

**歷代山陵考一卷附記事一卷**

明王在晉撰。《存目》。

**柳邊志紀略二卷**

題山陰耕夫楊大瓢著。乃出塞記遼、金遺迹。國初康熙間人。未收。

上雜記。

**益部談資三卷**

明何宇度撰。

**雲山日記四卷**

元郭天錫撰。依知不足齋本鈔。天錫《退思集》不傳，唯此《記》從真迹録出。未收。

**神明境二卷**

題玉蟾館主人摘録。乃節鈔《水經注》中奇境。鈔人未詳。徐子晉藏。

附游記。

**真臘風土記一卷**

元周達觀撰。

上外紀。

**宋宰輔編年録二十卷**

宋徐自明撰。

**作邑自箴十卷**

宋李元弼持國撰。政和丁酉待次廣陵自序謂：「剽聞鄉老先生論爲政之要，得一百三十餘説，從而著成規矩，述以勸戒。又幾百有餘事，置之几案，可以矜式。」明人影宋鈔本，錢穀又以宋本覆校。末卷末頁有「淳熙己亥浙西提刑司刊」二行，又有康熙丙寅陸貽典題字。是書《宋志》失載。《直齋書録》有之，明及國初人書目猶著録。《四庫》未收。上職官。

**西漢會要七十卷**

宋徐天麟撰。依閣鈔本。又一寫本《西漢貫制叢録》，亦七十卷，題宋紹熙十五年袁應詳撰進。核之，即天麟書。蓋作僞以欺售者。附訂于此。

**五代會要三十卷**

宋王溥撰。舊鈔本〔二三〕。第一卷揭銜云：「推忠協謀佐理功臣光禄大夫守司空兼門下侍郎同中書門下平章事監修國史上柱國太原郡開國公食邑一千户食實封四百户臣某。」每卷首皆出本卷細目，猶是此書元式。

**大唐開元禮一百五十卷**

唐蕭嵩等奉敕撰。

**太常因革禮一百卷**

宋歐陽修等奉敕編。歐公志老泉墓，所謂太常修撰建隆以來禮書，乃以霸州文安主簿食其禄同修者也。傳鈔本。原闕五十一至六十七，凡十七卷。《四庫》未收。

**大金德運圖説一卷**

金貞祐二年尚書省集議之案牘。依閣鈔本。

**素王紀事一册**

明傅汝楫校。記文廟典章。舊鈔。未收。　上政書典禮。

**河東鹽法考一卷陝西靈州鹽法考一卷廣東鹽法考一卷**

舊鈔。不詳撰人。蓋明人記鹽政備史稿之書。當不止此。未收。　上政書邦記。

**遂初堂書目一卷**

宋尤袤撰。

**國史經籍志六卷**

明焦竑撰。《存目》。

**絳雲樓書目一册**

國朝錢謙益撰。毛晉藏鈔本，録陳景雲校勘。不收。

**汲古閣家塾藏板目録一卷**

無編人。

**千頃堂書目三十二卷**

國朝黄虞稷撰。又一部。

**述古堂藏書目題詞一册**

國朝錢曾手稿，蓋即其《讀書敏求記》未編類之初本也，有可補趙、阮兩刻之遺者十許條〔二四〕。

**毗陵經籍志四卷**

國朝盧文弨編。

**鑑止水齋書目一册**

國朝許宗彦撰。

**集古録十卷**

宋歐陽修撰。舊鈔本。何義門所校。甚精。

**寶刻類編八卷**

宋人撰，失其名。依閣鈔《永樂大典》本。

**碑藪一卷**

明陳鑑撰。依明嘉靖壬戌鈔本過録。未收。

**求古録一卷**

國朝顧炎武撰。

**天下碑刻目録一册**

國朝林侗撰。《四庫》收侗《來齋金石考》三卷，當即此編。

**瘞鶴銘考一卷**

國朝汪士鋐撰。《存目》。

**括蒼金石志十二卷**

國朝道光中嘉興李遇孫輯。

**扶風縣石刻記二卷興平縣金石志一卷**

國朝黄樹穀輯。近錢塘人。

上目録金石。

**三國雜事二卷**

宋唐庚撰。

**經幄管見四卷**

宋曹彦約撰。依閣鈔《永樂大典》本。

**類編皇朝大事記講義二十四卷**

舊鈔本。宋吕中撰。《四庫》本二十二卷。

**舊聞證誤四卷**

宋李心傳撰。依閣鈔本。

**宋紀受終考三卷**

明程敏政撰。專辨燭影斧聲事。《存目》。

**歷代正聞考十二卷**

明沈德符撰。舊鈔本。未收。

以上史部

**子思子一卷**

宋汪晫編〔二五〕。依閣鈔本。

**麗澤論説集録十卷**

宋吕祖謙之侄喬年編集祖謙之語。舊鈔本。

**毋欺録一卷**

國朝崑山朱用純柏廬撰。未收。

**幼學日記三册**

國朝嚴我斯編。類記嘉言，間亦附以己説。未收。

上儒家。

**握機經輯注圖説二卷**

題海昌程道生可生編〔二六〕。舊鈔本。

**三略直解三卷**

明劉寅撰。依閣鈔本。

**兵要望江南詞一卷**

題唐李靖撰。分三十六占法。依明天啓二年蘇茂柏校本過鈔。《四庫提要》有《兵要望江南歌》一卷，謂「《崇文總目》題武安軍左押衙易静撰」，晁氏《志》亦載之，云静「蓋唐人」，當即一書。此妄改李靖耳。

**陣紀四卷**

明何良臣撰。

**救命書一卷**

明吕坤撰。守城事宜也。

**廣救命書一卷**

明崇禎戊寅仙游唐顯悦撰。未收。

**車營圖制一卷車營百八叩一卷**

明孫承宗撰。不收。

**水師輯要二卷**

國朝陳良弼撰。未收。

**多稼集二卷**

國朝道光間奚名未詳子明撰。上卷曰《種田新法》，下卷曰《農政發明》。丁未冬嵇文煒序。上農家。

**鄧析子一卷**

周鄧析撰。依閣鈔本。上法家。

**素問六氣玄珠密語十卷**〔二七〕

唐王冰撰。舊鈔本。按：是書《道藏》本十七卷，《四庫》存其目于術數家。晁公武《志》録此書十卷，與此本合，蓋猶宋人舊編。其十七卷本特以全書三十論，多增卷帙耳。其書推演五運六氣，蓋以專明《素問》「氣運爲治病之要」之説。後來劉温舒《素問入式論奥》亦發明斯旨。

**本事方十卷補遺三卷**

宋許叔微撰。《四庫》本題《類證普濟本事方》。其《補遺》，國朝乾隆初毛德宏據他醫書引叔微説編之。考叔微有《傷寒九十論》，并列治方。德宏所采拾，不必是《本事》所有，故庫本無之。

**衛濟寶書二卷**

宋東軒居士撰。依閣鈔《永樂大典》本。

**太醫局程文格九卷**

皆南宋考試醫學之文。依閣鈔《永樂大典》本。《提要》未詳編人，云「世亦別無傳本」。而此鈔每卷題「宋何大任編」，不知所據〔二八〕。

**產育寶慶集方二卷**〔二九〕

宋人撰，失其名。依閣鈔《永樂大典》本。

**集驗背疽方一卷**

宋李迅撰。依閣鈔《永樂大典》本。

**濟生方八卷**

宋嚴用和撰。依閣鈔《永樂大典》本。

**產寶諸方一卷**

宋人撰，失名氏。依閣鈔《永樂大典》本。

**推求師意二卷**

明戴原禮撰。嘉靖甲午汪機序。

**温疫論二卷補遺一卷**

明吴有性撰。依閣鈔本。

**廣温疫論五卷**

國朝康熙間上元戴天章麟郊撰。《四庫》未收。

**本草綱目拾遺十卷**

明末錢塘趙學敏恕軒撰[三〇]。舊鈔本。拾李時珍之遺。首又有《正誤》一卷。自序題「庚寅仲春」。考時珍子建元進《綱目》，在萬曆廿四年丙申，此後庚寅即我朝順治七年也[三一]。序述所著《利濟十二種》，謂其弟楷鋭意岐黄，著有《百草鏡》八卷、《救生海》百卷。十二種者，曰《醫林集腋》，曰《祝由録驗》，曰《囊露》，曰《串雅》，曰《升降祕要》，曰《奇製元解》，曰《奇藥備考》，曰《綱目拾遺》，曰《本草話》，曰《藥名小録》。其十一種皆不傳，傳僅此耳。《四庫》未收。

**人身説概二卷**

明末西士鄧玉函撰。未收。

**人身圖説二卷**

明末西士羅雅谷撰。未收。又一部題鄧玉函撰。

上醫家。

**曆體略三卷**

明王英明撰。舊鈔。

**天學疑問一卷**

國朝梅文鼎撰。未收。

**籌算一卷**

明末西士羅雅谷撰。未收。

**少廣補遺一卷**

國朝陳世仁撰。

**續增新法比例四十卷**

國朝泰州陳厚耀泗源撰。缺者十八卷。卷一之六，卷十三、卷十八、卷三十一、三十二、卷三十四之三十九。

何元錫夢華館藏舊鈔本。上天文算法。

**皇極經世索隱二卷**

宋張行成撰。依閣鈔《永樂大典》本。

**大衍索隱三卷**

宋丁易東撰。依閣鈔《永樂大典》本。

**譙子五行志五卷**

唐濮陽夏撰。言天文占驗事。《新唐志》、《崇文總目》、《遂初堂書目》皆著録，《四庫》未收。

此本明人舊鈔〔三二〕，曹溶倦圃所藏。又一鈔本，李兆洛藏。

## 乾坤變異録一厚册

題唐司天監李淳風纂集。述古堂藏明鈔本。有惠棟印、黄丕烈《題識》。《直齋書録》云:「《乾坤變異録》一卷,不著名氏。雜占變異。凡十一篇。」即此書。則題淳風者,妄也。《四庫》不收。

## 乾象通鑑一百卷

宋河間免解進士李季奉旨撰進。高宗賜序。其書自天地列宿變異,雜引古占最備。《玉海》載建炎四年,季進此書,先付太史局,命依經改定訛舛。紹興元年,詔與舊書參用其次序、體例。按之《玉海》所載,楊維德等撰《景祐乾象新書》大概相同,蓋即據爲增損,亦《開元占經》之次也。其書雖以建炎時進,而成書蓋在北宋時,故多見古書,如《黄帝》、《甘石》、《巫咸》諸占,皆具有可補《占經》之漏者。其首别有《古變異》一卷,多與書中所引複見,殆别一書,誤裝入耳。自《玉海》外,各家書目不著録,惟見《讀書敏求記》。《四庫》未收。此本孫馮翼依孫星衍吴門所收舊鈔録藏祠堂者,前有星衍題記。後歸上海郁氏宜稼堂。道光乙巳,楊振藩爲檢史志校過,以硃筆增損。將刊行,未果。唐、宋人引書取大意不失,振藩增損亦不盡可憑也。

附李季《進乾象通鑑疏》 臣季言:天垂象以示吉凶,聖人觀天文以察時變,其來尚矣。雖示現不常,所遇有數,然有吉可致,其凶可禳,修德修刑,經史所載,有已試之驗。歷代宗之,設官分職,厥有攸司。秦漢之後,散於亂罹。書既不備,法亦罕聞。間有異人研書奥學,前知禍福,自爲避就。世既禁而不習,書亦秘而不示。行於司天者,止在繩墨之中,而不能推其妙；藏于册府者，雖隱深微之旨，而未嘗見於習。學不全，法不盡，將訪吉凶禍福，是猶索塗於瞽，而問樂於聾。或幸得之一二而止耳。臣，書生也，早遇異人，密傳奥旨，研精窮思二十餘年。方禁綱嚴切，不敢示人。而天象時變，臣已逆知於十五年前矣。嘗以微言咨於故丞相李邦彦、前北帥王安中。初不以爲然，中略推其驗，後大信之，而事已不及矣。臣謂此術微妙，人不能知。知於已然，事實無濟。於是據經集諸家之善，考古備已驗之變。復以《景祐新書》、《海上秘法》參列而次第之，著爲成書。凡一百卷，目之曰《乾象通鑑》。開帙對目，而天之所示，時之所變，無一不在。將不勞推測而吉凶禍福之兆昭然可觀。然後修德於己，禳變於天，可以保世祚，安邦家，守太平，實有補于聖朝。臣是以不遠千里，冒犬豕鋒鏑之死，前赴行在，而獻之畎畝之中。適際陛下龍飛，恭默思治，復令推之史册，將鑒往以知來。於萬機之餘，特賜睿覽，凡見上象，宜審閱之，以圖修禳之方、避就之地。臣老歸山林，雖屏迹不出，將復見太平之日矣。不勝幸甚。建炎元年六月，臣李昧死謹進〔三三〕。

**六壬中黄五變經法二卷**

未詳撰人。舊鈔本。《存目》。

**天鏡一册**

明周文郁撰。言行軍占驗。自序署「崇禎癸未」。鈔本。不收。

**靈城精義二卷**

題南唐何溥撰，明劉基注。依閣本鈔。

**催官篇二卷**

宋賴文俊撰。依閣本鈔。

**發微論一卷**

宋蔡元定撰。依閣本鈔。

**玉照定真經一卷**〔三四〕

題晉郭璞撰。依閣鈔《永樂大典》本。

**星命溯源五卷**

未詳撰人。依閣鈔本。

**三命指迷賦一卷**

題宋岳珂補注。依閣鈔《永樂大典》本。

**星命總括三卷**

遼耶律純撰。依閣鈔《永樂大典》本。

**演禽通纂二卷**

不著撰人。依閣鈔本。

**玉管照神局三卷**〔三五〕

題南唐宋齊邱撰。依閣鈔《永樂大典》本。

**遁甲奇門要略一卷**

不詳撰人。舊鈔本。《存目》。

上術數。

**墨藪二卷附法帖釋文刊誤一卷**

唐韋續撰。《法帖釋文刊誤》宋陳與義撰。依閣鈔本。

**金壺記三卷**

宋僧適之撰。鈔本。《存目》。

**古今集論字學新書七卷**

元劉惟志編。士禮居舊藏徐氏鐵硯齋鈔本。《四庫存目》僅有惟志《字學新書摘鈔》一卷，謂其簡略殊甚。殆先有《新書》而摘鈔之，則未見此本。亦元人書待傳之一也。（册尾有此書摘鈔目録，後附正德癸酉衡州知府通海喬瑛刊序。殆是序摘鈔刊本。）

**吉金所見録十六卷**

國朝初尚齡録歷代布錢彙編之。嘉慶己卯序鈔本〔三六〕。

**文房四譜五卷**

宋蘇易簡撰。舊鈔本。又一鈔本，差工。

**品茶要録一卷**

宋黄儒撰。依閣鈔本。

**膳夫經手録一卷**

唐楊曄撰〔三七〕。抄本。曄官巢縣令。是書成于大中十年。唐、宋《志》、《通志略》、《崇文總目》并著録。所述茶品分産地，别優劣，甚詳備。又有顧嗣立刊入《閭丘辨囿》本，但題《膳夫經》。《四庫》未收。

**雞冠花譜（一作《雲鳳英譜》）一卷**

題秋色主人撰。康熙己卯仲秋自序鈔本。

**淮南天文訓補注二卷**

國朝錢塘撰。乾隆末人。

**金樓子六卷**

梁元帝撰。依閣鈔《永樂大典》本。

**樂庵語録五卷**

宋李衡撰。鈔本。《四庫》著録者，題《樂庵遺書》四卷〔三八〕。

**家訓筆録一卷**

宋趙鼎撰。鈔本。未收。

**經鉏堂雜志八卷**

宋倪思撰。舊鈔。《存目》。

**東洲几上語一卷枕上語一卷**

宋施清臣撰。鈔本。《存目》。

**資暇集三卷**

唐李匡乂撰。依閣鈔本。

**經外雜鈔三卷**

宋魏了翁撰。舊鈔本。

**朝野類要五卷**

宋趙昇撰。鈔本。

**授書隨筆十七卷**

國朝黄宗羲撰。舊鈔本。《四庫》未收。

**王氏談録一卷**

宋王欽臣撰。依閣鈔本。

**仇池筆記二卷**

宋蘇軾撰。依閣鈔本。

**巖下放言三卷**

宋葉夢得撰。舊鈔本。

**紫微雜説一卷**

宋吕本中撰。依閣鈔本。

**辨言一卷**

宋員興宗撰。依閣鈔本。

**東園叢説二卷**

題宋李如篪撰。鈔本。《四庫》本三卷。

**藏一話腴四卷**

宋陳郁撰。依閣鈔本。

**佩韋齋輯聞四卷**

宋俞德鄰撰。草鈔，善。

**書齋夜話四卷**

宋俞琰撰。依閣鈔本。

**閑居録一卷**

元吾丘衍撰。依閣鈔本。

**餘冬序録十三册**

明何孟春撰。鈔本。《四庫存目》六十五卷。

**説略一卷**

明黄尊素撰。項氏古香書屋舊寫本。未收。

**棗林外索二卷**

國朝談遷撰。鈔本。雜記古語古事。遷有《棗林雜俎》，多記明代逸事，見《四庫存目》。蓋別一書。未收。

**閑閑堂會心録十六卷**

明倪涷撰。涷，文正公元潞之父也。此其稿本。《四庫》未收。

**東坡先生物類相感志十八卷**

宋釋贊寧撰。海寧陳鱣據知不足齋藏明嘉靖己亥姚氏寫本過鈔。其卷首結銜云：「兩府僧統法戒都監選練明義宗文大師贊寧編次。」舊以書題東坡，或混爲蘇軾。《四庫提要》以爲僞，而僅存其目。然其書疏證詳明，有條不紊。晁氏《讀書志》、馬氏《通考》皆載之。晁《志》謂：「贊寧，吴人。以博物稱。」「柳如京、徐騎省與之游。」則遠在東坡前。陳鱣曰：「安知贊寧不亦號東坡乎？」其説甚是。眉公《祕笈》止刻其半。此爲足本，晁氏、馬氏所記皆十卷，而此十八者，蓋後人分析也〔三九〕。

**雲烟過眼録一册**

宋周密撰。元人舊鈔。有「玉磬山房」、「衡山」兩印。

**類説五十卷(中子巷卷十三卷。)**

鈔本。未著撰人,疑即宋曾慥書也。《四庫》本六十卷,分前、後二集。

**仕學規範四十卷**

宋張鎡編。汪士鐘舊藏影宋鈔本。半頁十二行,行二十五字。向見張廷濟所藏宋本,正如此。

**古今同姓名録二卷**〔四〇〕

梁元帝撰。鈔本。陳鱣校過。

**大唐類要一百六十卷**〔四一〕

即唐虞世南《北堂書鈔》後人改題者。然未經陳禹謨删竄。雖多誤字,猶虞氏原書也。陳氏刊此書時,于文義難通處即行删去,或别引他書羼入。凡唐以前亡逸之書,猶藉考其零章碎句,以存吉光片羽者,抹殺不知凡幾。如百三十九《車總載》篇及末三卷《穴》、《泥》、《沙》、《石》四篇,皆隨條大書,不立題分注者,陳刻既改成一例,而删棄至十六七。其他攙亂顛錯,不可枚舉。所謂刻一書而其書轉亡者也。故考證家求虞氏書,皆不取陳本,而以舊鈔原本爲貴。原本自國初來,即有仍題《書鈔》、改題《類要》二本。題《書鈔》者,見錢曾《敏求記》,謂「搜訪十餘年始得」。原書題《類要》者,見《曝書亭集》,有《跋》謂「原書罕觀,今更日久,幾成斷種」。皆極言得之之難。道光間嚴可均曾校刊未就，亂後更無從訪求。此本顧沅藝海樓所鈔，蓋據竹垞所見本。其本聞尚在上海郁氏宜稼堂也。

**龍筋鳳髓判二卷**

唐張鷟撰。舊鈔。

**蒙求集注二巨册**

舊鈔。

**職官分紀五十卷**

宋孫逢吉撰。龔氏玉玲瓏閣鈔本。汪士鐘舊藏。

**春秋左傳摘奇十二卷**

宋胡元質撰。秀野草堂舊藏影宋鈔本。又經藏何元錫夢華館。《四庫》未收。

**群書會元截江網三十五卷**

宋理宗時書肆本。未詳編人。依閣鈔本。

**小字録一卷**

宋陳思撰。依閣鈔本。

**姬侍類偶二卷**

宋周守忠撰。吴翌鳳藏鈔本。《存目》。

**大學增修聲律資用太平總類殘本七卷**

舊鈔。起十八卷，至二十四卷。止存威斷、師古、符命、福禄、功德、休美、治道、政事八門。每門子目中又分事括、譬喻、反説、體字、賦偶、賦隔等題。其每卷首頁格右并有「嘉靖十五年某人寫」一行。引事至《通鑑》而止。據書題，與南宋人《太學新編畫一元龜》及《增修聲律萬卷英華》等相類。蓋宋末人編也。各家書目不録。《四庫》未收。

**羣書麗句十卷**

明楊慎撰。分十四類。舊鈔本。未收。

**古人别號録一卷**

明楊慎撰。鈔本。《升菴集》有《名賓異號録補序》一首，以無書而補，未知即此否？未收。

**香霧雲鬟録一册**

題滬城無無庵主筆記。蓋近人鈔輯。

**孫内翰北里志一卷**

唐翰林學士孫棨撰。舊鈔本。未收。

**牛羊日曆一卷**

唐劉軻撰。顧嗣立秀野草堂藏舊鈔本。未收。

**南唐近事一卷**

宋鄭文寶撰。舊鈔本。

**醴泉筆録二卷**

宋江休復撰。鈔本。《四庫》録休復《嘉祐雜志》，而不及此。

**續世説十二卷**

宋孔平仲撰。取宋、齊、梁、陳、隋、唐歷代事迹，依劉義慶《世説》之目而分隸之。目録後有「臨安府陳道人刊行」八字二行木記，蓋依紹興丁丑秦果所序沅州修刊李氏板影鈔。半頁十行，行十八字。《四庫》未收〔四二〕。

**續墨客揮犀十卷**

宋彭乘撰。《四庫》録其《墨客揮犀》，謂其《續編》已逸。此本爲紅豆山房所藏，鈔甚精善。陳氏《直齋書録》二編并著，共二十卷，而不及撰人。商維濬《稗海》乃題彭乘，蓋以書中自稱名爲據〔四三〕。

**南窗記談一卷**

宋人撰，未詳名氏。秀野草堂藏舊鈔本。與《牛羊日曆》同册。

**投轄録一卷**

宋王明清撰。依閣鈔本。

**北窗炙蜾録一卷**

宋施德操撰。吴翌鳳枚庵藏鈔本。

**樂郊私語一卷**

元姚桐壽撰。鈔本。

**稗官記五卷**

明正統間馬愈撰。鈔本。未收。

**隆平紀事二卷**

明末松陵史册義維撰。鈔本。紀元末明初蘇湖間事。未收。

**識小録四卷**

鈔本。題活埋庵道人徐樹丕筆記。乃明末人雜説。未收。

**玉堂薈記一卷**

國初楊士聰撰。曹楝亭藏舊鈔本。《存目》。

**人海記二卷**

國朝查慎行歸田後，録其在京師時見聞編之。舊鈔本。未收。

**漢武帝内傳一卷外傳一卷**

題班同撰。陳鱣藏鈔本。

**括異志十卷**

宋張師正撰。曹寅藏舊鈔本。

**清異録二卷**

宋陶穀撰。此明嘉靖間鈔本。雖不精，然海鹽陳氏刻者多妄行刊削，此猶存其本真。士禮居舊藏。

**御注道德經四卷**

唐玄宗御撰。鈔本。蓋依《道藏》。《四庫》未收〔四四〕。

**道德真經注疏八卷**〔四五〕

題吴郡徵士顧歡述。依《道藏》本過録。按：歡，齊時人。《隋志》載其《老子義綱》一卷、《義疏》一卷。又《唐志》有《道德經義疏》四卷、《義疏治綱》一卷。書名、卷數既與此不合，不應齊時人而先引陶隱居、成玄英。惟晁氏《志》及《玉海》有岷山道士張君相《三十家道德經集解》。其列名二十九，蓋君相自爲一家，并數之。頗與是書相契，則爲君相所集無疑。《研經室外集》載此書改題君相撰，是也。所載六朝唐人遺説，今多無傳，賴此存其崖略。亦道家古笈僅存者矣。其兼引唐玄宗御疏，蓋又後人羼入。而所稱「陳曰」、「榮曰」者，殆杜光庭所云任真子陳榮也。《四庫》未收。

**天隱子一卷**

題唐司馬承禎撰。鈔本。《四庫》以附《玄真子》下，云佚姓名〔四六〕。

**悟真篇删僞集三卷**〔四七〕

宋張伯端撰。元薛道光、陳致虚刊誤。舊鈔本。

**席上腐談二卷**

宋俞琰撰，鈔本。

**鳴鶴餘音一厚册**

舊鈔本。元人編道家論道詩詞。《四庫》入《總集存目》。

**沖用編一厚册**

鈔本。録《九天生神玉章經》等，至《黄庭内外景經》，凡十二篇。未詳編人。

**正一天壇玉格譜叙源流一厚册**

未詳編人。述天師傳授符録之事，叙入本朝襲封者至九代。其書則所世守之典册也。鈔本。

以上子部

**陶貞白先生集二卷**

梁陶弘景撰。明黄省曾編。舊鈔。未收。

**劉庶子詩集一卷**

梁劉孝威撰。舊鈔。未收。

**張散騎詩集一卷**〔四八〕

陳張正見撰。舊鈔。未收。

**王子深集二卷**

北周王褒撰。何焯藏舊鈔本。未收。

**唐太宗文皇帝集一卷**

明館閣書目有《文皇詩》六十九首，即此本。舊鈔。未收。

**陳伯玉集十卷**

唐陳子昂撰。鈔本。

**張燕公集二十五卷**

唐張説撰。舊鈔。

**劉隨州集二册**

唐劉長卿撰。薛一瓢手寫定本。有黄荛圃跋。

**昆陵集二十卷**

唐獨孤及撰。舊鈔。

**劉賓客外集十卷**

唐劉禹錫撰。藝海樓精鈔本。

**沈下賢集十二卷**

唐沈亞之撰。鈔本。顧沅手校。

**文泉子集一卷**

唐劉蛻撰。依閣鈔本。

**桂苑筆耕集二十卷**

唐高麗崔致遠撰（四九）。致遠爲高駢淮南從事，見《唐志》。是集唐、宋《志》皆著録，後遂逸不傳。集中討黄巢一檄，最爲傑出，他亦嫻雅可觀。卷端題「淮南入本國兼送詔書等使，前都統巡官承務郎侍御史内供奉賜紫金魚袋臣崔致遠，進所著雜詩賦及表奏集二十八卷」。則其既歸本國所編上。據其奏狀，則年十二入中國，又六年取進士。居中山，有詩賦等三卷。調溧水尉，有《中山覆簣集》五卷。從事高駢軍幕，有《桂苑集》二十卷。末署中和六年。考中和止四年，蓋其歸國後尚未聞五年三月已改元光啓也。其人自唐、宋《志》外，唯張敦頤《六朝事迹》述其乾符中尉溧水，爲詩吊雙女墳事。迄今道光以前，皆未有言及者。故《全唐詩》、《文》并未收採。既乃有傳高麗活字本入中國者，此本蓋依以過録，而失鈔洪秩周、徐有榘二序。近乃從别本得之。其印行者有榘，傳本者秩周也。有榘稱其字海夫，號孤雲。仕幕僚後，中和四年充國信史東歸，仍仕本國翰林學士兵部侍郎武城太守。且盛推爲彼國人文鼻祖。此集在其國亦罕見。今雖有番禺刊行，此帙固自昔所秘珍也。

**曹祠部集二卷**

唐曹鄴撰。附《曹唐詩》一卷。依閣鈔本。

**詠史詩二卷**

唐胡曾撰。明人大字精鈔。與《千字文》同册。

**一鳴集十卷**

唐司空圖撰。舊鈔。乾隆丙午趙懷玉以知不足齋校宋本校過。

**張蠙詩集一卷**

唐人。明鈔。

**林寬詩集一卷**

唐人。明鈔。

**文化集一卷**

唐許棠撰。明鈔。

**釣磯文集十卷**

唐徐寅撰。《四庫》録《徐正字詩賦》，僅二卷，謂所著有《探龍》、《釣磯》二集，共五卷，已散佚不傳。《揅經室外集》載所進有《釣礬文集》，乃賦五卷，爲賦五十首〔五〇〕。《四庫》所録八首皆在，而《全唐文》未採者多二十一首。惟張氏愛日精廬藏此集十卷，亦多出賦二十一首。其卷溢半者，蓋并詩編之。此本即從張本出也。

**徐騎省集三十卷**

宋徐鉉撰。藝海樓藏舊鈔本。

**河東集十五卷附録一卷**

宋柳開撰。舊鈔本。

**咸平集三十卷**

宋田錫撰。依閣鈔本。

**穆參軍集三卷**

宋穆修撰。舊鈔本。

**晏元獻遺文一卷**

宋晏殊撰。依閣鈔本。

**春卿遺稿一卷**

宋蔣堂撰。依閣鈔本。

**東觀集十卷**

宋魏野撰。季振宜藏舊鈔本。

**徂徠集二十卷**

宋石介撰。藝海樓藏鈔本。

**古靈集二十五卷附録一卷**

宋陳襄撰。鈔本。

**金氏文集二卷**

宋金君卿撰。依閣鈔《永樂大典》本。

**西溪集十卷**

宋沈遘撰。《沈氏三先生文集》之一也。鈔本。

**鄖溪集三十卷**

宋鄭獬撰。依閣鈔《永樂大典》本。

**馮安岳集十二卷**

宋馮山撰。依閣鈔本。

**曾文昭公曲阜集二卷遺録二卷補録一卷**

宋曾肇撰。前二卷奏，後三卷文、詩。舊鈔本。

**青山集三十卷**

宋郭祥正撰。鈔本。

**長興集十九卷**

宋沈括撰。《沈氏三先生文集》之二也。括集本三十二卷，原闕前十二卷及第三十一之一卷，故僅存十九。鈔本。

**雲巢編十卷**

宋沈遼撰。《沈氏三先生文集》之三也。鈔本。

**景迂生集二十卷**

宋晁説之撰。依閣鈔本。

**雞肋集七十卷**

宋晁補之撰。依宋本鈔。張敦仁舊藏。

**晁具茨詩集一册**

宋晁冲之撰。鈔本。未收。

**龍雲先生文集二十四卷**

宋劉弇撰。鈔本。《四庫》本三十二卷。

**姑溪居士前集五十卷後集二十卷**
宋李之儀撰。鈔本。

**樂静集三十卷**
宋李昭玘撰。舊鈔本。

**日涉園集十卷**
宋李彭撰。依閣鈔《永樂大典》本。

**東堂集十卷**
宋毛滂撰。依閣鈔《永樂大典》本。

**劉給諫文集五卷**
宋劉安上撰。鈔本。

**洪龜父集二卷**
宋洪朋撰。依閣鈔《永樂大典》本。

**西渡集二卷補遺一卷**
宋洪炎撰。依閣鈔本。

**老圃集二卷**
宋洪芻撰。依閣鈔《永樂大典》本。

**浮溪文粹十五卷附録一卷**

宋汪藻之文，宋人選輯者。鈔本。

**石林居士建康集八卷**

宋葉夢得撰。李兆洛校。舊鈔本。

**苕溪集五十四卷**

宋劉一止撰。舊鈔本。

**三餘集四卷**

宋黄彦平撰。依閣鈔本。

**龜溪集十二卷**

宋沈與求撰。鈔本。

**鄱陽集四卷**

宋洪皓撰。依閣鈔《永樂大典》本。

**盧溪集五十卷**

宋王庭珪撰。鈔本。

**北海集四十六卷附録三卷**

宋綦崇禮撰。依閣鈔《永樂大典》本。

**鴻慶居士集四十二卷**

宋孫覿撰。禦兒吕氏講習堂藏舊鈔本。

**雪溪集五卷**

宋王銍撰。鈔本。

**五峰集五卷**

宋胡宏撰。鈔本。

**北山集十三卷**

宋鄭剛中撰。鈔本。《四庫》三十卷。

**緡雲先生集四卷附録一卷**

宋馮時行撰。依明嘉靖癸巳刊本鈔。

**默堂集二十二卷**

宋陳淵撰。舊鈔。

**知稼翁集十二卷**

宋黄公度撰。鈔本。《四庫》著録者二卷，謂是殘闕之本。此其足本也。

**漢濱集十六卷**

宋王之望撰。依閣鈔本。

**歸愚集十卷**

宋葛立方撰。鈔本。

**鄭忠肅奏議遺集二卷**

宋鄭興裔撰。依閣鈔本。

**拙齋文集二十卷**

宋林之奇撰。鈔本。

**艾軒集九卷**

宋林光朝撰。舊鈔。

**東萊文集四十卷**

宋吕祖謙撰。其弟祖儉、姪喬年同編。附以《麗澤論説》十卷。舊鈔本。

**格齋四六一厚册**

宋王子俊撰。鈔本。《四庫》著録亦僅一卷。

**倪石陵書一卷**

宋倪朴撰。依閣鈔本。

**定庵類稿四卷**

宋衛博撰。依閣鈔《永樂大典》本。

**雙峰舒先生文集九卷**

宋淳熙進士舒邦佐撰。舊鈔本。《四庫》未收。

**劉文簡公文集十二卷**

宋劉爚撰。鈔本。《四庫》本題《雲莊集》。

**石屏續集四卷**

宋戴復古撰。鈔本。《四庫》收其集六卷，而未收《續集》。

**北溪大全集五十卷**

宋陳淳撰。舊鈔本。

**竹齋詩集四卷**

宋裘萬頃撰。鈔本。

**信天巢遺稿一卷附林湖遺稿一卷江村遺稿一卷疏寮小集一卷**

宋高翥撰。附高鵬飛、高選及其先世質齋、遁翁、高似孫之詩。鈔本。又一鈔本無《信天巢》。

**龍洲道人集十五卷**

宋劉過撰。舊鈔本。

**鶴山集一百十卷**

宋魏了翁撰。鈔本。是集雖有明錫山安國重刊本，然極罕覯。鈔本亦不易得。

**平齋文集三十二卷**

宋洪咨夔撰。鈔本。

**方是閑居士小稿二卷**

宋劉學箕撰。鈔本。

**翠微南征録十一卷**〔五一〕

宋華岳撰。依閣鈔本。

**履齋遺集四卷**

宋吴潛撰。鈔本。

**清正存稿六卷附録一卷**

宋徐鹿卿撰。影鈔明萬曆本。

**後村先生大全集一百九十六卷**

宋劉克莊撰。依天一閣本傳鈔。《四庫》録《後村集》五十卷〔五二〕，蓋是其前集。後村凡有前、後、續、新四集，合二百卷。見《墓志銘》。《隱居通議》曰：「後村卒，其家盡薈萃其平生所著，别刊爲《大全集》。」天一閣本蓋即從宋刊傳録。凡詩、文、詩話、内外制、長短句，合一百九十三卷。其後三卷，則洪天錫撰《行狀》，林希逸撰《墓志銘》，又撰《謚議》，各爲一卷也。此《後村集》最足之本。宋以後未有傳刊，鈔本亦不易覯。

**徐文惠公存稿四卷**

宋徐經孫撰。《四庫》本題《矩山存稿》五卷。此依明萬曆本録。

**蒙川遺稿四卷**

宋劉黼撰。依閣鈔本。

**雪磯叢稿五卷**

宋樂雷發撰。鈔本。

**葦航漫游稿四卷**〔五三〕

宋胡仲弓撰。依閣鈔《永樂大典》本。

**西臺慟哭記注一卷**

宋謝翱撰，明張丁註。舊鈔。

**黄四如先生文稿五卷**

宋黄仲元撰。鈔本。

**佩韋齋文集二十卷**

宋俞德鄰撰。《四庫》録此集十六卷〔五四〕。此二十卷，與《千頃堂》所載合。其十七以下四卷，則《輯聞》也。鈔本。

**西湖百詠二卷**

宋董嗣杲撰。鈔本。

**富山懶稿十九卷**

宋方夔撰，夔從孫方宗大編。其《懶稿》本三十卷，此鈔本蓋闕十一卷。《四庫》載者，夔《富山遺稿》十卷，僅詩〔五五〕。

**吾汶稿十卷**

宋王炎午撰。舊鈔。又一部。

**九華詩集一卷**

宋陳巖撰。鈔本。

**寧極齋稿一卷附慎獨叟遺稿一卷**

宋陳深及其子植撰。鈔本。

**釣磯詩集四卷**

宋末丘葵吉甫撰。鈔本。《四庫》未收。葵，福建同安人。宋亡，避居海嶼，不求人知。於《易》、《書》、《詩》、《春秋》、《周禮》，皆有解説。

**滏水集二十卷附録一卷**

金趙秉文撰。鈔本。

**藏春集六卷**

元劉秉忠撰。鈔本。

**月屋樵吟二卷**

元黄庚撰。僅詩無文。《四庫》本題《月屋漫稿》，亦僅詩一卷〔五六〕。此舊鈔本，顧沅所藏，謂其《漫稿》詩文合編。

**剩語二卷**

元艾性夫撰。依閣鈔《永樂大典》本。

**養蒙集十卷**

元張伯淳撰。依閣鈔本。

**竹素山房詩集三卷**

元吾丘衍撰。依閣鈔本。

**小亨集三卷**

元楊弘道撰。《四庫》本六卷，從《永樂大典》出。此殆别一本。

**白雲集四卷**

元許謙撰。鈔本。

**玉井樵唱正續一册**

元尹廷高撰。鈔本。《四庫》本三卷〔五七〕。

**清容居士集五十卷**

元袁桷撰。劉喜海藏舊鈔本。

**周此山詩集八卷**

元周權撰。《四庫》本四卷〔五八〕。此舊鈔，頗精善，而卷數倍之。

**蒲室集十五卷**

元釋大訢撰。曹氏倦圃藏舊鈔本。

**梅花字字香前集一卷後集一卷**

元郭豫亨撰。鈔本。

**勤齋集八卷**

元蕭𣂏撰。依閣鈔本。

**揭文安文集十卷**

元揭傒斯撰。鈔本。《四庫》本十四卷。

**所安遺集一卷**

元陳泰撰。依明成化本鈔。

**至正集二十三卷**

元許有壬撰。《四庫》本八十一卷〔五九〕。此鈔本僅其上一段，然未有刊本。

**吴禮部集二十卷附録一卷**

元吴師道撰。鈔本。

**鄱陽李仲公集三十卷**

元李存撰。鈔本。《四庫》本題《俟庵集》。

**滋溪文稿三十卷**

元蘇天爵撰。鈔本。

**周翰林近光集三卷補遺二卷**

元周伯琦撰。

**栲栳山人詩集三卷**〔六〇〕

元岑安卿撰。鈔本。此鈔多遺落，不如近刊之善。

**友石山人遺稿一卷**

元王翰撰。舊鈔。

**龜巢集十册**

元謝應芳撰。寫者不標卷數，而略分三十四段。《四庫》本則十七卷。

**山窗餘稿一卷**

元甘復撰。依閣鈔本。

**九靈山房詩稿四卷文稿十卷補編一卷**〔六一〕

元戴良撰。舊本。《四庫》録此集三十二卷。

**玉山璞稿一卷**

元顧瑛撰。舊鈔。

**樂志園詩集八卷補遺一卷**

吾□誠撰。鈔本。《四庫》題《來鶴亭詩》，卷數同。

**張光弼詩集二卷**

元張昱撰。鈔本。《四庫》本四卷，題《可閑老人集》〔六二〕。

**益齋先生亂稿十卷**

元高麗李齊賢仲愚撰。至正二十七年卒〔六三〕。葬牛峰縣。未收。

**危太樸雲林集詩二卷附文不分卷**

密行百許頁。明危素撰。鈔本。《四庫》本詩二卷，題《雲林集》。文四卷，題《説學齋稿》〔六四〕。

**花谿集三卷**

明吴興沈夢麟撰。舊鈔本。未收。

**白雲稿五卷**

明朱右撰。鈔本。

**劉彦昺集九卷**

明劉炳撰。吴翌鳳藏本猶題爲元人。依《四庫》改。舊鈔。

**丹崖集八卷附録一卷**

明唐肅撰。依洪武八年刊本鈔。

**蚓竅集十卷**

明管時敏撰。舊鈔。

**樗庵類稿二卷**

明鄭潛撰。依閣鈔《永樂大典》本。

**梁園寓稿九卷**

明王翰撰。依閣鈔本。

**俟助教詩文集七卷**

明俟□□撰。鈔本。永樂九年楊覯《序》。未收。

**曹月川集一卷**

明曹端撰。鈔本。

**鄭君舉詩集一卷**

明人，失其名。鈔本。

**峰溪集五卷外集一卷**

明孫璽撰。《存目》。附録一卷。

**甫田別集四卷**

明文徵明撰。《四庫》録其集三十五卷〔六五〕，而此未收。

**陶庵稿二卷續稿二卷遺稿一卷札記二卷**

明崑山歸子慕季思撰。有光子也。詩學陶，以淡永勝。文亦具有家法。《札記》則其語録也。此鈔本。《四庫》未收。

**節必居稿一册**

明長洲劉曙公旦詩。鈔本。未收。

**申忠愍詩集六卷**

明申佳胤撰。依閣鈔本。

**劉文烈公集一册**

明劉理順撰。鈔本。未收。

**穀園集三卷**

明末虞山楊彝子常撰。非明初餘姚楊彝也。鈔本。未收。

**與古人書二卷**

明張自烈撰。設爲書札，與古人議論古事。鈔本。未收。

**沈君庸集二卷**

明吴江沈自徵撰。崇禎時人。鈔本。未收。

**大愚老人遺集一册**

明江陰黄毓祺介子撰。未收。

**一老葊遺稿四卷文稿一厚册**

明諸生徐柯貫時撰。陳鱣鈔本。又有康熙中刊本。未收。

**高氏三宴詩集三卷附香山九老詩一卷**

三宴詩，唐高正臣編。九老詩，則白居易等所作。從宋刊本録出。

**五百家播芳大全文粹一百十卷**

宋魏齊賢、葉芬同編。依閣鈔本。

**唐僧弘秀集十卷**

宋李龏編。舊鈔。

**吴都文粹九卷**

宋鄭虎臣編。舊鈔。

**金蘭集三卷附録一卷**

明徐達左編。有至正二十二年楊基序，二十五年道衍序。則編于元時。鈔本。《存目》。

**滄海遺珠集八卷**

明人編。失姓名。録明人郲經、方行，至沈周、徐誌、劉譜，凡若干人之詩。《四庫》載《滄海遺珠》四卷，乃録謫戍雲南二十人之作，亦首郲經、方行，而無沈周等三人，則非一書也。鈔本。

**吴都文粹續集五十六卷補遺一卷**

明錢穀手稿。

**師子林紀勝二卷附拙政園題詠一卷**

明釋道恂撰。《題詠》，文徵明撰。鈔本，善。《紀勝》存目。

**蟜雅一册**

明鄺露湛若撰。僅七古、五排、五律、七律四體。殆非足本。全祖望藏。

**卧游詩選三十厚册**

未詳編人。録古人咏山川、古迹之詩；分省編之，至明季止，則明末、國初人也。北直始于河間府，則尚失其首册。鈔本。册上有［華素安齋菊吟氏記］及［卧云外史］二印。

**全唐詩逸三卷**

國初乾隆末，日本上河毛世寧編，以寄知不足齋，鈔本。

**日下題襟集六卷**〔六六〕

國朝嚴可均鐵橋、陸□□筱飲、潘□□秋庳，與朝鮮使臣李基聖、金在行、洪大容、李烜、金善行、洪檍等六人贈答詩札。乾隆丁亥十二月朱文藻序之。鈔本。

**珊瑚鉤詩話三卷**

宋張表臣撰。舊鈔本。

**石林詩話一卷**

宋葉夢得撰。舊鈔本。

**詩家鼎臠二卷**

宋戴復古撰。舊鈔本。

**荆溪林下偶談四卷**

宋吴子良撰。依閣鈔本。

**草堂詩話二卷**

宋蔡夢弼撰〔六七〕。依閣鈔本。

**文説一卷**

元陳繹曾撰。依閣鈔《永樂大典》本。

**修辭鑑衡二卷**

元王構編。依閣鈔本。

**金石例十卷**

元潘昂霄撰。一舊鈔巾箱本，甚精，陳邦彦藏。一雅雨堂刊《金石三例》底本。

**作義要訣一卷**

元倪士毅撰。依閣鈔本。

**墓銘舉例四卷**

明王行撰。雅雨堂《金石三例》底本。附國朝黄宗羲《金石要例》一卷〔六八〕。

**頤山詩話二卷**

明安磐撰。依閣鈔本。

**詩話補遺三卷**

明楊慎撰。舊鈔本。

**始可與言八卷**

未詳撰人。引古語、歌謡、樂府、唐詩而論之。《序》云無髮居士題。鈔本。未收。

**山谷詞一卷**

宋黄庭堅撰。舊鈔本〔六九〕。

**石林詞一卷**

宋葉夢得撰。舊鈔本。

**省齋詩餘一卷**

宋廖行之天民撰。汲古閣藏舊鈔本〔七〇〕。《曝書亭書目》亦有本□□，未收。

**養拙堂詞一卷**

宋管鑑撰。汲古閣藏舊鈔本。未收。

**眉匠詞一卷**

國朝朱彝尊撰。詞皆已入集，此手稿也。

以上集部

**【校勘記】**

〔一〕《邵亭知見傳本書目·卷一易類》記「《周易要義》十卷，宋魏了翁撰。天一閣寫本。了翁有《十七家易集義》，仲子静齋刊於紫陽書院，今佚。此《要義》又有傳是樓鈔本，見昭文張金吾《藏書志》」。

〔二〕《郘亭知見傳本書目·卷一易類》記是書曰：「元蕭漢中撰。附朱升《周易旁註前圖》後，蓋亦朱氏節録，非漢中原本矣。」

〔三〕《郘亭知見傳本書目·經部三》記是書：「聚珍本。……是書世久無傳，謝肇淛始録於祕府，後爲陳開仲購得……宋淳熙癸卯吴興陳日强刊本。」

〔四〕《郘亭知見傳本書目·經部·春秋》曰：「昭文張氏有舊本十卷。胡心耘見過宋刊。」

〔五〕棐：原誤作「裴」，據《郘亭知見傳本書目·經部·春秋》改。又，「十七卷」，《郘亭知見傳本書目》作「二十卷」，且云：「《四庫》依吴玉墀家鈔本録。元至正中金華刊。」

〔六〕《郘亭知見傳本書目·經部五》：「此本從影宋鈔本傳鈔，宋諱皆闕筆。昭文張氏舊鈔附例要。」

〔七〕瀆：原誤作「讀」，據《持静齋書目·經部七》、《郘亭知見傳本書目·經部五·經總義》改。

〔八〕《郘亭知見傳本書目·經部九》記是書：「張金吾藏影寫《新樂圖記》，卷末有皇祐五年十月初三日，奉聖旨開板印造」。

〔九〕九經補韻：原作「九經韻補」，誤，據《郘亭知見傳本書目》改。

〔一〇〕《郘亭知見傳本書目·史部三》此句之下尚有「成書自序在康熙庚午，尚未刊行。同治丁卯，丁禹生收其手稿。」

〔一一〕廷樞：原誤作「樞廷」，據《持静齋書目》改。

〔一二〕傳記：原誤作「記傳」，據《四庫全書總目》改。

〔一三〕看行：原作「行看」，據《四庫全書總目》改。

〔一四〕沂：原作「次」，誤，據《中國古籍善本書目》改。

〔一五〕《郘亭知見傳本書目·史部·地理》於「元和郡縣志四十卷」條下曰：「影宋鈔本作《元和郡縣圖志》。」

〔一六〕《郘亭知見傳本書目·史部·地理》此記作「宋王存等奉敕撰。……季目有鈔本二十四卷，似附古迹，所謂民本也。十卷則官修原本」。

〔一七〕《郘亭知見傳本書目·史部·地理》記此書曰：「黄丕烈有宋刊，云即錢氏所藏，而錢刻本又多舛誤。」

〔一八〕《郘亭知見傳本書目·史部·地理》作「澉水志八卷」，無「海鹽」二字。

〔一九〕《郘亭知見傳本書目·史部·地理》記此書云：「宋陽羨進士凌萬頃叔慶、陳留邊實同撰。其《續志》則實撰。考崑山文獻，以二書爲最古。」

〔二〇〕至正：原作「至大」，誤，據《郘亭知見傳本書目》和《宋元舊本書經眼録》改。

〔二一〕利：《郘亭知見傳本書目·史部·地理》作「刊」，誤。

〔二二〕祉：原作「址」，誤，據《郘亭知見傳本書目》改。

〔二三〕《郘亭知見傳本書目·史部十三》記是書云：「郘亭有舊鈔本。」

〔二四〕《郘亭知見傳本書目·史部·目録類》「讀書敏求記四卷」條云：「友芝于丁禹生許見遵王手稿本，校兩刊又多十餘條。又有《述古堂書目》鈔本，未分卷。」

〔二五〕啅：原作「倬」，誤，據《持静齋書目》改。

〔二六〕程：原作「陳」，誤，據《持静齋書目》改。

〔二七〕是書《郘亭知見傳本書目·子部·醫家》作：「素問玄珠密語十卷」，無「六氣」二字。莫氏曰：「舊題唐王冰撰，實宋人僞托也。今吴本歸郘亭。……丁卯冬在丁禹生許見十卷本舊鈔，校吴本多四篇，合三十篇。」

〔二八〕《郘亭知見傳本書目・子部・醫家》記此書曰：「不著撰人。静持室有依閣鈔本。」

〔二九〕《郘亭知見傳本書目・子部・醫家》書名作「産育寶慶方二卷」，無「集」字。記云：「函海本。」

〔三〇〕〔三一〕《郘亭知見傳本書目・子部・醫家》無「明末」二字。趙學敏《本草綱目拾遺自序》署撰作時間爲「乾隆乙西八月」。署「明末」，顯誤。

〔三二〕《郘亭知見傳本書目・子部七》記是書：「丁禹生藏明鈔本。」曹氏先藏，後歸丁氏。

〔三三〕《郘亭知見傳本書目・子部七》記是書：「南宋人撰，平津館有舊鈔本。孫馮翼重鈔之，今歸豐順丁氏。」

〔三四〕定真：原誤作「真定」，據《郘亭知見傳本書目・子部》改。又《郘亭知見傳本書目》「題晉郭璞撰」之下有「張顒注」三字。

〔三五〕照神：原誤作「神照」，據《郘亭知見傳本書目・子部》改。

〔三六〕《郘亭知見傳本書目・子部・譜録類》記此書云：「祁書齡撰。嘉慶己卯祁氏刊。」

〔三七〕曅：《郘亭知見傳本書目・子部・譜録類食譜》記是書爲「《膳夫經》一卷」，作者爲「楊煜」，與此異，可參。

〔三八〕《郘亭知見傳本書目・子部・雜家類》在「《樂庵遺書》四卷」之下所作箋語曰：「丁禹生有鈔本《樂庵語録》五卷，未知即此異題否。」據《四庫》著録，知爲一書而二異題。

〔三九〕《宋元舊本書經眼録》卷三記此書曰：「贊寧，宋初人，在蘇氏前，安知不號東坡？其撰此書，疏證詳明，不似僞作，爲跋詳之。今其本歸豐順丁氏。」《郘亭知見傳本書・子部・雜家類雜品》謂「其書妙析物理，足資多識。陳鱣曰：安知贊寧不亦號東坡乎？有校本，爲丁禹生所收」。莫氏三書互證，知此書作者爲宋初僧人贊寧，與眉山蘇軾號東坡無涉。

〔四〇〕姓名：原作「名姓」，據《郘亭知見傳本書目·子部十一類書類》改。

〔四一〕《郘亭知見傳本書目·子部·類書》作「《北堂書鈔》一百六十卷。唐虞世南撰。陳禹謨增改刊本最劣。陶九城改此書爲《古唐類苑》，季目有鈔本一百六十卷。又名《大唐類要》。……丁禹生有藝海樓鈔本《大唐類要》，當是據小米本。郘亭有明鈔本」。可參。

〔四二〕《郘亭知見傳本書目·子部·小説家》記録更爲詳明，且謂「丁禹生有影宋舊鈔」，此未言，可互參。

〔四三〕《郘亭知見傳本書目·子部·小説家》謂「葉石君藏舊鈔本」，「《述古堂書目》有此書」，「丁禹生有紅豆山房藏舊鈔本」。

〔四四〕《郘亭知見傳本書目·子部·道家》謂此書「有蘇靈芝書石幢本，石在易州，二卷。依《道藏》本録者分四卷」。

〔四五〕《郘亭知見傳本書目·子部·道家》録「《道德真經集解》八卷」，解題小異，末云「丁禹生有寫本。」

〔四六〕《郘亭知見傳本·子部·道家》附此書於唐張志和撰「《玄真子》一卷」之後，謂「鈔本《天隱子》一卷，題司馬承禎」。

〔四七〕《郘亭知見傳本書目·子部·道家》録「《悟真篇注疏》三卷附《直指詳説》一卷」，謂：「宋張伯端撰。《道書全集》本。《悟真刊僞集》三卷，伯端撰，陳致虚、薛道光刊誤。」《持静齋書目》録此書，名爲「悟真刊僞集」。

〔四八〕《郘亭知見傳本書目·集部》收此書，名爲「《張正見詩》一卷，舊鈔本」。

〔四九〕崔：原誤爲「雀」，今據《郘亭知見傳本書目·集部·别集一》改。

〔五〇〕《郘亭知見傳本書目·集部·别集一》謂「錢曾藏影宋本，乃其裔孫玩所編次，賦五卷，凡五十首」，與此相合。又

《郘目》記此書爲「五卷」，而此爲「十卷」，乃據張氏愛日精廬所藏也。

〔五一〕微：原作「薇」，誤，據《郘亭知見傳本書目・集部・別集四》、《持靜齋書目》改。又，《郘目》謂「有一刊本作十卷」。

〔五二〕《郘亭知見傳本書目・集部四・別集三》即録「後村集五十卷」，可參。

〔五三〕航：原誤作「杭」，據《郘亭知見傳本書目・集部四・別集三》、《持靜齋書目》改。

〔五四〕《郘亭知見傳本書目・集部・別集》所録爲「佩韋齋文集十六卷」鈔本。

〔五五〕《郘亭知見傳本書目・集部・別集》所録作「富山遺稿十卷」。

〔五六〕《郘亭知見傳本書目・集部・別集五》所録作「月屋漫稿一卷」。

〔五七〕《郘亭知見傳本書目・集部・別集五》收録此書，謂「玉井樵唱三卷，《四庫》依知不足齋鈔本」。

〔五八〕《郘亭知見傳本書目・集部・別集》録是書，作「此山集四卷」。

〔五九〕《郘亭知見傳本書目・集部・別集》所録是書正作「至正集八十一卷」。

〔六〇〕栲栳：原誤作「栳栲」，據《郘亭知見傳本書目・集部・別集》、《持靜齋書目》改。

〔六一〕《郘亭知見傳本書目・集部・別集》録元戴良「九靈山房集三十卷」，可參。

〔六二〕《郘亭知見傳本書目・集部・別集》録「《可閑老人集》二卷」。

〔六三〕二十七年：原誤作「七年」，據《持靜齋書目》改。

〔六四〕《郘亭知見傳本書目・集部・別集》録「《說學齋稿》四卷」，可參。

〔六五〕《郘亭知見傳本書目・集部・別集》録明文徵明文集正是「《甫田集》三十五卷《別録》一卷」。

〔六六〕按，《日下題襟集》，清朱文藻編。解題中「嚴可均」實爲「嚴誠」之誤。二人均姓嚴，且均號鐵橋，故致誤。「陸□□」爲「陸飛」，「潘□□」爲「潘庭筠」。可參閲清朱文藻編、劉婧校點《日下題襟集》，上海古籍出版社二〇一八年四月第一版。

〔六七〕蔡：原脱，據《郘亭知見傳本書目・集部九》和《持静齋書目》補。

〔六八〕《郘亭知見傳本書目・集部九》録此書，另有一説：「雅雨本。郝氏重刊本。乾隆丙子金匱王氏穎鋭刊附《金石要例》，係從程魚門得鈔本，與盧氏同時刊行。」

〔六九〕《郘亭知見傳本書目・集部十・詞曲》記是書：「汲古一集。明嘉靖刊黄集本别編一集。」

〔七〇〕《郘亭知見傳本書目・集部十・詞曲》曰：「《省齋詩餘》一卷，丁禹生亦有舊鈔本，云是汲古閣藏者。是書直齋著録」。

# 郘亭行篋書目

梁光華　歐陽大霖　點校

# 點校説明

莫友芝既是一位版本目録學家，也是一位藏書家。其藏書目録共有三個稿本：

第一，爲臺灣「國立中央圖書館」所藏之《影山草堂書目》稿本。臺灣《「國立中央圖書館」館刊》新十卷第一期所載《獨山莫氏遺稿》一文摘要述評説：

《影山草堂書目》，不分卷，六册。清莫友芝編，稿本。此爲莫氏家藏各書書目。影山草堂者，莫氏所居獨山舊廬也。

每書大致記書名、卷册、版本、價款，亦有編號列册者。六册之中，所用稿紙不一，字迹亦不似一時所寫。其中附録「丁巳年正月廿六日郵寄滬上」書目，「丙辰年七月初一日李成送滬」書目，「丙辰八月初六日李成帶回之書」書目，以及光緒十三年端節至十五年除夕所存書籍收售清單帳目。鈐印：「郘亭」白文方印，「莫氏」朱文方印，「臣印繩孫」白文方印，「經農」朱文小印，「獨山莫氏圖書」朱文小長方印，「影山草堂」白文橢圓印。

第二爲中國國家圖書館所藏《影山草堂書目》稿本。此稿本分上下册。上册爲一號書箱至六十號書箱書目，五十三頁；下册爲六十一號書箱至一百六十四號書籍書目，五十九頁。此《影山草堂書目》采用印有「乾隆四年校刊」字樣舊稿紙鈔寫，其魚尾版心以毛筆書寫書箱號。

此書目稿本首尾均無序跋，上册第一頁右首行書寫「影山草堂書目」，此書名之下有小字注語：「此册但以箱計號，别有分類目録。」「分類目録」未見。此書目稿本依箱記録所藏書籍之書目、版本、撰者、注者、刊刻者及册(本)數、卷數，在書目下端或注明藏者「手校」、「批面」、「讀本」等字樣，或注明該書由誰所贈送，或由何號書箱移來者，如六十三號倒數第二本書目「《黔書》」之下注「金甸卿贈」；一百零八號「《隸續》」之下注「洪魯處换來者」「《説文五音韻譜》」之下注「由拾壹號移來」。有的書目被毛筆圈去，如一百一十四號第二本書目「《史記索隱集解》」被圈去，注「此贈蒯禮卿」；一百二十五號第一本書目「《文選李善注》」被圈去，注「黎姑丈取回」。這類被圈去之書，不再計入此書目之中。在書目稿本書眉或有注明借書者，如在二十五號最後一本書「《大字五經》」之上天頭書眉處先注：「癸酉十二月廿四，洪琴西借去」，後又用毛筆圈去此二行小字；七十一號明正德本「《通志略》」之上書眉先注「李勉公借，癸酉十二月」，後又用毛筆圈去此二行小字。用毛筆圈去者，當表示此書已還回。此書目從第一號至一百五十六號均爲藏書箱；從一百五十七號至一百六十四號主要爲盛裝碑帖字畫、圖章、文物、雜物的雜件箱，如一百五十七號裝「稿、碑皮盒各一個、文具盒一、鼻烟盒二、粉乾等、東洋方碟九個」；一百五十八號裝「稿、圖章盒二」；一百五十九號裝「雜件、圖章」；一百六十號裝「雜紙等、楊文驄畫」；一百六十一號裝「字畫、裱軸、碑帖」；一百六十二號裝「稿手澤」；一百六十三號裝「字畫」；一百六十四號箱書與雜物并存：「集錦楠木箱一屏大小共十四件、汲古閣桃花紙初印《十七史》、又局本《宋》、《遼》、《金》、《元》、《明》、《舊唐》、《舊五代》、《遼史拾遺》、《遼金元史國語解》、鄂刊《輿圖》等、《南北史補志》六本；《開成石經舊拓本》，共裝楠木箱一」。書末附有一貼紙注云：「甲辰九月十七日查」，此紙共記所查四號至一百三十二號書箱，均有空格。甲辰爲清光緒三十年，莫友芝已辭世三十三年，此當爲莫繩孫所查。

這本《影山草堂書目》書首鈐印：「莫繩孫」陰文方印；首頁書名小注之下和末頁均鈐「北京圖書館」朱文方印，可見國家圖書館所藏此書目係莫繩孫所編其父莫友芝藏書之書目，其中極少爲莫繩孫藏書，如第一百五十號至一百五十四號東洋箱藏的都是光緒後刊印的黎庶昌《古逸叢書》，其他書箱尚有一些莫繩孫零星藏書。實際上莫繩孫没有多少藏書，他主要功績是收集、整理、刊刻父親遺著。繩孫五十三四歲以後，幾乎主要是靠出售父親影山草堂藏書來度日，晚境淒涼。

第三爲國家圖書館所藏《郘亭行篋書目》二册鈔本，係莫友芝子莫繩孫所抄。鄭偉章先生《莫友芝的藏書和目録學》（載《貴州師範大學學報》一九八六年第二期）一文亦考述曰：

《郘亭行篋書目》二册。此目爲莫友芝藏書目録的鈔清本，前後無序跋。首頁書名下注「但以書箱計號，未盡分類」。依箱著録藏書，自第一號起至一百五十六號訖。詳考之，實爲前目——《影山草堂書目》的清稿，二書實爲一目。

本次點校底本爲國家圖書館所藏《郘亭行篋書目》上下册鈔本，以莫友芝《影山草堂書目》稿本爲參校本。筆者統計此書目鈔本收書共二九五四種，一九二五六册，四九三四三卷，另有書畫碑帖六〇〇餘件。在這些藏書中，有唐本殘卷一種，即同治元年莫友芝在安徽安慶所獲黟縣宰張廉臣所贈《唐寫本説文解字木部殘卷》，莫氏考鑒爲中唐穆宗時殘寫本，并爲之撰作著名的《唐寫本説文解字木部箋異》，已記於此書目之中。有宋本五十六種，如宋刊十六册《文選李注》、宋本《方輿勝覽》等。有元本六十九種，如元大德三年刊《吴越春秋》、元刊本《隋書》等。有明本四百五十五種，如明精刊本《大字五經》、明南北監本《南史》、《魏書》、《周書》、《北齊書》等。有清本二六六四種。這些藏書(除莫繩孫零星藏書外)多爲善本，都是莫友芝節衣縮食、耗盡畢生心血走遍祖國大江南北覓收購得的珍貴善本書。作爲一生不入仕途的一介寒儒，家貧而能收藏如此豐富珍貴的古籍圖書，實在令人肅然起敬！

本次點校整理，原書内眉批移至相對應的條目下。眉批文字、文内批注文字以及籤條上文字均以楷體排版，以示區别。其避諱字徑改回原字，脱漏之字以［　］標示補出，實在辨認不清之字則以「□」標示，不强作解人；其他一如其舊。所作校勘記，校者按照以莫證莫注莫的原則，主要根據莫氏《宋元舊本書經眼録》、《郘亭知見傳本書目》和《郘亭日記》有關莫氏自已藏書、收書記録略作校勘説明，借以窺見莫氏收書、藏書之艱辛不易和莫氏關於古籍藏書的題識概貌。

梁光華　歐陽大霖

二〇一一年春節於黔南師院

# 郘亭行篋書目目録

# 郘亭行篋書目但以書箱計號，未盡分類。

## 一號

十三經注疏一百册。明閩刊本。

爾雅正義邵晉涵。二十卷。四册。乾隆戊申刊。

孟子正義焦循里堂。三十卷。半九書塾刊。

七經孟子考文日本山井鼎撰。并物觀補遺，共二百卷，三十二册。儀徵阮氏琅環仙館刊本。

## 二號

十三經校勘記阮元。二百三十六卷。三十二册。嘉慶戊辰阮氏刊。

虞氏易禮二卷周易鄭荀義三卷易義别録十四卷。四册。張惠言。道光元年合河康氏刊，初印。

周易虞氏義九卷周易虞氏消息二卷。二册。張惠言。嘉慶八年揚州阮氏刊。初印大。

象數論黄宗羲黎洲。六卷。一册。新安汪氏西麓堂刊。

彫菰樓易學焦循。四十卷。十册。嘉慶中焦氏原刊。初印大。

詩書古訓阮元。六卷。六册。道光廿一年原刊。

禮經釋例凌廷堪次仲。十三卷。六册。阮氏文選樓刊。

禹貢鄭注釋焦循。二卷。一册。道光戊子焦氏原刊。初印大。

尚書後案王鳴盛。三十卷。十册。乾隆戊子刊印。

古文尚書考惠棟。二卷。一册。乾隆五十七年刊。

禹貢會箋徐文靖位山。十二卷。一册。乾隆十八年刊。

今文尚書説陸奎勳坡星。三卷。一册。嘉慶戊戌刊。

尚書釋天秀水盛百二秦川。六卷。三册。乾隆十八年自刊精本。

禹貢錐指德清胡渭。二十卷。十册。康熙乙酉刊。

尚書古文疏證太原閻若璩百詩。八卷。四册。乾隆八年刊。

太誓答問仁和龔自珍。一卷。一册。同治丁卯重刊。

禹貢今釋當塗芮日松次喬。二卷。一册。道光戊子求是齋刊。

尚書釋天盛百二。六卷。二册。乾隆甲午任城書院刊。

左傳舊疏考正儀徵劉文淇。八卷。二册。道光戊戌刊。

春秋世族輯畧丹徒王文源夢圃。二卷。二册。道光乙巳陳氏刊。

春秋左氏傳賈服注輯述嘉興李貽德。二十卷。八册。附攬青閣詩集二卷、夢春廬詞、早花集各一卷，其婦吴筠。同治丙寅刊。

羣經宫室圖焦循。二卷。一册。半九書塾刊，初印大。

禮説東吴惠士奇，半農。十四卷。五册。附大學説。嘉慶丁巳蘭陔書屋刊，初印大。

詩章句考當塗夏炘心伯。二卷。一册。又朱子集傳校勘記一卷。詩古韻表集説二卷。詩樂存亡譜一卷。道光壬辰刊。

詩古微邵陽魏源默深。二卷。二册。佳刊。

毛詩異義歙汪龍。四卷。附詩譜，二册。道光乙酉鮑方棨精刊，佳紙初印。

釋穀寶應劉應楠。四卷。一册。咸丰五年刊。

易經爻辰貫東臺馮道立務堂。二卷。又周易三極圖貫，四集、八卷。十册。咸豐戊午刊。

弁服釋例興化任大椿。八卷。一册。嘉慶丙辰刊。

儀禮石經校勘記阮元。四卷。一册。乾隆乙卯七録書閣刊。

車制圖解阮元。二卷。一册。

肆獻祼饋食禮任啓運通。三卷。一册。清芬堂刊。

儀禮古今文疏義涇胡承拱。十七卷。一册。道光乙酉求是堂刊。

春秋鑽燧仁和曹金籀。四卷。一册。同治七年重刊。

春秋左傳姓名同異考錢塘高士奇澹人。四卷。一册。原刊本，初印。

春秋左傳詁陽湖洪亮吉稚存。二十卷。八册。嘉慶原刊初印。

易集解三册詩稽古編八册此二種，辛未二月曾中堂借。

## 三號

春秋内傳古注輯存東吳嚴蔚豹人。三卷。三册。乾隆五十二年二酉齋刊。

夏小正集解高郵顧問。四卷。一册。乾隆壬子刊。

廟制圖考萬斯同季野。四卷。一册。乾隆乙酉刊。

羣經補義新安江永慎脩。五卷。一册。姪孫江錞等校梓。

周禮疑義舉要江永。八卷。一册。乾隆辛亥刊。

農雅倪倬。六卷。一册。嘉慶十八年刊。

古樂經傳安溪李光地。五卷。丁未其孫清植刊，佳。

禮記訓義擇言江永。八卷。一册。

周易本義辯證惠棟。五卷。一册。

九經古義惠棟。十六卷。一册。省吾堂刊。

五經異同崑山顧炎武亭林。三卷。一册。蔣光弼省吾堂刊。

石經考萬斯同。一卷。一册。

儀禮圖張惠言。六卷。四册。原刊大本。

廣雅疏證高郵王念孫。十卷。坿博雅音十卷。八册。嘉慶元年王氏原刊。

公羊通義孔廣森。十一卷。三册。

大戴禮補註十三卷。又序録一卷。二册。

詩聲類十二卷。又分例一卷。一册。

禮學卮言六卷。一册。經學卮言六卷。一册。

少廣正負術六卷。一册。駢儷文三卷。一册。以上七種并顨軒孔氏所著，共六十卷。嘉慶十七年孔氏刊。

六書音韻表段玉裁。五卷。乾隆中原刊。二册。

經韻樓叢書金壇段玉裁。段玉裁經韻樓集二十卷。古文尚書撰異三十卷、周禮漢讀考六卷、毛詩故訓傳定本三十卷。春秋左氏古經二卷、戴震東原集十二卷附年譜、又聲韻考四卷。二十四册。道光元年刊。

陳左海經説四種福州陳壽祺。左海經辯二卷、五經異議疏證三卷、尚書大傳定本五卷、洪範五行傳輯三卷。八册。道光癸未刊。

羣經平議德清俞樾。三十五卷。十二册。同治五年自刊。

四書考異仁和翟灝晴江。三十六卷。十册。乾隆三十四年刊。

經義述聞高郵王引之。三十二卷。十二册。嘉慶二十二年刊。

蔡氏月令王雲立清。二卷。二册。道光甲申王氏刊。

四書補考江陰鳳韶德隆。二卷。一册。嘉慶戊辰刊。

大學翼真德清胡渭。七卷。一册。戴上鏞校刊，初印大。

四書釋地辨證長洲宋翔鳳。二卷。一册。

四書釋地續、又續、三續。閻若璩四集。附孟子生卒年月考。東浯王氏重刊。四册。四書釋地續、又續、三續。補山陰樊廷枚校補四集。六册。海涵堂刊，初印大。

鄉黨圖考江永。十卷。六册。乾隆甲午刊。

論語異文考證嘉興馮登府。十卷。一册。道光甲午粤東學海堂刊。又一册。

經傳考證寶應朱彬。八卷。二册。道光二年刊，佳。

儀禮釋官績溪胡匡衷。九卷。四册。嘉慶丙子研六閣刊。

拾雅高郵夏味堂。二十卷。八册。道光壬午夏氏刊，初印。

經學五書萬斯大充宗。十卷。學禮質疑、禮記偶箋、儀禮商、周官辨非、學春秋隨筆。二册。乾隆己卯重刊，初印。

公羊禮説江都凌曙。嘉慶己卯刊。一册。公羊逸禮考徵長洲陳奂。一卷。同治戊辰刊，一册。

駢雅訓纂明朱謀㙔。龍巖魏茂林訓纂十六卷。八册。道光二十五年刊，初印大。

春秋繁露注漢董仲舒撰。江都凌曙注十七卷。一册。嘉慶乙亥刊，初印大。

穀梁釋例海州許桂林。一卷。一册。道光二十五年刊，初印大。

韓詩外傳校注新安周廷寀。十卷。附拾遺。二册。乾隆辛亥刊，初印大。

西漢儒林傳經表周廷寀。二卷。一册。

儀禮鄭注句讀濟陽張爾岐句讀。十七卷。四册。乾隆八年和衷堂刊。

論語古解順德梁廷枏。十卷。一册。藤花亭十種之一。

求古録禮説補遺臨海金鶚。一卷。一册。同治丁卯刊。

## 四號

四書集注吴縣吴志忠。仿宋本。十册。

中庸集解宋石𡼖。此書世無傳本，先府君輯出刊行〔一〕。影山草堂刊本。二册。

中庸臆測真定王定柱。二卷。二册。

大學臆古王定柱。一册。大學臆古古今文附證王定柱。一册。

大學中庸口義湯友信誠齋。二册。

四書改錯毛奇齡西河。二十二卷。六册。

四書通胡炳文。通志堂本。八册。

四書朱子異同條辨康熙中梁都李沛霖撰。六函，三十四册。近譬堂刊本。初印。

四書反身録李二曲。八卷。二册。

四書大全三魚堂。二十册。

四書蒙引明蔡清。十五卷。十二册。

四書摭餘説蕭山曹之升寅谷。六册。

四書講議吕晚邨。三十五卷。二册。

四書講義遺編陸稼書。六卷。六册。

四書講義困勉録陸隴其稼書。十四卷。十六册。

## 五號

璜川吴氏經學叢書三十六册。甲集：惠士奇。春秋説十五卷。乙集：惠周惕詩説三卷、坿録一卷、惠士奇大學説一卷、惠士奇禮説十四卷、顧炎武左傳杜解補正三卷。丙集：惠士奇易説六卷、江永羣經補義五卷、吴鼒三正考一卷、辨疑録三卷。明周洪謨。□禮章水經流考一卷、華學泉春秋疑義二卷、宋岳珂九經三傳沿革例一卷、宋彭耜道德經集注釋文一卷。附集：經史論存四卷、補四卷，吴成佐；經句説二十四卷，吴英。

朱氏羣書二册。儀禮經注一隅二卷。夏小正，戴德傳，朱駿聲補傳。小爾雅，朱駿聲約注一卷。離騷賦，王逸注，朱駿聲補注。

禮書綱目江永。八十五卷。二十二册。

石經考異嘉興馮登府。四册。又三家詩異文疏證并補遺。皇清經解本。

惜抱軒九經説姚鼐。十七卷。二册。

昏禮通考嘉善曹庭棟。二十四卷。六册。

儀禮經傳通解三十七卷，十六册。又續二十九卷。

讀禮通考徐乾學。一百二十卷。二十册。

白虎通漢班固等奉詔撰。四卷。二册。抱經堂本，初印。

白虎通漢班固等奉詔撰。四卷。一册。抱經堂本。

羣經宫室圖焦循。二卷。二册。半九書塾刊本。

五經異義疏陳壽祺。三卷。三册。

五經圖明盧雲英。十二卷。缺五、六兩卷，當是六經圖，缺詩、易、書、春秋、禮、周禮。五册。

書儀司馬光。朱印本。一册。

禮記訓纂寶應朱彬輯。四十八卷。十册。

## 六號

五禮通考金匱秦蕙田。二百六十二卷。八十册。初印。秦文恭手校本。

## 七　號

康熙御纂周易折中二十二卷。十册。

淮海易談明孫應鰲四卷。四册。隆慶二年戊辰中秋序刊。明刊本。

易原宋程大昌。八卷。一册。聚珍本。

古周易一卷。一册。通志堂本。

易學濫觴元黄澤。一卷。一册。聚珍本。又一册。

易數勾隱圖三卷并遺論九事一卷劉牧。四卷。一册。通志堂本。

大易象數鈎深圖二卷。二册。通志堂本。

易象圖説二卷。一册。通志堂本。

東萊易説宋吕祖謙。二卷。一册。明刊。

周易廣義六卷。六册。高頭本。

田間易學桐城錢澄之飲光。四卷。四册。

大易緝説王申子。十卷。四册。通志堂本。

周易闡要朱熹集録。四卷。六册。

蘇氏易傳宋蘇軾。八卷。一册。汲古閣本。

京氏易傳三卷陸績麻衣道者正易心法陳希夷。一卷。元包經傳後周衛元嵩述唐。蘇源明傳，李江注。五卷。

元包數總義蜀張行成。二卷。共一册。汲古閣本。

生齋讀易日識方坰子春。六卷。一册。

尚書説黄度。七卷。二册。以下四種并通志堂本。

書傳旁通陳師凱。六卷。二册。

詩集傳名物鈔許謙。八卷。二册。

書傳輯録纂註董鼎。六卷。二册。

周易屬辭通説蕭光遠。二卷。

尚書考異旌德梅鷟。六卷。二册。又二册，桃花紙印。

書經集傳蔡沈。六卷。四册。立本齋本。

尚書表注金履祥。二卷。一册。以下二種并通志堂本。

書古文訓薛季宣。十六卷。四册。

書傳音釋鄱陽鄒季友晉昭。六卷。四册。

尚書大傳鄭注四卷考異一卷續補遺一卷鄭司農集一卷。雅雨堂本。共一册。

書經纂註鍾惺。五經之一。二卷。禹貢圖註陳子龍乃摘夏允彝合註爲之。附有明總圖九邊、河漕兩圖。一卷。

金陵書局新刊七經四書集注六本、易程傳三册、易朱子本義二册、書蔡傳四册、詩朱集傳五册、左傳杜注十二册、禮記陳氏集説十册，共四十二册。

禹貢集釋三卷錐指正誤山陽丁晏。一卷。共二册。

御案五經二十四册。

欽定詩經傳説彙纂二十一卷。十六册。

尚書詳解宋陳經。五十卷。八册。聚珍本。

# 八號

毛詩草木鳥獸蟲魚疏校正仁和趙佑。二卷。一册。

詩考補宋王應麟。二卷。一册。

毛詩本義歐陽脩。十六卷，三册。舊鈔本。又歐陽杰棨校刊本，二册。

毛詩指説唐成伯瑜。十五卷。一册。通志堂本。

吕氏家塾讀詩記三十二卷。十二册。

詩世本古義明何楷玄子。十卷。明刊本。

詩説劉克。十二卷。四册。汪閬原仿宋本。

毛詩後箋涇胡承拱。三十卷。十二册。
毛詩古音考明陳季大。一四卷。一册。謝墩山房原刊本。
詩名物疏明馮復京嗣宗。五十五卷。五册。明刊本。
詩解頤元朱善。四卷。二册。通志堂本。
詩疑問元朱倬。七卷。一册。通志堂本。
田間詩學錢澄之。六册。
朱子詩義補正桐城方苞。二册。抄本。
詩譜補亡後訂海寧吴騫。一册。拜經樓刊。
詩緝宋嚴粲。三十六卷。八册。仿宋本。
毛詩要義二十卷。二十六册。舊鈔。
毛詩傳疏長洲陳奂。三十卷。十二册。坿音説、傳義類。鄭箋徵。
詩集傳音釋二十卷。六册。附校勘札記。海昌蔣氏仿元本。
毛詩禮徵涇包世榮。十卷。六册。
嚴氏詩緝補義劉粲星若。八卷。八册。
讀詩一得盱眙吴棠。一册。
詩義補正方苞撰。八卷。光緒三年馮焌光刊。

毛詩要義二十卷。十二册。新刊倭皮紙，初印本。

## 九號

春秋釋例晉杜預。十五卷。四册。聚珍本。

道光欽定春秋左傳讀本三十卷。十册。江蘇書局初印。

春秋大事表顧棟高震滄。五十卷。外坿録。二十四册。

公羊傳解詁漢何休。二十八卷。六册。永懷堂本。

穀梁傳集解晉范寧。二十卷。四册。永懷堂本。

春秋七國統表蕭山魏翼龍際雲。六卷。二册。

春秋孔義明高攀龍。十二卷。二册。明刊。

春秋闕如編焦袁熹南浦。八卷。四册。

春秋胡傳三十卷。附林堯叟音註。三册。汲古閣本。又别本，五册。精印，昔末册缺配者。

春秋公羊經傳解詁漢何休。十二卷。外附校勘記。四册。揚州汪氏仿紹熙本，初印。

左傳事緯前書八卷左傳事緯馬驌宛斯。十二卷。共五册。

春秋辨疑宋蕭楚。四卷。一册。聚珍本。

春秋胡傳四册。明精刊，緜紙初印。

讀左巵言石韞玉。一卷。一册。附漢書刊訛一卷。

禮經通論上卷邵懿辰。一册。

參讀禮志疑婺源汪紱。二卷。二册。

經禮補逸明汪克寬德輔。九卷。四册。明刊精印。

儀禮鄭註十七卷。四册。立本齋初印。

周禮鄭註清芬閣初印。六册。

禮經會元錢塘許元淮滙東。四卷。四册。

志樂輯略華亭倪元坦。三卷。一册。

禮記集解孫希旦。六十一卷。十六册。

肆獻祼饋食禮任啓運。三卷。一册。

大戴禮記盧辨注十三卷。二册。雅雨堂刊。

欽定儀禮義疏四十八卷。二十八册。

春秋左傳杜注三十卷。八册。姚培謙刻。劉海峰圈點本。

## 十號

爾雅郭注并圖三卷。三册。摹刊宋本。

爾雅郭注補正戴鎣。三卷。四册。爾雅郭注三卷。附陸德明音義三卷。一册。明吴元恭本重刊。

爾雅新義宋陸佃農師。二十卷。二册。仁和宋大樽校。小學鉤沈興化任大椿。十八卷。二册。

爾雅鄭注宋鄭樵。三卷。一册。鄭天錞仿宋本。說文發疑安吉張行孚乳伯述。六卷。二册。

爾雅義疏郝懿行。二十卷。八册。

急就章注二册。

爾雅翼宋羅願。三十二卷。二册。明刊本。又附鄂州小集五卷。明刊本。八册。

農爾雅倪倬。六卷。一册。

埤雅宋陸佃。二十卷。二册。明初顧棫校。仿宋刊。又贛州府通判錢塘郭暹。二册。正統九年刊本。又四册。嘉靖元年刊于贛州之清獻堂。每半頁十行，行十九字。每卷附音釋一頁。

小爾雅疏證嘉定葛其仁。二，少一。

廣雅疏證高郵王念孫。十卷。八册。皇清經解初印。

釋名定本漢劉熙成八卷。一册。璜川書塾刊。又一册。明刊本。

方言漢揚雄紀。晉郭璞注。十三卷。二册。抱經堂本。

續方言仁和杭世駿。二卷。一册。

吴下方言考武進胡文英。十二卷。一册。

别雅山陽吴玉搢。五卷。五册。

拾雅高郵夏味堂。六卷。二册。精刊。又二册。

字林考逸釋增。一卷。深衣釋例三卷、列子釋文二卷、列子釋文考異一卷。興化任大椿共十五卷。共八册。

匡謬正俗顔師古。八卷。一册。雅雨堂緜紙初印。

干禄字書精刊。一册。

鍾鼎字源汪立名。五卷。一册。精刊。

石鼓釋文考異一卷。一册。

石鼓文章句海鹽吴東發一卷。一册。

汗簡宋郭忠恕。七卷。汪立名刊。一册。汗簡箋正遵義鄭珍。八卷。四册。

六書故永嘉戴侗。三十三卷。明張萱精刊初印。明趙宧光舊藏本。十六册。

五經文字九經字樣唐張參等奉勑撰。三卷。共二册。仿乾符本。

史漢字類宋婁機。五卷。一册。明仿淳熙本。

古文四聲韻宋夏竦。五卷。二册。新安汪氏精刊。

羣經音辨賈昌朝。七卷。二册。澤存堂仿寶元本初印。

復古編吴興張有。附張維曾樂軒稿，張先安陸集，三册。精刊。又二册。

字詁義府合刻歙縣黄生名。二卷。二册。

龍龕手鑑遼釋行均。四卷。六册。虚竹齋刊。又函海本。三册。

隸法彙纂歙項懷述。四册。精刊。

廣韻張刊。二册。玉篇鯀紙初印。三册。又五卷。五册。顧本。

洪武正韻明刊。五册。

洪武正韻箋四册。明刊。

六藝綱目舒天民。二卷。二册。嘉蔭簃精刊。

爾雅蒙求附訂雲臺二十八將圖。一册。精刊大字本。

急就漢史游作，唐顔師古注，四卷。一册。

大清州縣名急就章彭翔履。一册。

説文字原集註蔣和。十六卷。附字原表。二册。

繆篆分韻五卷補一卷。桂馥編。姚覲元刻。

字孿葉秉敬。二卷。一册。

爾雅古注斠李祖望妻葉蕙心。二卷。附蘭如詩一卷。二册。

## 十一號

說文繫傳宋徐鍇。四十卷。坿校勘記三卷。六册。祁相國據宋本刊，初印。繫傳考異汪憲四卷。二册。缺首册。

說文解字宋徐鉉。十五卷。一册。孫淵如復宋本。校批面。

說文五音韻譜宋徐鉉。十二卷。十二册。明覆宋本，初印。說文辨疑顧廣圻。一卷。

說文段注金壇段玉裁。三十二卷。十六册。初印。

說文校議歸安姚文田、烏程嚴可均。十五卷。二册。四録堂精刊初印。

說文斠全嘉定錢坫。十四卷。六册。初印。

說文釋例安邱王筠。二十卷。十册。初印。

說文句讀安邱王筠。三十卷。十册。初印。

段氏說文註訂吴縣鈕樹玉。八卷。二册。精刊初印。又四册。又一册。

說文新附考鈕樹玉。六卷。附説文續考一卷。初印。二册。

說文古語考長洲程際盛。一卷。一册。

說文引經考異丹徒柳榮宗。十六卷。二册。

說文疑疑江陰孔廣居。分上、下兩册。四册。

説文引經考吴玉搢。二卷。一册。

説文字通吴縣高翔麟。十四卷。二册。精刊初印。

説文蠡箋吴郡潘奕雋。十四卷。一册。

御覽引説文録鈔本。一册。

説文通訓定聲元和朱駿聲。分十八部。二十四册。

説文答問疏證嘉定錢大昕箸。甘泉薛傳均注。六卷。二册。

唐本説文木部箋異初印朱本。一册。

説文字原一册。

正韻纂抄本。一册。

漢學諧聲太平戚學標。二十四卷。八册。

説文凝錦録秀水萬光泰。一卷。一册。

説文解字義證曲阜桂馥。五十卷。四十八册。湖北書局初印。

五音韻譜正字曾紀澤録。二册。

字原考畧吴照。六卷。末一卷乃附漢史游急就篇及宋洪适急就章。二册。佳刊。

木部箋異初印樣本。一册。

御覽引説文自録。一册。

汲古閣説文訂段玉裁。一册。

## 十二號

韻會舉要元黄公紹。三十卷。十册。

金石文字辨異階州邢澍。十二卷。初印。

隸韻宋劉球。十卷。補坿翁方綱考證二卷。六册。仿淳熙本初印。

漢隸字源宋婁彦發。汲古閣仿慶元本初印。三册。

隸辨長州顧靄吉。八卷。四册。黄晟精刊，佳紙初印。

音學五書音論三卷、詩本音十卷、易音三卷、唐韻正廿卷、古音表二卷，共五册。崑山顧炎武。

六書韻徵錫山安吉。十六卷。六册。初印。

音古泝原錫山安念祖、華湛恩同輯。八卷。四册。初印。

續古篆韻魯郡衍。六卷。一册。獨抱廬初印。批面。

漢隸分韻明李宗樞子西。七卷。一册。萬承天臨刊初印。

六書正譌元周伯琦。五卷。二册。元至正刊本。初印。

説文字原元周伯琦。一卷。一册。元至正刊本。初印。

四聲切韻表江永。一卷。一册。初印。

古韻標準江永。一卷。一册。守山閣初印。

孫氏唐韻考河間紀容舒。五卷。一册。守山閣初印。

聲類錢大昕。四卷。二册。

述均當塗夏燮。十卷。二册。精刊。

古今通韻毛奇齡。十二卷。六册。初印。

古韻通説桂林龍啓瑞。二十卷。四册。初印。

江氏音學十書歙江有誥。八册。詩經韻讀四卷、先秦韻讀一卷、入聲表一卷、羣經韻讀一卷、唐韻四聲正一卷、等韻叢説一卷、楚詞韻讀一卷、諧聲表一卷。

古今韻畧毗陵邵長蘅。五册。

古音諧姚文田。八卷。四册。初印。

唐本説文木部箋異五部。五册。

金石韻府明朱雲。五卷。二册。舊抄。

佩文韻纂一巨册。

一切經音義唐釋慧琳撰。一百卷。五十册。日本文元二歲刊。續一切經音唐沙門希麟撰。十卷。五册。日本延享二年刊。

音韻闡微雍正欽定。四册。

## 十三號

授經圖明陸㮚。二十卷。一册。朱中尉西亭氏原本。明刊。

經義考朱彝尊。三百卷。四十册。盧見曾編本。

小學考謝啓昆。五十卷。十六册。

崇文總目宋王堯臣等編次。三册。嘉定錢東垣輯。釋元六十六卷。今分五卷外，錢伺補遺附録。

文獻經藉考馬貴輿。舊。八册。

子略宋高似孫。四卷。又目一卷。一册。照曠閣本。

衢州本郡齋讀書志〔二〕宋晁公武。二十卷。六册。汪士鐘精刊。

袁州本郡齋讀書志宋晁公武〔三〕。十四卷。附趙希弁附志、後志，全。四册。陳師曾刊。

直齋書録解題宋陳振孫。二十卷。六册。聚珍本。

文宗閣四庫全書裝函清册抄本。二册。

兩浙採遺書目鍾音等，以天干十字加閏字，分十一集。十二册。

國史經藉志明焦竑。六册。明刊。

天一閣書目寧波范氏。文選樓刊。十册。天一閣碑目范懋敏編次。一卷。一册。文選樓刊。

汲古閣藏書目二册。舊鈔。

愛日精廬藏書志昭文張金吾。三十五卷。六册。

述古堂書目錢曾遵王。六册。舊抄。

明人集目舊抄。二册。

讀書敏求記錢曾。四卷。四册。

曝書亭書目舊抄。一册。

絳雲樓書目虞山宗伯。附静惕堂書陳少章定本。舊鈔本。黄蕘圃舊藏。共一册。

汲古閣秘本書目延令宋板書目，季蒼葦。百宋一廛賦注，顧廣圻撰、黄丕烈注。共一册。又百宋一廛賦一册。

漢藝文志汪文盛。漢書殘。一册。

舊唐書藝文志後晉劉昫。殿板正史本。一册。

補宋遼金藝文志羣書拾補本。抱經堂刊。二册。

補元史藝文志錢大昕。四卷。一册。精刊。

阮文達進呈書提要五卷。一册。

古今書目舊鈔。十八册。

蛾術堂集蕭山沈豫。四册。

皇清經解提要并續編，二卷。羣書提要一卷。讀書如面一、讀史褋記一、仿今言一、楚州草一、周官識小一、袁浦札記一、芙村文鈔二、左官異禮畧一、羣書褋義一、芙村學吟一。

福建重刊聚珍板一册。

道藏目録明白雲霽。四卷。四册。明刊。

道藏輯要總目蘇朗諸弟子。一册。

支那本佛藏目録一册。

漁洋説部精華附書跋説鈐。錫山劉堅類次。二册。精刊。

通志堂經解目首有翁方綱春秋分年系傳一卷，合訂。一册。

知聖道齋讀書跋尾彭元瑞。二卷。一册。抄本。

楝亭書目千山曹氏藏書目也。一册。抄本。

十萬卷樓叢書目一小册。湖州陸誠齋觀察。

古今書刻二卷。古黄周弘祖輯録。如金石家例，以地係書，抄本，上卷書，下卷石刻。一册。

萬卷堂家藏書目一卷。明朱睦㮮藏書也。抄本。

秘書省續編到四庫闕書紹興年改定。一册。抄本。

孫氏祠堂書目孫星衍。一册。抄本，無外編。

孫祠書目内編四卷，外編三卷。二册。

## 十四號

集古録目宋歐陽修。十一卷。一册。

高士傳圖像二册。於越先賢傳圖像二册。任渭長畫。初印原本。

金石録四册。

隸釋隸續宋洪适。共五十四卷。十二册。汪日秀刊，初印。

隸釋刊誤吴縣黄丕烈。一卷。原本爲洪琴西借去上板翻刻。今此本即所重刻新印本。黄氏精刊初印。一册。又一册。

石墨鐫華明趙崡。八卷。明刊。一册。

金石林時地記一册。

觀妙齋金石文考略嘉興李光暎。十六卷。六册。精刊初印。

兩漢金石記翁方綱三十二卷。六册。

金石粹編王昶。一百六十卷。金石萃編補目三卷。附元碑存目一卷。黄本驥。抄本。手校。六十四册。

石柱記箋釋唐顔真卿撰。鄭元慶箋釋。四卷。一册。精刊初印。附朱彝尊補石柱記一卷。鄭元慶箋釋。

石經考石經考異萬斯同。一册。

潛研堂金石文字目録八卷。跋尾六卷。共五册。跋尾續七、又六卷。錢大昕。又六卷。

金石文字記顧炎武六卷。一册。
山左金石志畢沅、阮元同撰。二十四卷。十二册。
粤東金石略翁方綱。九卷。又附二卷。二册。精刊初印。
湖北金石存佚二十二卷。八册。
湖南金石志瞿中溶。二十卷。六册。通志堂本。
金石苑劉燕庭。精刻初印。八册。
粤西金石略南康謝啓昆。十五卷。四册。
安陽金石志趙希璜、武億同纂。十三卷。四册。
常山貞石志沈濤。二十四卷。八册。
小琅環叢記　滇南古金石録阮元。一册。
説嵩金石景日昣。二卷。一册。
授經堂金石文字續跋偃師武億。十四卷。五册。
越中金石記山陰杜春生。十卷。六册。
金石萃馮承輝。精刊。二册。
金石契嘉禾張燕昌。一册。精刊初印。
平津讀碑記洪頤煊。八卷。附續記一卷。三册。

詩譜補亡後訂、國山碑考、許氏詩譜抄。吴騫。共一册。又一册，少許氏詩補抄。

瘞鶴銘考陳鵬年。一卷。一册。

吴國山碑考漢司農劉夫人碑摹本。路銓廷。共一册。

京畿金石考孫星衍。二卷。一册。

續寰宇訪碑録趙之謙。五卷。二册。

小蓬萊閣金石文字黄易。五册。

古刻叢抄陶宗義。一卷。一册。抄本。

金石林時地記明趙均撰。二卷。舊抄本。一册。

漢石例實應劉寶楠。六卷。二册。

## 十五號

鍾鼎款識宋薛尚功。二十卷。四册。阮氏精刊初印。

積古齋鍾鼎款識阮元。十卷。二册。

漢蜀石經殘字陳宗彝。一册。精刊。

金石録補崑山葉奕苞。二十七卷。四册。

二百蘭亭齋古印考吴雲。二册。印用原印，考則精刊。

二百蘭亭齋金石記吴雲。三册。精刊。

秦漢瓦當圖記朱楓。一册。精刊。

話雨樓碑帖目録吴江王楠。四卷。二册。

枕經堂金石題跋方朔。一册。

至大重修宣和博古圖明覆元本十册。

聖賢遺像明刊。二册。

先賢聖賢先儒像贊集唐、宋、元、明名人作贊，刻像後。明，共一册。

古聖賢像傳略長洲顧沅。十六卷。六册。

吴郡名賢圖傳贊顧沅。二十卷。五册。

法書要録唐張念遠。十卷。二册。汲古閣本。

廣川書跋宋董逌。十卷。一册。汲古閣本。

鐵網珊瑚吴郡朱存理。書品十卷、畫品六卷。十册。初印。

畫禪室隨筆明董其昌。四卷。二册。

乾隆御製三希堂石渠寶笈法帖釋文十五卷。四册。

庚子銷夏記孫退谷。八卷。二册。精刊初印。

江邨消夏記高士奇。三卷。三册。初印。

閣帖考證王澍。十二卷。二册。藕花居精刊初印。

觀妙齋無聲詩史一册。

南薰殿圖像考胡敬。二卷。一册。

國朝畫院録胡敬。一册。

惜抱軒法帖題跋姚鼐。一卷。一册。

泛槎圖題詠三殘帙。

虞夏贖金釋文劉師陸。一册。精刊。　移置百二號〔四〕。

廣東鄉試録一。

嘯堂集古録宋王俅子弁。四册。宋淳熙本。潢雲山人舊藏。

竹雲題跋王澍。附朱笠金粟逸事一卷。四卷。又虛舟題跋十卷。共六册。金壇王澍。沈芥舟手書精刊。

隨軒金石文字上海徐渭仁。四册。精刊初印。

無聲詩史姜紹書。七卷。一册。舊鈔。

裝潢志淮海周家胄。一册。精刊初印。

百將圖傳二卷。二册。

寶刻叢編宋陳思。二十卷。八册。舊抄本。

金石録宋趙明誠。三十卷。四册。舊抄。

兩罍軒彝器圖釋吴雲。十二卷。

江寧金石記嚴觀。八卷。江寧金石待訪目二卷。共一册。備爲梁石記稿本，手批頗多。

石刻鉤本湖州丁氏刊。翁子文贈。四册。

十二硯齋金石過眼録汪鋆輯。十六卷。四册。

## 十六號

古文苑九卷。孫巨源、孫星衍覆宋淳熙本。一册。初印。

文選李善注胡克家覆宋淳熙本。十二册。初印。

唐文粹吴興姚鉉纂。二十册。明嘉靖五年晉藩刊。

唐文粹補遺吴江郭麐。二十六卷。二册。

唐文粹删明張溥。十卷。五册。明刊。

宋文鑑宋吕祖謙奉勑編。明晉藩刊。十四册。元缺五十五至六十二，又百十三至百五十，仍缺百二十三下半至廿四共卷〔五〕。

元文類元蘇天爵編。八册。王守誠較刊。

金文雅秀水莊仲方。十六卷。六册。

皇明文徵明何喬遠。三十二册。明刊。

明文授讀黄宗羲選。六十二卷。三十册。

儲欣録柳河東文二册。孫可之李習一册。又六一文三册。

沈德潛選唐宋八大家文三十卷。十二册。

三蘇文鈔茅麓門評抄。六册。

## 十七號

玉臺新詠陳徐孝穆。十卷。二册。祝豐齋精刊。

玉臺新詠箋注吴江吴兆宜注，長州陳琰删補。二册。精刊。

唐人選唐詩御覽詩一卷，令狐楚；篋中集一卷，元結；國秀集，芮梃章，三卷；河嶽英靈集，殷璠，三卷，手校用宋本；中興間氣集，高仲武，三卷；搜玉小集一卷；才調集，韋穀，十卷；極玄集，姚合，二卷。共十二册。汲古閣初印。

六朝詩集明薛應旂刊本。十二册。梁武帝、梁簡文、梁宣帝、梁元帝、周明帝、陳後主、隋煬帝、曹子建、阮嗣宗、嵇叔夜、陸士衡、謝康樂、謝惠連、謝宣城、江文通、鮑明遠、劉孝綽、劉孝威、沈休文、何水部、陰常侍、王子淵、庾開府。共二十三家。

樂府詩集宋郭茂倩。一百卷。汲古閣初印。十六册。

唐七律選毛奇齡。四卷。一册。

唐人試帖毛奇齡。四卷。一册。

五七言古詩選王士禎。三十二卷。七册。金陵書局初印。

五七言今體詩選姚鼐。十九卷。五册。金陵書局初印。

康熙御選唐詩殿板。十五册。

唐十二家集明刊本。八册。王子安、楊盈川、盧昇之、杜必簡、沈雲卿、宋延清、駱賓王、陳皇、高達夫、王右丞、孟襄陽、岑嘉州。

唐二十六家詩明刊本。六册。李嶠、蘇廷碩、虞世南、許敬宗、崔顥、崔曙、祖詠、常建、皇甫冉、皇甫曾、權德輿、李益、司空曙、嚴維、顧況、韓翃、武元衡、李嘉祐、秦隱君、郎士元、包何、包佶、耿湋。

唐五言長律鈔許應藻。四卷。二册。

西崑集佳紙舊鈔。一册。

古詩紀明馮惟訥。五十四卷。二十三册。明刊。

後村唐宋千家詩選二册，殘。此書原係殘本，曹楝亭刊之。

注解選唐詩宋謝仿得。五卷。一册。

唐百家詩選王荆公。二十卷。四册。宋犖刻。

張曲江集唐張九齡。二卷。一册。明刊。

才調集韋縠集。十卷。四册。
唐詩選明李攀龍。七卷。四册。明刊。
十種唐詩選唐賢三昧集王士禛。共四册。
唐詩鼓吹元郝天挺注、廖文炳解。十卷。四册。
榕村詩選李光地。九卷。二册。精刊初印。
中州集元好問集。十卷。十册。坿樂府一卷。汲古閣初印。
瀛奎律髓宋方回。四十九卷。六册。明刊。
西崑酬唱集楊億。二卷。一册。精刊初印。
唐宋三婦人詩魚玄機。薛濤、楊太后。一册。精刊佳印。

## 十八號

宋詩鈔吴之振。二十册。
宋百家詩選嘉善曹庭棟。二十卷。二十册。
南宋詩選江都陸鍾輝。十二卷。四册。
全金詩金元好問原本。郭元釪補輯。七十四卷。十六册。初印。

明詩綜朱彝尊。一百卷。缺六十四至七十六、九十三至一百。二十册。又一册。家間舊讀本携出。卷廿九至卅三。此一册。

皇元風雅虞集前後集。共十二卷。二册。舊鈔。

元詩選顧嗣立俠君。分十集。三十六册。初印。

元詩選顧奎光。六卷。四册。

金詩選顧奎光。四卷。一册。

列朝詩集錢謙益。分五集。十二册。

宋十五家詩選陳訏。八册。

## 十九號硃圈六種，多蛀損。

宋撫州本禮記鄭注張敦仁。重刊初印，十六卷。六册。

禮記釋文陸德明。通志堂復宋撫州本。一册。初印。手校。

〇儀禮十七卷。通志堂本。二册。

〇爾雅注疏明修元刊本。缺一至五卷。一册。

周禮注疏賈公彦等奉敕。四十二卷。十册。正德修宋十行本。批面。

儀禮註疏鄭註。賈公彦等疏。十册。明刊。

〇儀禮喪服足徵記程瑶田。八卷。一册。

〇儀禮鄭註句讀濟陽張爾岐句讀。六册。

〇讀禮通考徐乾學。百二十卷。三十册。初印。

禮經釋例歙淩廷堪次仲。十三卷。八册。

〇周官禮注鄭注。十册。

禮記集説陳澔。三十卷。二十册。明復元本，世少行本，四庫亦未見。

## 二十號

周易古占法程迥。二卷。一册。明刊。

周易口訣義唐史徵。六卷。一册。

周易集解唐李鼎祚。十八卷。六册。坿釋文。雅語堂緜紙初印。

鄭氏易王應麟撰集。三卷。惠棟增補。易乾鑿度鄭氏注。共一册。雅雨堂仿宋緜紙初印。

三禮圖聶崇義。二十卷。一册。成德仿宋初印。

儀禮註鄭氏。十七卷。附校議。二册。黄丕烈仿宋嚴州本。初印。又校議一册，初印。

儀禮註唐賈公彦。五十卷。六册。汪士鍾仿宋景德本，初印。

禮記鄭注附陸德明釋文張敦仁仿宋撫州本。初印。共八册。手校釋文。

周禮鄭注十二卷。四册。士禮居仿宋初印。

九經三傳沿革例宋岳珂。一卷。一册。揚州汪氏仿宋佳紙初印。

漢上易傳宋朱震集傳。十一卷。坿圖三卷。易叢説一卷。十二册。舊仿宋佳紙初印。

春秋左傳杜注明覆岳本。十五册。

關子明易傳趙蕤注。一卷。麻衣道者正易心法宋本。共一册。

元包經傳後周衛元嵩述。唐蘇元明傳。五卷。元包數總義蜀張行成。二卷。共一册。宋本。

篆文七經相傳王澍手書易、書、詩、春秋、周禮、儀禮、四書。三十册。内板初印。

## 二十一號

封氏聞見録唐封演。十卷。手校，中有跋。一册。隆慶仿宋鈔。又十卷。雅雨堂初印。手校，首有跋。一册。

洛陽伽藍記魏楊玄之。五卷。一册。真意堂聚珍。

兼明書唐秋光庭。五卷。一册。真意堂。

山海經郝懿行注。十八卷。坿圖讚、訂譌，各一卷。二册。

新序劉向。十卷。二册。墨口本。

老子翼明焦竑。三卷。一册。明刊。

莊子翼明焦竑。八卷。三册。明刊。

三統術衍錢大昕。三卷。一册。坿術鈐。初印。

孫子十家注十三卷。二册。明精刊精印。

粥子周粥熊。一卷。唐逢行珪註。公孫龍子周公孫龍。一卷。宋謝希深註。尹文子周尹文。一卷。愼子周愼到。一卷。人物志魏劉邵。三卷。凉劉炳註。共一册。守山閣初印。批面。

一切經音義唐釋元應。十六卷。三册。莊錢孫同校刊本。

古今人表内板漢書本。一册。

正學編吴縣潘世恩輯。八卷。

聯邦志略馬邦畢禮遮邑裨文治撰。二卷。一册。

蠹言高密李貽經。四卷。一册。

庸吏庸言南豐劉衡。坿庸吏餘談、蜀僚問答各一卷。四册。又坿行述襍稿一卷。

聖諭廣訓精刊大字本。一册。

嘉慶御製全韻詩内本善書，一册。精刊本。

三儒類要薛瑄、陳獻章、王守仁。五卷。共一册。徐用檢編。明。

李虚中命書三卷。珞琭子三命消息賦宋徐子平二卷。珞琭子賦注宋釋曇瑩。二卷。共一册。

天步真元西洋穆尼閣。三卷。一册。

脈經晉王叔和。十卷。一册。

難經集注明王思九等輯。五卷。一册。

續世説宋孔平仲。十二卷。一册。

明皇襍録唐鄭處誨二卷。大唐傳載一卷。失名。東齋記事宋范鎮五卷。共一册。

玉壺野史宋釋文瑩。十卷。一册。以上十一種，并守山閣初印。

棠陰比事宋桂萬瑩。十卷。一册。又一册。

命度盤説金陵陶淑。二卷。附數表一卷。二册。

武經直解明劉寅解。孫武子三卷。吴子二卷。司馬法三卷。唐太宗李衛公問對三卷。尉繚子五卷。黄石公三畧三卷。六韜六卷。二册。

御撰唐六典李林甫等注。三十卷。四册。紹興本。

世説新語宋王義慶。六卷。梁劉孝標注。明刊套板。六册。

洛陽牡丹記歐陽修，一卷。揚州芍藥譜宋王觀，一卷。范村梅譜宋范成大，一卷。菌譜宋陳仁玉，一卷。子華子失名。二卷。化書南唐譚峭。六卷。

六朝事迹類編宋張敦頤。二卷。一册。明吴琯刊本，古今逸史之一。手校。

資暇集唐李匡乂三卷。靖康緗素襍記宋黄朝英十卷。墨海金壺本。共一册。

## 二十二號

吕氏家塾讀詩記六册。宋本。缺廿一卷至末卅二卷。

音分古義戴煦。二卷。抄本。一册。

樂通明人撰。失名。三卷。一册。舊抄。查初白、朱竹垞舊藏。

儀禮舊鈔。一册。

禮記解詁漢盧氏。一卷。一册。

音論顧炎武。三卷。一册。

古今韻準朱駿聲。一册。抄。

班馬字類婁機。五卷。二册。明刊初印。

方言註漢楊雄紀，晉郭璞注。十三卷。二册。抱經堂初印。

爾雅郭注顧千里。一册。仿宋初印。

孟子正義焦循。八册。皇清經解本。

禹貢錐指德清胡渭。二十卷。八册。初印。

尚書疏證太原閻若璩。八卷。坿朱子古文書疑一卷。四册。朱續晫精刊初印。

伏生尚書大傳鄭注。四卷。坿鄭司農集一卷。一册。雅雨堂初印。又一册。

尚書考辨宋鑒。四卷。二册。

尚書集注音疏江聲。十二卷。又卷末又坿外編。六册。篆字本，初印。

毛詩註疏鄭注，孔疏，廿四卷。二十册。汲古閣本。[嘉慶]間朱濂蕅莊精校本。

詩故考異徐華嶽。八册。

孝經揚州書局仿宋。一册。又手校。

## 二十三號

後漢書宋范曄撰，唐章懷太子賢注。一百二十卷。二十八册。内本。

梁書唐姚思廉。五十六卷。八册。明南監本。又八册，内本。缺二十一至二十八卷。

南齊書梁蕭子顯。五十九卷。十册。明南監本。

陳書唐姚思廉。三十六卷。四册。明南監本。

舊五代史宋薛居正。一百五十卷。二十四册。内本，缺四十九至六十三，共十四卷。

## 二十四號

史記卷一至三十九，晉世家。十四册。明王刻。又二册，卷一、卷廿七、廿八〔六〕。内本，十二册卷五十二至百三十。合之尚缺卷四十至五十一，計十二卷，世家十一至廿一。

新唐書單紀志表歐陽修。十一册。表闕。

舊唐書劉昫。明聞人銓刊。四十二册。缺卷用皮紙印，岑本配齊。

通鑑元刊殘。一册。

## 二十五號

元至正刊春秋胡傳附録纂疏一册。殘。批面。

春秋左傳杜注三十六卷。淳熙十行本。缺卷一至十四卷。十六册。

左傳附注五卷後録一卷。一册。明陸粲撰。刊本。

春秋啖趙二先集傳纂例唐陸淳。十卷。四册。

春秋左傳注疏十行本。缺首十一卷。十三册。

經典釋文陸德明。三十卷。附盧文弨考證。十二册。鄂局新刊。

禮記釋通志堂殘本。一册。

公羊傳注何休。揚州汪氏仿宋初印。三册。

春秋釋例杜預。十五卷。六册。孫淵如校刊。

東萊博議吕祖謙。二十五卷。四册。

七緯侯官趙在翰纂次。三十六卷。六册。坿補遺。

國語吴韋昭解。宋宋庠補音，二十一卷。二册。

國語校注汪遠孫。二十一卷。六册。附考異四卷。精刊手校。

漢書地理志校本汪遠孫。二卷。二册。精刊。

古微書華容孫瑴。三十六卷。三册。

孟子趙注十四卷。初印。二册。

大字五經明善書精刊。八册。嘉靖庚子衡王樂善子刊。易、書、詩、春秋、禮記。

## 二十六號除加「△」者七種尚存，其餘皆于甲寅八月廿七日失去。

晏子春秋吴鼒。仿元本。八卷。四册。初印。

韓非子二十卷。三册。附顧廣圻識誤三卷。吴鼒仿乾道本，初印。

孫子十家註十三卷。二册。附鄭友賢孫子十家注遺説一卷。孫星衍。

吕氏春秋二十六卷。高誘注。明雲間宋邦乂等校刊。王世貞序，莫是龍書。又萬曆己卯維揚資政左室刊本。

鬼谷子梁陶宏景注。三卷。二册。

春秋繁露漢董仲舒。二册。明陳榮刊。

賈子梁賈誼十册。三册。抱經堂初印。又明刊。吴沈小宛讀本。論衡漢王充。三十三卷。六册。明刊。

淮南子漢高誘注。二十卷。二册。莊達吉校刊。

淮南天文訓補注漢許慎。錢塘綴述二卷。二册。

抱朴子七十卷。二册。孫星衍校刊。

文子纘義宋杜道堅。十二卷。一册。聚珍。

孔叢子漢孔鮒。三卷。三册。

博物志晉張華。十卷。二册。補二卷。

鹽鐵論漢桓寬。十卷。四册。附張敦仁考證一卷。首附朱子陰符經考異。張敦仁精刊。

△算經十書周髀，漢趙君卿注。周髀音義，宋李籍。九章算術，魏劉徽注。九章算術補圖，戴震。九章音義，宋李籍，附戴震策算。九章重差，魏劉徽撰并注，即海島算經。孫子算經，周甄鸞注。五曹算經，周甄鸞注。夏侯陽算經，隋韓延傳本。張丘建算經，周甄鸞注。五經算術，周甄鸞傳本。綴術，齊祖冲之。緝古算經，唐王孝通撰并注。數術記遺，漢徐岳。勾股割圜記，戴震附。

孔繼涵刊。

△月令粹編秦味芸。二十四卷。四册。

刀劍録梁陶弘景。一卷。端硯譜宋人。一卷。歙硯譜一卷。硯史宋米芾。一卷。舊刊。共一册。

老子章義姚鼐。章義二卷。一册。

鶡冠子宋陸佃解。三卷。一册。

△讀書襍志高郵王念孫。七十四卷。二十册。

通考紀要二卷。官書。二册。

△通考纂要彭藴璨録。二卷。又續通。

穆天子傳漢孔鮒。六卷。武帝内傳班固。一卷。飛燕外傳漢伶玄一卷。共一册。漢魏叢書。

元經隋王通經薛收傳阮逸注。三册。漢魏叢書本。

孔叢子漢孔鮒。二卷。一册。漢魏叢書本。

法言漢揚雄。十卷。一册。漢魏叢書本。

新序漢劉向。十卷。二册。漢魏叢書本。

△石經考異二卷。諸史然疑仁和杭世駿。一卷。共一册。

古本蒙求唐李瀚。三卷。三册。文化三年丙寅九月刊。「文化」，當是日本年號，俟察。察日本年表，「文化三年」，當大清嘉慶十一年。

△本草摘義二册。舊抄。

老子唐景龍碑本又姚鼐章義本合一册。

△又老子章義八册。

删定管旬方苞删定。三册。

## 二十七號

道德經集解明馬自乾。參同契注魏伯陽祖師著。馬自乾注。共一册。明刊。

真誥陶宏景。二十卷。二册。

悟真篇集注紫陽真人著。馬自乾注。一册。

真靈位業圖陶宏景。佛國記來釋法顯。共一册。

冥通記梁陶宏景。四卷。一册。

一切經音義沙門元應。二十五卷。四册。莊錢孫同校刊，初印。

雲笈七籤宋張君房輯。百二十二卷。二十四册。

華嚴經音義唐沙門慧苑。二卷。一册。徐實善校。精刊初印。

宏明集梁釋僧佑。十四卷。三册。明刊。

翻譯名義集宋周敦義。二十卷。八册。舊鈔。

佛爾雅海昌周春。八卷。一册。

天台四教儀集註沙門蒙潤。十册。明刊初印，舊精校本。

華嚴子母一册。

附協紀辨方書乾隆欽定。三十六卷。十二册。内板。

法苑珠林唐釋道世。一百卷。三十二册。初印。

楞嚴咒小册一。

## 二十八號

東華録蔣良騏。三十二卷。十四册。

聖武記邵陽魏源。十四卷。十册。

孔子編年宋胡仔元任。四卷。一册。

孔子編年狄子奇。四卷。一册。

孟子編年狄子奇。四卷。一册。

孟子時事考徵陳寶泉。四卷。一册。

守蒙紀畧黄平賀緒蕃。一卷。一册。
勝朝殉節諸臣録乾隆勅撰。二十卷。四册。
貳臣傳十二卷。五册。
逆臣傳四卷。一册。
金華正學編四册。
疇人傳阮元。四十六卷。又甘泉羅士琳續補四十七至五十二，凡六卷。十二册。
西漢儒林傳經表新安周廷寀。二卷。一册。
瀛洲筆談阮亨。十二卷。六册。
清祕述聞法式善。十六卷。四册。
長者録丁蓮侶。八卷。二册。
昭代名人尺牘小傳吴脩。二册。
國朝先正事略李元度。六十卷。二十四册。
吴中平寇記錢勖。八卷。二册。
逆黨禍蜀記汪堃。一册。
闡義吴肅公。二十二卷。一册。
吾學録吴榮光。二十四卷。八册。

丁祭禮樂備考瀏陽邱之稑。三卷。一册。

律音彙考邱之稑。八卷。四册。

金華正學編張祖年。八卷。四册。

文廟丁祭譜蘇局刊本。一册。

## 二十九號

二程全書朱子編。二十五卷。十二册。

朱子遺書一集。六册。近思録、延平問答、襍學辨、中庸輯畧、論孟或問、伊洛淵源録、謝上蔡語録。

朱子語類一百四十卷。二十四册。

近思録江注江永。十四卷。二册。江西刊，初印。

小學陳注明陳選。二卷。二册。明刊。

朱子大全集一百卷。二十六册。又續別集四册。

朱子文集纂陳鎰。二十二卷。二册。

韋齋集新安朱松。十二卷。附玉瀾集一卷。二册。

朱子年譜王竑懋。四卷。考異四卷，附録二卷。八册。

附孟子要略劉傳瑩。五卷。一册。

伊洛淵源録朱子。十四卷。并續録明謝鐸。六卷。三册。明復元板。

近思録集解宋建安葉采。二册。明刊。

## 三十號

家語十卷。後附孝經卷。四册。明精刊精印。

家語疏證仁和孫志祖。六卷。一册。

正蒙注張横渠著。李安溪注。一册。精刊精印。

二程粹言舊抄。二册。

黄昏鈔附紀要元黄震。一百卷。三十二册。汪佩鍔復至元本。

近思録張注張伯行。十四卷。六册。

先聖大訓宋楊簡輯。六册。明刊大字。

學蔀通辨明陳建。九卷。二册。

人譜類記方願瑛輯。一册。

四書反身録李中孚。四册。

馮子節要新安洪琮。十四卷。一册。
性理集解張伯行。四卷。四册。
爲人録章秉法編。二卷。二册。
雙節堂庸訓二册。
陳北溪字義宋陳宓。一册。
弟子箴言胡達源。十六卷。四册。
閑家編黔南王士俊輯。八卷。四册。
蓄德録震澤席啓圖。二十卷。十册。
童蒙訓宋吕本中。三卷。慎言集訓清江敖英。二卷。温氏母訓明温璜。一卷。共一册。
松楊鈔存陸隴其。二卷。張楊園年譜桐城蘇惇元編。一卷。共一册。
四禮初稾明宋纁。四卷。附吕維祺四禮約言四卷。一册。
存古約言明吕維祺。六卷。一册。
書紳録紀一奎。一卷。一册。
脩省格言程沅輯。
安居録要王壽康。一卷。一册。
濂洛關閩六先生傳羅惇衍。一卷。一册。

明儒學案黄宗羲輯。一百二十卷。莫晉莫階校刊。十六册。

蘇魏公譚訓宋蘇頌。十卷。一册。

正學編潘世恩，一卷。子史粹言丁晏，二卷。箴銘録要、儒學入門各一卷，倪元坦。合一册。

温公家範宋司馬光。十卷。十八世孫露、十九世孫某某等校刊。手校細。二册。又一册、朱軾刊。十卷。

伊洛淵源録宋朱子。十四卷。元至正癸未蘇天爵刊。六册。

## 三十一號

御製避暑山莊詩高宗。四册。

御製全韻詩仁宗。一册。

御製文仁宗。二卷。一册。

湯子遺書湯斌。十卷。八册。

午亭文鈔陳廷敬。五卷。十六册。林佶書，精刊。

施愚山全集文二十八卷，詩五十卷。詩話二卷。襍著二卷。施閏章。共二十册。

錢牧齋初學集二十卷。共四册。有學集十四卷。錢曾注。

魏伯子文集魏際瑞善伯十卷。六册。

魏叔子文集魏禧冰叔。二十四册。目録三卷。詩集八卷。二十二卷。文集外編一卷。

魏季子集魏禮公和。十六卷。十二册。

魏興士文集寧都魏世傑。八卷。八册。

田閒詩集錢澄之。一卷。抄本。一册。

邵子湘全集篔藁詩文十六卷。共八册。旅藁詩文六卷。賸藁詩文八卷。毘陵邵長衡。

怡山文集青州趙執信。十二卷。四册。精刊。

張船山詩注張問陶詩，李岑注。二十卷。十六册。

## 三十二號別集　國朝

石笥山房文詩集六卷。山陰胡天游。十二卷。八册。

三希堂文集蔡世遠聞之。十一卷。六册。

楊氏全書楊名時。三十六卷。八册。

鮚埼亭集鄞全祖望。三十八卷。十册。又經史問答十卷。

清白士集梁玉繩。誌銘廣例二卷。瞥記七卷。蛻藁四卷。八册。人表考九卷。吕子校補二卷。元號畧四卷。共廿八册。

研六室文鈔績溪胡培翬。十卷。四册。

鑑止水齋集德清許宗彦。二十卷。四册。附梁恭人德醇詩一册。

葦間詩集慈溪姜震英。五卷。一册。

黄勤敏公年譜黄鉞。其子富民編。一卷。一册。

壹齋集黄鉞。四十卷。十册。

揅經室集阮元。分四集，共四十卷。二十册。

鄭板橋集鄭燮。六卷。一册。

陳文恭公手札節存桂林陳宏謀。三卷。三册。

冬心先生集錢塘金農。四卷。一册。

校禮堂文集凌廷堪次仲。三十六卷。十四册。

蔗堂未定稿宛平查爲仁。八六集。精初精印。二册。

桐埜詩集貴陽周起渭。一册。吴門精刊初印。又四卷。一册。黔刊。

史蕉飲詩江都史申義。分四集，十四卷。二册。

思適齋集顧千里。十八卷。四册。

小倉山房集袁枚。三十二卷。四册。

蠹窗詩集桐城張令儀。十四卷。四册。

雲川閣詩無錫杜詔。八卷。一册。精刊。
潛研堂文集錢大昕。五十卷。十四册。
邗江三百吟甘泉林蘅門。十卷。四册。

## 三十三號別集　國朝

漁洋山人精華録王士禎。十卷。林佶書精刊印。二册。批面。
漁洋精華録箋註金榮箋。十二卷。首有年譜一卷。
敬業集查慎行。五十卷。十册。
望溪全集正集十八卷。共十四册。集外文十卷。集外文補遺二卷。年譜二卷。桐城方苞。
述學江都汪中。六卷。一册。汪氏仿宋式精刊初印。又近翻刊。二册。
堯峰文鈔汪琬。四十卷。四册。林佶手書，精刊印。
江辰六集貴陽江闓。二十四卷。十二册。
柏梘山房集梅曾亮。三十卷。六册。
亭林詩集顧炎武。五卷。二册。
兩當軒詩鈔武進黄景仁。十四卷。一册。

茗柯文補外編各二卷武進張惠言。

曝書亭集秀水朱彝尊。八十卷。附笛漁小橋十卷。八册。善書，精刊印。曝書外稿八卷。馮登府編。二册。

曝書亭詩江皓然箋。十二卷。六册。善刊。

田間詩集錢澄之。二十八卷。六册。

惜抱軒文詩集十六卷十卷四册。姚鼐。

惜抱軒後集姚鼐。十卷。一册。惜抱先生年譜鄭福照輯。一册。

新安二布衣詩吴兆非熊、程嘉燧孟陽。共八册。

石臼前後集九卷。高淳邢昉孟貞。七卷。共六册。

初白菴詩評查三卷詞綜偶評一卷。精刊批面。許昂霄。

邵位西遺文邵懿辰。一册。

微尚齋初集馮志沂。一册。

移芝室文一册亂定草一册。楊彝珍

甘泉鄉人稿錢泰吉。二十四卷。附校書譜一卷。又年譜一册。五册。

定盦初集三卷續集四卷仁和龔自珍。三册。

集虚齋古文方棨如。十二卷。四册。

澗東詩鈔新化歐陽紹洛。十卷。一册。

**柈湖**詩七文八卷。巴陵吴敏樹。八册。

**嵇庵文**梅植之。二卷。中有唐田氏二誌考。一册。

**曾文正公文鈔**二本。

**劉海峰**文、詩**集**國朝桐城劉大櫆。文十卷、詩六卷。八册。同治甲戌安徽刊徐宗亮重編本。

**巢林集**汪士慎。七卷。二册。

**亭林餘集**顧炎武。一卷。一册。未定。

## 三十四號

**楚辭**蔣驥注。七卷。附驥餘論二卷、説韻一卷。二册。精刊印。**又**王逸注十七卷。四卷。

**莊屈合詁**錢澄之。四册。

**楚辭**朱子集注八卷。附賢辨證各八卷。二册。明蔣之翹後語八卷明蔣之翹刊。**又**屈復集注八卷。四册。佳刊。

**司馬長卿集**漢馬相如一卷。明。一册。

**曹子建集**魏曹植。十卷。舊精刊大字本。明冒辟疆。二册。藏本批面。

**陶淵明集**北齊陽休之編，十卷本，附吴仁傑編年譜，批面，一册，汲古閣本。又明精刊十卷本，有注，一册。又二册，東坡手寫本。

謝宣城集南齊謝朓。六卷。一册。明刊。

陳伯玉集十卷。楊澄校刊。二册。弘治本。

王勃、楊炯、盧照隣、駱賓王、杜審言、沈雲卿、宋之問、孟浩然集共四册。明刊。

王右丞集唐王維。二十八卷。八册。附一卷。趙殿臣箋注。初印。

蔡中郎集漢蔡邕二卷。一册。明張溥刊。又六卷。明楊賢刊。佳。校目四册。

琴操蔡邕。二卷。平津館本後有穆天子傳、竹書紀年二種。一册。

顔光禄集宋顔之推。一卷。一册。明張溥刊。

劉越石集晉劉琨。一卷。郭弘農集晉郭璞。二卷。共一册。明張溥刊。

謝宣城集齊謝朓。五卷。一册。又六卷。一册。康熙丁亥郭威釗刊。

陸士衡晉吴郡陸機。十卷。一册。明汪士賢校刊。

漢劉子駿歆馮敬通衍班固蘭臺集各一卷，共一册。明張溥刊。

晉孫馮翊楚摯太常虞集各一卷，共一册。明張溥刊。

徐孝穆集晉徐陵。六卷。四册。吴兆宜箋註。

庾子山集晉庾信。十六卷。倪璠注釋。十册。

江文通集江淹。十卷。五册。宋本初印。又梁四卷，四册。梁賓仿宋精刊印。校目。

何水部集何遜。一卷。一册。江昉刊初印。

屈辭精義六卷。四册。漢樂府三歌一册。急就篇漢史游。一卷。一册。協律鉤元四卷。坿外集李賀詩也。二册。共八册。四種均江都陳本禮箋注叢刻者。

張曲江文集唐張九齡。二十卷。外附録。四册。

唐詩各集文皇、玄宗、司馬札、馬戴、羊士愕、杜審言、戴叔倫、虞世南、盧仝、于濆、李嶠、許琳、韓君平、李山甫、貫休、李遠、林寬、項斯、崔顥、殷文珪、張祜、劉兼、陳伯玉、崔曙、嚴武、皎然、李洞、李龏、李頎、劉駕、劉乂、朱慶餘、周賀、邵謁、劉滄、于鵠、李昌符、李益、喬知之、司空曙、秦隱君、嚴維、僧無可、魚玄機、唐求、伍喬、張喬、包何。共十册。明刊。

中晚唐詩紀龔野賢輯。二十四册。

唐李翱集十八卷。二册。明刊佳印。嘉靖二年三月酆都黄景夔序刊。增與開元寺僧書一首。

曹子建集輯校金陵朱緒曾輯。十卷。附録。又年譜一卷。朱緒曾輯。四册。鈔本手校。

陸宣公集唐陸贄制誥。十卷。奏議十二卷。明六安知州錢士鰲等。八册。刊本大字。

陶淵明集重刊東坡手寫本。二册。又

劉隨州集唐劉長卿。十一卷。三册。

扣彈集杜詔等集。十二卷。五册。續三卷。采山堂精刊初印。

## 三十五號

東雅堂韓集四十卷。十六册。東吴徐氏刊本。佳紙印。

昌黎詩集顧嗣立删注。十一卷。二册。秀野草堂刊。又顧嗣立删注。黄越增注証訛。四册。精刊。

韓文年譜吕程洪三家撰。七卷。柳先生年譜宋槧。宋柳集本。一卷。共一册。陳景雲復宋初印。

通鑑胡注舉正一卷韓集點勘四卷共一册

柳河東集四十五卷。又外集五卷。又遺文。明蔣之翹輯注刊本。六册。

讀韓記疑王元啓。十卷。一册。

柳先生集柳宗元。四十五卷。四册。明刊。

韓文考異四十卷。外集十卷。十册。又六册。明復宋本。

韓文四十卷。外集十卷，無注。柳文四十三卷。附别集、外集，無注。共十二册明御史莫如士精刊。

義山文集六卷。無注。汪全泰精刊印。二册。

李義山文集十卷。徐樹穀箋。徐炯章注。三册。精刊印。

李義山詩集箋註三卷。朱鶴齡元注。程夢星删補。首附程夢星編年譜。四册。精刊印。

樊南文集補編十二卷。四册。外附録及年譜訂誤，錢振倫箋，錢振常注。

玉谿生詩箋註馮浩編訂。八卷。四册。首有年譜。

樊南文集箋註馮浩編訂。八卷。四册。

毘陵集唐獨孤及。二十卷。附補遺。四册。初印。

李長吉歌詩唐李賀。四卷。又卷首附外集。王琦彙解。四册。

昌谷集唐李賀。宋朱軾箋註。一册。

文藪唐皮日休。十卷。三册。明許日昌刊。又十卷。明刊。十一行廿字。一册。

杜樊川集唐杜牧。十七卷。六册。明精刊印。又一册，殘。

五百家註韓集四十卷。十册。

三唐文集皇甫持正。六卷、李習之十八卷、孫可之十卷，共四册。汲古閣本。

足本吕衡州集唐吕温。十卷。秦恩復仿宋精刊印。二册。

笠澤叢書唐甫里先生陸龜蒙四卷，附補遺，一册。精刊，佳紙印。雍正辛亥，江都陸鍾輝復至元庚辰陸熹原刊本。

顔魯公文集十五卷。四册。明刊善本。

唐四名家集竇群聯珠集一卷，李賀歌詩集四卷，杜荀鶴扶風集一卷，吴融唐英歌詩三卷。汲古閣仿宋精刊印。共二册。

唐黄先生集黄滔。八卷。二册。明刊善。

讒書唐羅隱。五卷。一册。

陸宣公翰苑集奏議有注元郎曄注。十五卷。制誥唐陸贄。十卷。元郎刊本佳。首有考。又明刊。三册。

附梁劉勰文心雕龍黄叔琳注。二册。伯兄手録，紀文達評點。

## 三十六號南宋集

鄱陽集宋洪皓。四卷。附拾遺。一册。同治庚午洪氏三瑞堂刊。

李忠定集宋李綱。二十九卷。八册。明左光先等編刊。又年譜道光乙丑黄宅中輯刊。一册。

宋黄文肅文集宋。四十卷。十册。康熙四十三年十七世孫浦鉞等刊。

龍川文集宋陳亮。三十卷。又補遺附録札記，共四卷。十册。同治八年永康應氏刊。

誠齋集殘約有七十一卷。竹垞有寫本百二十卷，不知何異同盧陵楊萬。百三十二卷，附録一卷。共十册。

此係舊抄本，殘缺現存者：卷四十三至六十八；七十一至七十四；七十八至九十六；九十七至百一十；百十二至百十七。百廿九至百卅二止又殘寫本卷四十四至六十。

晞髮集十卷遺集二卷宋謝翺。天地門集一卷謝翺。康熙壬午陸大業精刊印。西臺痛哭記注一卷宋謝翺作，張丁注。冬青樹引注一卷謝翺作，張丁注。共一册。

渭南文集宋陸游。三十八卷。八册。汲古閣初印。又放翁逸稿二卷、家世舊聞一卷共一册。又十六册。

心史宋鄭思肖。二卷。明崇禎乙卯張國維刊。一册。

崔舍人玉堂類藁二十卷。西垣類藁二卷又附録。共七册。天瀑山人用宋本活字印者，其跋但記丁卯十二月。

似是日本書。宋崔敦詩。

鄂州小集宋羅願。五卷。二册。明洪武二年十七世孫宣明刊。有宋濂、王禕序。

程洺水集宋程珌。三十卷。六册。明崇禎戊辰裔孫至遠邇行刊。

宋文丞相集宋文天祥。二十卷。十册。康熙癸丑吉水曾宏刊。

謝疊山文集九卷詩傳注疏三卷共四册宋謝枋得共十二卷。又卷首咸豐庚申重修。道光己酉刊本。

杜清獻集宋杜範。二十卷。又卷首又附録。四册。同治庚午吴縣孫氏刊。

建康集宋葉夢得。八卷。二册。又補遺。道光二十四年吴中後裔刊。

劉須溪記鈔宋劉辰會孟翁。八卷。一册。天啓癸亥楊議西刊。

内簡尺牘宋孫覿門人李祖堯注。十卷。四册。乾隆中錫山蔡焯等增訂。精刊印。

又二册。明刊，佳紙印。嘉靖丁巳年顧名儒刊。序尾有崇禎間胡昭手書跋。昭字鮮知。卷中朱黑校處，鮮知筆也。

絜齋集宋袁燮。二十四卷。五册。聚珍。

晦庵題跋宋朱熹。三卷。一册。汲古閣。

水心文集宋葉適。二十九卷。六册。明正統十三年黎諒刊，初印。

羅豫章集宋羅從彦。十卷。二册。康熙四十八年張伯行正誼堂刊。

繆刻李太白集六册。

茶香室叢鈔三册。

## 三十七號

李太白文唐李白。三十卷。六册。無注。乙酉三月淮南書局景匠借備重刊。繆曰芑仿宋精刊印。

杜工部集十册。洪魯軒新仿玉句草堂本。精。

集千家註杜詩二十卷文二卷。五册。

李詩補註廿五卷。楊齊賢集注，蕭士斌補注。明許自昌刊。五册。

杜詩本義張綖本義。四卷。一册。

杜工部七律陳之壎注。五卷。一册。精刊印。

杜詩鎖證史炳。二卷。二册。

李太白文集王琦集注。三十六卷。十二册。

讀書堂杜詩集註解張縉評注。二十卷。八册。善刊初印。

杜工部詩説黄生。十二卷。四册。

杜詩提要吴瞻泰評選。十四卷。四册。精刊印。

分類補註李太白集楊齊賢注，蕭士斌補注。三十五卷。十册。至元辛卯本。

杜詩鏡詮楊倫編輯。二十卷。首有年譜一卷。八册。

杜詩詳註仇兆鰲輯注。二十五卷。十四册。

杜工部集錢謙益箋註。二十卷。六册。

白氏長慶集分七帙，七十一卷。二十册。元氏長慶集六十卷。二册。明刊。元稹。附明馬調輯補遺四卷。

千家註杜集二十卷。附文二卷。六册。明嘉靖丙申玉几山人精刊大字，佳紙初印。

元次山集唐元結。十二卷。一册。黄又精刊印。手校。

韋蘇州集十卷。明刊。一册。

唐人三家集駱賓王十卷，吕衡州温十卷，李元賓六卷，共四册。秦恩復石研齋覆宋本。精刊印。

殘全唐文柳、杜、劉諸家。八册。

唐人絶句一册，唐律殘本一册，細校。明文翰類選大成本。

## 三十八號

歐陽文忠集宋歐陽修。百五卷，首有年譜。二十册。曾弘刊。

范石湖集宋范大成。三十五卷。四册。精刊印。

東坡詩集註王十朋纂輯。三十二卷。首有王宗稷編年譜。十册。朱從延精刊印。

梅宛陵詩集宋梅堯臣。六十卷。附拾遺、附録。十二册。梅鳳枝刊。

蘇詩集成王文誥。四十六卷。二十册。初印。

山谷内集宋黄庭堅。任淵注。二册。聚珍。讀本。

山谷正、外集三十卷十四卷山谷别集二十卷，年譜，共八册。明刊。

山谷刀筆二十卷。六册。明刊。

山谷别、外集二卷，史季温注。十七卷，史容注。共七册。又别集二十卷。二册。明刊無注。

陳后山詩六卷詞一卷宋陳師道。二册。精刊印。已移入七十號。又二册。紀昀編，讀校本。

施注蘇詩宋施元之。四十二卷，八册。首有王宗稷編年譜。

劍南詩集八十五卷。渭南文集五十卷南唐書十八卷。老學庵筆記十卷，陸游。共三十册。汲古閣初印。

陳簡齋集宋[陳]與義。十六卷。二册。

宋曾幾茶山集八卷。一册。復聚珍。

## 三十九號北宋

傳家集宋司馬光。八十卷。十二册。陳文恭精刊。

徐仲車集宋徐積。三十二卷。附事實一卷。二册。

包孝肅集宋包拯。十卷。四册。

晁具茨詩集晁沖之。十五卷。二小冊。仿宋精刊印。

司馬温公年譜六卷。二冊。明。

傳家集司馬光。八冊。明影宋鈔，缺四十八至六十，以夏縣本足之。批面。

秦淮海集宋秦觀。詩文集十七卷、後集文二卷、詞一卷。六冊。

柯山集宋張耒。五十卷。八冊。復聚珍。又六十卷。十二冊。缺一、□、四三冊及補遺下乙冊。舊抄。

欒城集五十卷後集二十四卷三集十卷應詔集十二卷共十冊。宋蘇轍。明刊。

范文正集宋范仲淹。十二卷，六冊。首附樓鑰編年譜及毛一鷺年譜補遺。明刊。佳紙初印。

范忠宣集宋范純仁。十卷。十二冊。明刊大字。

嘉祐集宋蘇洵。二十卷。六冊。

韓魏公集宋韓琦。二十卷。六冊。

武溪集宋余靖。二十卷。六冊。

丹淵集宋文同。四十卷。十冊。首附文誠之編年譜，尾附拾遺二卷。明。

三孔先生清江文集宋孔文仲、孔武仲、孔平仲。三十卷。五冊。影慶元本。舊抄。

東坡文選明閔爾容選。六卷。六冊。明精刊套板。

林和靖詩集四卷省心録一卷。二冊。又附録。共一冊。宋林逋。萬曆四十一年何養純精刊。又詩四卷。朱仲武新刊。

蘇子美集宋蘇舜欽。十六卷。四册。精刊印。

安陽集宋韓琦。五十卷。十六册。善刊。

强祠部集宋强。至三十五卷。八册。聚珍。

游定夫集宋游酢。六卷。附卷首卷末，二册。又二册。

## 四十號

文苑英華宋李昉等奉勅編。一千卷。一百一册。隆慶刊本。

文苑英華辯證宋彭叔夏。十卷。二册。聚珍。

## 四十一號

隋文紀明鼎祚輯。八卷。三册。明刊。

古文苑九卷。仿淳熙本。二册。精刊。

續古文苑孫星衍編。二十卷。四册。

古文苑二十一卷。六册。舊刊本。

三國文紀明梅鼎祚輯。二十四卷。十册。明刊。

漢魏六朝百三家集十二函，七十七册。明張溥刊。

晉文歸明鍾惺評次。四册。明刊。

八代詩揆陸奎勳選。自漢迄隋五卷。二册。

## 四十二號

宋名家詞凡六集。缺第十三册二集。謝逸溪堂詞一卷，毛幵樵隱詞一卷，蔣捷竹山詞一卷，又缺第三十六册六集，杜安世壽域詞、王千秋審齋詞、韓玉東浦詞各一卷，東浦詞已得，可配入。又有初印溪堂、樵隱、竹山三家，亦可配入。只少審齋、壽域二卷。汲古閣本。三十二册。一集　又樂章、東坡、片玉、坦庵、溪堂、石林、樵隱、梅溪、酒邊、白石、書舟、竹山、六一、小山、珠[玉]，十五家共四册。汲古初印零本。又克齋、東浦、無佳、後山四家。一册。又護葉有手筆。惜香樂府十卷，趙長卿均汲古閣零本。二册。

國朝詞雅姚階編。二十四卷。十册。

吟風閣曲譜四卷，又二卷。三册。又曲二種。

絶妙好詞箋周密原輯。查爲仁、厲鶚箋。七卷。一册。查板，初印。

尊前集顧梧芳選。一册。汲古閣初印。

花庵詞選花庵詞客黄昇選。十卷。四册。

詞綜朱彝尊抄撮。三十卷。四册。

詞律萬樹論次。二十卷。四册。詞律校勘記杜文瀾。二卷。二册。

迦陵詞陳維松。三十卷。四册。

和漱玉詞女士許悳蘋。一册。

竹垞詞朱彝尊。七卷。一册。

姜堯章集十卷。二册。

辛稼軒長短句宋辛棄疾。十二卷。六册。嘉靖中歷城王詔校刊本。佳紙印。朱竹垞舊藏。勑先用元刊大字行書本校。

香草居詞李符。七卷。一册。精刊。

周之琦詞五卷一册。精刊。

鈎磯立談史虚句鬼簿録二卷。鍾嗣成。糖霜譜王灼。梅苑十卷。共二册。曹楝亭精刊。

詞學叢書宋曾慥樂府雅詞三卷、拾遺二卷，宋趙聞禮陽春白雪八卷、外集一卷，宋張炎詞源二卷，宋允平日湖漁唱一卷，補遺、續補遺各一卷，元草堂詩餘六卷〔七〕。鳳林書院本。詞林韻釋一卷。菉斐軒本。十二册。

自怡軒詞選許寶善選。二册。

清淮詞湯成烈。一册。

采香詞杜文瀾。一册。

南宋雜事詩沈嘉轍等。七人七卷。二册。精刊。

楊昇安長短句四卷。四册。附楊昇庵夫人樂府詞餘五卷。

宋範成大石湖詞王沂孫花外集各一卷。知不足本。

山中白雲元張炎。八卷。一册。讀本。

吳夢窗甲乙丙丁稾宋吴文英。四卷。一册。附補遺、續補。咸豐辛酉曼陀羅花閣刊。

草窗詞宋周密。二卷。一册。附補咸豐辛酉曼陀刊。

詞源宋張炎玉田編。二卷。一册。嘉慶庚午秦恩復照元抄本精刊。

日湖漁唱宋陳允平。一卷。附補遺續、補遺。仿宋本。

## 四十三號

鐵厓樂府注十卷，逸編八卷，楊維楨、樓卜瀍注。咏史注八卷。六册。

元遺山集金元好問。四十卷。十二册。

吴淵潁集吴萊。十二卷。十册。王邦采、王繩曾箋注。精刊印。又嘉靖精刊。佳紙印，無注。四册。

柳待制集元柳貫。二十卷。十册。刊本。天順癸未[義]烏歐陽溥等刊本。又順治刊。八册。

牧庵集元姚燧。三十六卷。附年譜。二册。聚珍，缺。

歸日類稿元張養浩。二十卷。六册。

金淵集元仇遠。六卷。一册。聚。

元四大家詩八卷。五册。虞伯生、楊仲弘、范德機、揭曼碩。

虞道園類稿四册。舊抄。缺。另有刊本補之，尚少卅二至卅三，又卅六至卅九，又四十六至四十八。

虞道園詩集缺末三卷，翁刻。首有翁方綱撰年譜。一册。批面。

馬石田集元馬祖常。十五卷。四册。又附録。舊影抄，至正官本。

清閟閣集元倪瓚。十二卷。四册。精刊印，四册。又詩集其八世孫珵萬曆精刊。

歐陽文公集元歐陽玄。十五卷。二册。又坿録。

劉静修集元劉因。七卷。三册。缺一、三兩存遺文六卷、續集三卷、拾遺七卷。元刊。

郝文忠集元郝經。三十九卷。十七册。缺卷廿四至廿六，十七至十九兩册。又缺目録及附録一册。延祐刊。

剡源集元戴表元。三十卷。六册。

清容居士集元袁桷。五十卷。十二册。

雁門集元天錫薩都拉。二十卷。八册。

## 四十四號

呂涇野集明呂柟。三十六卷。八厚册。明陶欽臯刊。

陽明全書明王守仁。三十八卷。九册。缺别録卷一、七、八等三卷。明刊。批面。

王忠文集二十四卷。明刊。十二册。

李空同集明李夢陽。六十六卷。十八册。又坿録一卷。明刊。

徐迪功集明徐禎卿集。六卷。談藝録一卷,外集四卷。一册。明刊。

懷麓堂稿明李東陽詩二十卷、文三十卷、南行稿、北上録二卷、詩後集十卷、文後集三十卷、講讀録四卷、求退録三卷。明刊。二十册。

洹詞明崔銑。十二卷。四册。趙府精刊。

陸子餘集陸粲。十二卷。四册。佳印明刊。

願學集明鄒元標。八卷。五册。明佳刊印。批面。

唐伯虎集明唐寅。四卷,坿外集,又紀事。明刊。

瓊臺會稿丘文莊。十二卷。四册。明刊。

甑甀洞稿吴國倫。五十四卷。二十四册。明佳刊印。

石田集沈周。十卷。二册。

東洲初稿夏良勝〔八〕。十四卷。十二册。明佳刊印。

椒丘文集明何喬新。三十四卷，外集一卷。八册。明佳刊印。

楊升庵詩五卷。一册。明精刊。自書六行草字本。

四溟山人詩明謝臻。十卷，附詩説二卷。六册。明佳刊印。

潛溪集宋濂。八卷，附録一卷。二册。至正十五年王禕序。嘉靖柔兆涒灘夷則月。

金正希集九卷。四册。

徐文長逸稿二十四卷。三册。

## 四十五號

薛考工集薛蕙。八卷。四册。

宋文憲集宋濂。五十卷。二十册。

荊川文集唐順之。十八卷。八册。

王文恪集明王鏊。三十六卷。十册。明精書。刊本。

震川全集明歸有光。三十卷。二十册。

花王閣賸藁明紀坤。一卷。一册。

楊忠愍遺書明楊繼盛。一卷。一册。

呂晚邨集呂留良。八卷。四册。

石秀齋集明莫是龍。十卷，附莫秉清采隱草一卷。一册。又四册。

莫紫仙采隱草莫秉清。一卷。二册。

瑞陽阿集明江東之。十卷。四册。精刊印。

青霞公集明沈錬。十六卷。六册。

明四十二家制藝三十六册。明精刊。

託素齋詩集黎士弘。四册。殘。

高青邱集高季迪。十八卷，附逸詩、扣舷集，又鳧藻集五卷。八册。

李滄溟集明李攀龍。三十卷。又附録。明佳刊。四册。

史忠正集明史可法。六卷。二册。

趙南星時文精刊。二册。

陶菴集黄淳耀。八卷。二册。佳刊。

正學文選方孝孺。十三卷。一册。

誠意伯集劉基。二十卷。十册。

# 四十六號

續資治通鑑畢沅。二百二十卷。六十册。

竹書紀年陳詩集註。二卷。二册。

宋元資治通鑑明王宗沐。六十四卷。十六册。明吴勉學刊。

元經隋王通經，薛收傳。十卷。二册。明刊。又阮逸註。明佳紙印。一册。精刊。

竹書紀年統箋梁沈約注。清徐文靖統箋。十二卷。三册。

通鑑前編宋金履祥。十八卷，首附元陳子經外紀，末附宋金履祥舉要二卷。八册。

大唐創業起居注唐温大雅。三卷。一册。明刊。

西漢年紀宋王益之。三十卷。四册。

綱目釋地補注六卷。糾謬六卷。張庚。四册。

通鑑綱目條記李述來。二十卷。六册。

皇宋十朝綱要李𡌴編。二十五卷。十六册。舊抄。此書庫未收。

## 四十七號

朝野彙編明屠叔方。二十卷。六册。明刊。

皇明大事記明朱國楨輯。五十卷。十册。明刊。

皇明大訓記明朱國輯。十六卷。四册。

明鑒托津等奉敕。二十四卷。八册。内板。

明通紀明陳建輯。十卷，附卜大有續紀三卷。六册。

綏寇紀略吴偉業。十二卷。六册。

皇明從信録陳建輯。四十卷。十四册。

嘉隆聞見記明沈越。十二卷。六册。

遼事實録明王在晉。十七卷。六册。

天啓時事舊抄。十八册。

復社姓氏傳畧吴山。十卷。四册。

史外汪有典。三十二卷。

小腆紀年附考徐鼒。二十卷。十二册。

孫毅庵奏議明孫懋。二卷。二册。抄本。

## 四十八號

國榷鹽官談遷孺木著。六十册。舊抄。

天啓崇楨國榷談遷。二十卷。舊抄。

格紙四册，備抄補者。

## 四十九號

古文品外録明陳繼儒選。二十四卷。十二册。明善刊。

切問齋文鈔陸燿輯。三十卷。十二册。

文章正宗宋真德秀。十五卷。六册。

皇朝文典李兆洛。七十四卷。十六册。

書記洞詮明梅鼎祚輯。一百二十卷。二十册。明。

歷代賦彙陳元龍奉勑編輯。百八十四卷。七十二册。内板，精刊。

明人尺牘舊抄。二册。

湖海文傳王昶輯。七十五卷。八册。

## 五十號

感舊集王士禎選。盧見曾補傳。十六卷，附小傳補遺。八册。

南宋雜事詩沈嘉轍等。七卷。一册。

國朝六家詩鈔劉執玉選。八卷。二册。

侯方域、汪琬、魏禧三家文鈔宋犖許時菴選。三十二卷。十册。

唐詩、明詩、國朝詩别裁集沈德潛選。六十四卷。十二册。

唐宋十大家全集録儲欣。五十二卷。四十册。

金元明八家文選李祖陶評點。五十三卷。廿五册，合八册。

古文餐勝莊大中輯。四卷。四册。

匲衍集陳維崧選。十六卷。四册。精刊。

歸震川尺牘二卷。錢牧齋尺牘三卷。共四册。佳刊。

湖海詩傳王昶輯。四十六卷。十六册。

嘉慶欽定熙朝雅頌集百六卷。二十四册。

## 五十一號

橋李詩繫沈季友選。四十二卷。十六册。康熙四十九年當湖金南鍈敦素堂精刊印。

四六法海王志堅論次。十二卷。十六册。

崇禎八大家詩選夏雲鼎選。十四册。明刊。

帶經堂詩話夏雲鼎選。十四册。明刊。

詩人玉屑宋魏慶之。二十卷。六册。

苕溪隱叢話宋胡仔。六十卷。十册。仿宋精刊。

古謡諺杜文瀾輯。百卷。十六册。

古經精舍三集一册。

詩話總龜宋阮一閲編。四十八卷。十册。明刊佳。

玉堂才調集于朋舉。三十一卷。六册。

觀静齋三蘇文選明錢穀選。十六卷。四册。

制藝叢話梁章鉅。二十四卷，附題名。八册。

## 五十二號

史記舊精刊，字體古雅。歸震川舊藏。四十册。

史通二十卷。四册。元刊佳紙印。

史通通釋唐劉知幾，南杼秋浦起龍二田釋。二十卷。六册。精。

史通削繁紀昀。四卷。二册。套板初印。

左粹類纂明施仁編。孫應鰲評點。八册。明精刊，佳紙印。

五代史記注彭元瑞注。七十四卷。四十册。

五代會要宋王溥。三十卷。六册。舊緜紙抄。

東都事略王稱。百三十卷。六册。仿元精刊。

晉略周濟分。十册。

## 五十三號

水經注釋魏酈道元。清趙一清録。十二册。

水經注圖汪士鐸。一册。

嚴氏資治通鑑補宋司馬光編。元胡三省注。明嚴衍補。二百九十四卷。八十册。又抄殘本，五册。

## 五十四號

元和郡縣圖志唐李吉甫。四十卷。十册。岱南閣本。

國語二十一卷。明吴勉學刊無注本。一册。初印。

國語韋氏解。二十一卷。復天聖明道本。三册。黄刻初印。

戰國策高誘注。三十三卷。五册。覆剡川姚氏本。黄刻初印。

荀子唐楊倞注。嘉善謝氏精刊印。四册。

管子房玄齡注。二十四卷。十二册。明精刊，佳紙初印。

管子校正戴望。二十四卷。三册。抄。

羣書治要唐魏徵等奉勅。五十卷。二十四册。日本天明五年刊。天明五年當大清乾隆五十年乙巳。

花間集宋趙崇祚集。十卷。一册。明復宋本，佳紙印。

朱門授受録吴鼒編。十卷。二册。舊抄。

韓詩顧嗣删注。十一卷。首有年譜。四册。秀野草堂精刊印，大。

温飛卿集曾益謙注。顧予咸補注。九卷。一册。秀野草堂精刊印。大。

古文苑九卷。二册。元明間舊抄。

輿地廣記宋歐陽忞。三十八卷。四册。士禮居仿宋。

太玄漢楊雄。十卷，附音。六册。

法言李軌注。十三卷。一册。仿治平本，精刊印。

列子張湛注。八卷。一册。明世德堂精刊，佳紙印。

二程遺書外書文集二十五卷。又附。六册。元精刊佳紙印。

素問王冰注。二十四卷。四册。明復宋本。

難經經釋扁鵲著。徐大椿注。一册。精刊佳紙初印。

## 五十五號經疏別本

儀禮注疏鄭注。賈疏。五十卷。八册。張敦仁合宋本編刊，初印。又十二册。汲古閣本。又十二册。盧宣旬校刊宋本。附校勘記。

周禮註疏鄭注。賈疏。四十二卷。二十册。汲古閣初印。又十二册。汲古閣。

禮記註疏孔疏。陸釋文。六十三卷。十六册。和坤覆宋本，精刊。

春秋左傳註疏孔疏。陸釋文。五十八卷。二十册。公羊疏何休。二十卷。七册。

穀梁疏范寧集解。楊士勛疏。二十卷。四册。盧宣旬校宋本刊。

毛詩注疏鄭注。唐穎達疏。三十卷。殿板。十二册。

孝經註疏邢昺注疏。九卷。一册。盧宣旬校宋本刊，附校勘記。

論語注疏何晏集解。邢昺疏。二十卷。四册。盧宣旬校宋本刊，附校勘記。

孟子註疏趙註。孫奭疏。十四卷。六册。盧宣旬校宋本刊，附校勘記。

爾雅註疏晉郭璞注。宋邢昺疏。十一卷。三册。又二册。均明閩刊本。

## 五十六號

李太白集唐李白。三十卷。二册。繆曰芑仿宋精刊，佳紙印。

韓文考異四十卷。外集十卷。八册。元刊大字。

歐陽文忠集宋歐陽修。百五十三卷。十六册。

山谷全書正集三十卷，外集十四卷，詞一卷，簡二卷，年譜三十卷。别集二十卷。附伐檀集二卷，黄庶。十厚册。明嘉靖丙戌覆宋精刊，佳紙印。手校。

歐陽文粹二十卷。四册。元明刊。

南豐文粹十卷。四册。嘉靖己酉刊。

三蘇文粹十卷。嘉靖辛卯年越楊山金鰲刊。十二册。

讀杜心解浦起龍解。六卷。六册。佳刊。

昌黎詩集編年箋註方世舉考訂。十二卷。五册。雅雨堂精刊。

王臨川集王介甫。一百卷。十册。明精刊紹興本。佳紙初印。

老泉集蘇洵。二十卷，附二卷。二册。康熙卅七年邵仁泓精刊印。

柳文四十八卷無注。明游居敬精刊。附并六册。

昌黎詩顧嗣立删補注。十六卷。二册。賡德堂重刊套板。

義山文徐樹穀箋。徐炯章注。十卷。二册。精刊印。

義山詩馮浩箋。三卷，首有年譜。二册。初印。讀本。

元遺山詩箋註施國祁箋。十四卷。二册。又附。讀本。

王荆公詩箋註李壁箋註。五十卷。八册。

蘇文忠詩集紀昀評點。十二册。套板初印。

## 五十七號

文選李善注二十册。缺首七卷，復得原本，足之。成化丁未，唐藩三黑口本。

唐文粹姚鉉纂。一百卷。十册。明嘉靖甲申汪偉序。徐焴精刊佳紙印。

宋文鑑宋吕祖謙奉勑。百五十卷。二十册。明天順八年復宋本。

古文詞類纂姚鼐選。七十五卷。十二册。道光五年江寧、吴啓昌刊。

瀛奎律選宋方回選。四十九卷。八册。二馮評點本。馮舒、馮班，蓋兄弟也。康熙壬辰吴之振、黄葉邨莊精刊印。

元國朝文類七十卷。十五册。缺卷一之十，卷卅六之四十，四十二之四十三，五十之五十二，六十之六十二，六十五之七十；目亦缺。元刊本，半頁十三行，行廿四字。批面。

兩漢文鑑宋陳鑑編。二十一卷。八册。嘉靖癸未慎獨刊。佳紙印，大。

崇古文訣樓昉〔九〕。三十五卷，五册。似明覆宋本，有寶慶丁亥姚寶跋。半頁十行，行二十一字。

詩紀明馮惟訥編。三十六卷。二十册。嘉靖戊午刊。

文選殘本一册。李注。大字，半頁十行，行廿二字。元池州路總管張伯顔刊。

五十八號五十五、十一兩號係汲古閣用桃花紙初印本，極寬大。

史記漢司馬遷。百三十卷。裴駰注。十二册。

漢書漢班固。一百二十卷。顔師古注。二十册。

後漢書范曄。百二十卷。唐章懷太子賢注。劉昭補注志。二十册。

三國志晉陳壽。六十五卷。裴松之注。十册。配印書業趙本。

晉書唐太宗御撰。百三十卷。配印書業趙本。二十二册。

宋書沈約。百卷。二十册。

南齊書梁蕭子顯五十九卷。六册。

梁書唐姚思廉。五十六卷。六册。

陳書唐姚思廉。三十六卷。四册。上八種，共一百二十册。移入集箱，配廿四史。

附地理圖鄂本胡林翼。三十二册。移入集錦箱。

仿宋相臺五經光緒二年江南書局覆殿本。三十二册。

廣雅疏證高郵王念孫。十卷，附博雅音十卷。光緒五年淮南書局覆王氏本。

論語正義二十四卷。寶應劉寶楠。六本。同治丙寅刊。

春樹齋叢説温葆深一卷，附選時造命説。二本。

初唐四傑文集三本。光緒五年淮南書局刊。

毛詩古音考明陳季立。五卷。四册。光緒六年武昌張氏新合刊本。屈宋古音義明陳季立。三卷。二册。

通典唐杜祐。二百卷。五十册。明本。十行，行廿三字。

惜抱軒遺書三種。桐城姚鼐撰。莊子章義。五卷。書録四卷，尺牘補編二卷。光緒己卯桐城徐氏刊。

## 五十九號

南史李延壽。八十卷。十二册。

魏書北齊魏收。百三十卷。二十册。

後周書唐令狐德棻。五十卷。六册。

北齊書李百藥。五十卷。四册。

隋書唐魏徵。八十五卷。十二册。

北史李延壽。百卷。二十册。

唐書宋歐陽修、宋祁奉勑撰。二百七十三卷。四十册。

五代史宋歐陽修。七十四卷。徐無黨注。六册。

## 六十號

周易十卷。王弼注。一册。明精刊佳紙印。

七經孟子考文日本享保十一年山井鼎輯，物觀纂修。三十二册。享保十一年當大清雍正四年。

説文解子漢許慎記。宋徐鉉奉勅校定。十五卷。八册。汲古閣復北宋本。佳紙初印。伯兄手録，段校。

唐説文木部箋異四册。

説文繫傳宋徐鍇傳釋四十卷。朱翺反切。六册。過段校。

説文五音韻譜十二卷，缺十一、十二兩卷。五册。殘。

字鑑元李文仲。五卷。二册。張士俊精刊印，大。

古文四聲韻宋夏竦。宋刊齊安本，殘。一册。

急就章似元刊，殘。今存一、二兩卷。二册。首有朱竹垞。記數行，定爲南宋本。

樂書宋陳暘。二百卷。十二册。殘。今存序目及卷一之八、十七之四十四、百卌三之百卌九、百五十四之百七十二、百八十七之二百。宋刊。

草韻辨體萬曆御製。五册。精刊，朱藍套印。

書儀宋司馬光。十卷。一册。

隸篇續翟雲升。十三卷，缺末二卷。一册。

嚴氏說文校議嚴可均。十五卷。三册。精刊。

說文聲類二卷。一册。

唐石經校正十卷。二册。

附鐵橋漫稿十三卷。二册。

寄范石湖詩註一册。左傳補注二册。水經注二册。王荆公詩二册。沈欽韓書。

初印殘書經傳說二册。

說文解字二册。嘉慶丁卯藤花榭仿宋本初印。

方輿勝覽首册。五卷。計八十三頁。明修宋本。

分類補註太白集首册。一卷。序三頁，目録二十一頁。首卷三十六頁。元至元辛卯本。

陸宣公集序四頁。制、奏議集八頁。制誥十卷。一頁〇三頁。翰苑集叙六頁。目録九頁。元刊。

關氏易傳一卷。二十八頁。麻衣道者正心法一卷。二十八頁。

元包序二頁。首卷十五頁。二卷、十一卷、三卷十二頁。四卷十一頁。五卷八頁。計五卷。

元包總數義首卷二十四頁。二卷二十三頁。政和本。

## 六十一號

大雲山房集惲敬。四卷。四册。

年華録全祖望。四卷。二册。

惜抱軒集文十六，詩十，筆記八，外集一，經説十七。附三：傳、國語補注、又年譜一册。鄭福照輯。姚鼐。共五十四卷，七册。

古文詞類纂姚鼐選。八册。

女世説李清。四卷。一册。

古今類傳董穀士輯。四卷。二册。

續古文苑孫星衍。二十卷。仿宋精刊。八册。

寰宇訪碑録孫星衍。一册。手校。續訪碑録趙之琛。二册。

歷代紀元表、統系録、年號分韻録黄本驥。三册。

易書秦九經本。一册。

麻衣道者火珠林、古本靈棋經一册。

諏吉書一册。

宋李綱。靖康傳信録三卷。宋李格非。洛陽名園記一卷。一册。海山仙館本。

全唐詩目一册。

全唐詩初印殘。三册。又十四册。

絜齋集袁燮撰。十册。

郭氏傳家易説郭雍著。四册。

魏鄭公諫續録翟思忠撰。一册。

夏侯陽算經一册。

漢官儀衛宏撰。一册。

春秋傳説例劉敞撰。一册。

絜齋毛詩講義袁燮撰。一册。

## 六十二號

史記明正德建寧府刊。小本。十六册。

後漢書劉宋范曄撰。唐太子賢注。明汪文盛精刊。二十册。

宋刊四子文中子，阮逸注，十卷，二册。莊子，晉郭象注，十卷，八册。列子，張湛注，八卷，三册。庚戌十二月查，缺列子末册。法言，宋司馬光注，十三卷，三册。南宋理宗景定元年庚申龔士高刊本。此蓋南宋刊六子之四。同治甲戌開歲，緗孫在蘇州收。四子無文中、法言而多老、荀。其老子首載景定改元龔士高刊書序，惜缺去首半頁。以莊、列比校，知與此出一板，因合弆一笥。書之大小，則各仍其舊也。宣統庚戌十二月，檢同治甲戌在蘇所收景定本老、莊、荀、列四子，未見。不知移置何箱，須查。

列女傳漢劉向編八卷晉顧凱之圖畫阮氏仿宋精刊印一册　又顧之逵刊無圖畫附顧廣圻考證二册

金石萃編十六册目一册卷一至四十十五册手校家中携出者十六以下存黎家

史通訓故補唐劉玄二十卷黄叔琳補注。精刊極佳。緜羅文初印。八册。

太玄經漢楊雄。十卷。晉范望注。附釋文一卷。唐王涯説玄五篇。明精刊印。手校。三册。面均批。

穆天子傳注疏郭樸注。檀萃疏。六卷。首有檀萃穆天子編年一卷。三册。

世説新語劉宋王義慶撰。梁劉孝標注。六卷。六册。

秦刻九經十册易書詩、春秋左傳、禮記、周禮、孝經、論語、孟子。

紹興十八年同年録一册。

吹綱録六卷。鷗波叢話六卷葉廷琯。共四册。

恒言録錢大昕。六卷。二册。

列代建元表錢東垣。十卷。附建元類考二卷。二册。

易林漢焦贛。四卷。二册。汲古閣刊。

老子河上公注。二卷。姚鼐章義。二卷。

欽定方輿路程八册。

# 六十三號

貴州通志康熙三十一年巡撫衛既齊、舉人吴中蕃等重修。三十六卷。十二册。

明詩綜朱彝尊。一百卷。三十二册。

南史校本李延壽。八十卷。今存卷一之十五、二十一之二十二、四十六之六十五、六十六之七十、七十六之八十。精校汲古閣本。批面。五册殘。

具區志翁澍。十六卷。四册。

本事詩徐釚編。十二卷。三册。

繹史摭遺李瑶。十卷。二册。

古易音訓宋咸熙輯。吕伯恭撰。二卷。一册。手校。鈔本。

弧角設如張作楠撰。算例。江臨泰補對數三卷。一册。手校。鈔本。

周髀音義一卷李籍。術數記遺漢徐岳撰。北周甄鸞注一卷。一册。手鈔。

五經文字道光丁酉鈔校。一册。

九經字樣道光丁酉鈔校。一册。

經典文字辨異一卷。說文舊音一卷。音同義異辨畢沅。一册。手校鈔。
干禄字書道光壬寅手鈔校。一册。
復古編張有。二卷。又附録。一册。道光乙未手鈔校。張子野集一册。
陳思王詩道光戊戌手鈔校。一册。(取出。)
孟子年譜黄本驥。一册。朝邑志韓邦靖。一卷。經巢手鈔一册。
慶元黨禁六叔鈔一册。
道德經評注鈔本。一册。
郘亭詩鈔校樣三册。批面，後有諸人評論。
漁潢詩校樣一册。
欽定禹貢傳説匯纂内板七經本。緜紙初印。
屨非草明越其杰。鈔本一册。
學孔精舍詩鈔明孫應鰲。二册。稿本。
教秦緒言幽心瑤草一册。
四書近語二册。又一册。明孫應鼇稿本。學庸論語，「學而」至「公冶」以下缺。
野古集明龔詡。五卷。二册。
心日齋十六家詞目、戈順卿七家詞目周之琦選。金粱夢月詞周之琦。一卷。中多手鈔者。鈔本。一册。

瑞芝室詩稿楊彝珍。一册。過筆。

周漁璜外集周起渭。一册。稿本。

張皐文董晉卿金朗父詞鈔本。一册。（取出。）

鈔本詩似是劉仙石詩。一册。

文摘鈔馮魯川。何子持。一册。

姚石甫諸公狀等一束。

孫可之集鈔本。一册。

黔書田雯。二卷。二册。金甸卿贈。

黔記目録一册。郭子章撰。癸未五月，借黄子壽丈藏本鈔目録，全書卷帙太繁也。（已還之。）

遵義黎氏家譜黎庶昌手稿一册。

## 六十四號

漢書班固。百卷。三十二册。顔師古注。明佳刊。

北堂書鈔唐虞世南。百六十卷。明陳禹謨補注。校刊。

絶句辨體明楊慎輯。八卷。明刊一册。

元和姓纂唐林寶。十卷。孫刊。二册。

唐詩金粉沈炳震輯。十卷。二册。

絶妙好詞箋查爲仁、厲鶚同箋。周密原輯。附續鈔二卷。一册。

花間集唐趙崇祚集。四卷。一册。

鮑明遠集劉宋鮑照。十卷。明程榮刊。一册。

謝康樂集宋謝靈運。二卷。明張溥刊。謝惠連集一卷。明汪士賢刊。手校共一册。

蔡中郎集漢蔡邕。十卷。六册。海源閣倣宋刊。

玉臺新詠陳徐陵。十卷。宋刊。（已售去。）

史漢方駕明許相卿輯。三十五卷。一册。

陶集集注陶澍集注。十卷。附年譜考異，二卷。手校讀本。又拜經樓仿宋。詩四卷。

左傳義法舉要一册。史記補注正一册。方苞可口授。王兆符、程崟述。

文章緣起梁任昉譔。明陳懋功注。方熊補注。明刊。一册。

五七言古今體姚鼐。十八卷。二册。

唐人萬首絶句選王士禛選。七卷。精刊初印。讀本一册。

趙子常注五言杜律三卷。虞伯生註七言杜律三卷，一册。

李頎三卷王昌齡集二卷一册明刊。二十六家。詩本。手校鈔補。

杜集錢謙益箋註。二十卷。六册。校批面。

二張詩集九齡。二卷。説二卷。明江夏刊。

陳伯玉集二卷。一册。

昌黎詩增注正訛顧嗣立删注。黄鉞增注正訛。佳刊。十一卷，四册。

孟東野集唐孟郊。十卷。附韓孟聯句。明刊。批面。

宛鄰書屋詞選張惠言。二卷。一册。附董毅續詞選。二卷。鄭善長選。近人詞一卷。

滄浪吟宋嚴羽。二卷。二册。元明刊。

元遺山詩集金元好問。二十卷。舊影鈔，汝州本。批面。一册。

曝書詞注李富孫纂。四册。

白石道人歌曲姜夔。四卷。一册。仿宋精刊。

片玉詞宋周邦彦。二卷。一册。汲古初印。

少游、南湖詩餘秦觀二卷，張綖一卷。一册。詞苑英華第八册，全書不知置何所。

辛稼軒集宋辛棄疾。文三卷、詩一卷，附年譜。詞五卷。詞，手校批面，一册。

張維詩一卷。一册。

明詩選陳子龍等十三人選。十三卷。四册。

七十家賦鈔張惠言。六卷。四册。

仿宋本陶詩紹熙王子曾集。光緒元年精刊。一册。

## 六十五號

類篇宋司馬光。十五篇。十四册。曹刻初印。

集韻宋丁度。十卷。五册。曹刻。過段校宋本，又十册。日本天保五年刊。

禮部韻略曹刻初印。一册。

説文韻譜宋徐鍇。十卷。一册。

説文逸字鄭珍。二卷。又附録。一册。

儀禮私箋八卷。一册。

輪輿私箋稿本一册。又刊。

巢經巢經説一册。

鄭學録四卷一册。以上五種均鄭珍。

儀禮正義胡培翬。四十卷。二十册。

毛詩傳鄭箋附校字陸氏音義。二卷。四册。立本齋桃花紙。

尚書考辨宋鑑。四卷。二册。

爾雅注晉郭璞注。唐陸德明音義。二卷。二册。
公羊詁問禮堂仿宋緜紙初印。四册。
春秋經傳集解三十卷。附名號歸一圖。八册。
金石文字辨異邢樹。十二卷。五册。
孟子趙注十四卷。附孫奭音義。二册。初印。
書義主意元王充耘。六卷。二册。附劉錦文編選羣英書義。二卷。舊影鈔元刊。
說文孫刊。四册。（又一册。）
說文新坿考鈕玉樹。六卷。附續考。一册。
易集解孫星衍。十卷。三小册。
論語集解義疏魏何晏集解。梁皇侃義疏。十卷。五册。知不足齋本。
韓詩外傳漢韓嬰。十卷。附補逸。一册。初印。
經傳釋詞王引之。十卷。一册。
魏武注孫子三卷。補遺。仿宋刊。一册。
漢舊儀二卷。漢衛宏。又補遺二卷。漢官典式儀選用一卷。漢蔡質。漢官儀二卷。漢應劭。共一册，中有夾片。
牟子漢牟融。一卷。皇帝五書龍首經二卷。金匱玉衡經。授三子元女經一卷。廣黄帝本行記下卷。軒轅黄帝傳一卷。共一册。

魏三體石經考孫星衍。一卷。琴操漢蔡邕。二卷。穆天子傳晉郭璞。六卷。共一册。

六韜六卷。附逸文。尸子二卷。燕丹子三卷。共一册。以上四册具平津館刊。

述學汪中一册原刊初印。

絜齋毛詩經筵講義宋袁燮。四卷。一册。縮聚珍。

昌平山水記二卷。顧氏譜系考一卷。九經誤字一卷。石經考一卷。顧炎武一册。

夏小正傳二卷。急就章考異一卷。東皋子集三卷。唐王績。孫淵如刊，小本一册。

簡目六册。

訪碑録續録二册。

歷代紀元表、歷代統系録、年號分韻録三册，共一函。

## 六十六號

吴越春秋後漢趙曄。十卷。四册。宋徐天祐注。大德三年刊，首頁夾手書考片。

方輿勝覽宋祝穆。七十卷。十六册。宋刊，十四行本。

華陽國志晉常璩。十二卷。四册。廖寅倣宋嘉泰本，精刊印。

越絶書十五卷。明刊。一册。

方輿紀要顧炎武。百三十卷。附州域形勢九卷。五十册。敷文閣初印。

歷代帝王宅京記顧炎武。二十卷。三册。

水道提綱齊召南。二十八卷。八册。

歷代地理韻編今釋李兆洛。二十卷。附皇朝輿地韻編二卷。八册。聚珍。

大清一統志表萬芝堂刊。四册。

乾隆府廳州縣志洪亮吉。五十卷。十二册。

附朱梅崖文集朱仕琇。三十卷。外集八卷。八册。

仿單板子一。

## 六十七號

大清一統志圖一統志乃活字板印，圖乃刊板，故多單印本。中縫卷數仍依全書次第。四册。緜紙印。

又一册。存江西以下十卷，以上缺。

皇朝通志地理都邑略通志，廿四至卅五卷。一册。批面。

皇朝輿地略六承如。同治二年廣州刊。二册。

皇朝輿地韻編李兆洛。二卷。活字印。一册。

元和郡縣志唐李吉甫著。四十卷。四册。岱南閣叢書刊。孫星衍校本。

括地志孫星衍輯。八卷。二册。岱南閣叢書本。

元豐九域志宋王存等奉敕撰。十卷。二册。乾隆中馮集梧校。影宋抄本刊。

歷代地理指掌圖宋蘇軾。一卷。明刊。後附明各行省分圖。一册。又舊抄。一册。

明一統志天順五年李賢等奉勅撰。九十卷。二十四册。天順五年官本，大。

一統志案説顧炎武原本。徐乾學纂。十六卷。二册。道光中張清選。青芬閣活字本。

廣輿記明陸應陽輯。廿四卷。六册。萬曆庚子刊。

讀史方輿紀要顧炎武百三十卷。五十九册。缺序目至卷一、卷十九卷廿四之廿九、卷六十六、卷八十一至八十二、卷九十七。敷文閣刊。附輿地要覽四卷三册全。

舊唐地理志後晉劉昫。四卷。二册。活字印，舊唐書中本。

萬國大地圖六册，一函。

天下山河兩戒考徐文靖。十四卷。四册。雍正元年刊。

地理韻編李兆洛。二十卷。八册。咸豐辛酉刊。

地圖一册。中央恒星赤道經緯圖。道光中張如霖刊。蝴蝶裝。恒星赤道經緯圖卅二幅，世傳本鮮有劃分經緯度，分觀難于推覽。申耆先生始命其門人六嚴諸君校刊此帙。李申耆道光中刊。恒星圖卅二幅。甲寅五月張季直借去。

皇朝中外一統輿圖胡林翼。鄂刊本。三十三册。

海内十洲記等十二種共一册。明吴琯刊。古今逸史本。

大清會典輿地圖十册。

## 六十八號

雍録宋程大昌。十卷。一册。明吴琯刊。

長安志宋敏求。二十卷。五册。附河濱漁者編類圖説三卷。又黄圖一册。畢沅校刊。

三輔皇圖六卷。一册。失名。

華陽國志晉常璩。十二卷。二册。

雍乘略明李應祥。二十四卷。六册。萬曆丁酉佳刊印。

齊乘元于欽。六卷。六册。嘉靖甲子杜思佳刊印。有手抄序，并校條一。

桂勝十六卷。明張鳴鳳。二十四卷。桂故八卷。共六册。萬曆中刊。

滇黔識略謝聖綸。三十卷。十册。乾隆癸未刊。

廣東新語屈大均。二十八卷。六册。

河朔訪古記元納新。三卷。一册。道光十七年晁貽端刊。

粤閩巡視紀略杜臻。六卷。首有圖。二册。抄本。

桂林風土記唐莫休符。一卷。一册。抄本。

苗防備覽二十二卷。四册。

三省邊防備覽十四卷。四册。溆浦嚴如熤。

洋防輯要二十四卷。十二册。

鄴中記晉劉翽。一卷。洛陽伽藍記北魏楊衒之。四卷。一册。

雲南種人圖雲南通志本。二册。

粤西叢載汪森。三十卷。十四册。康熙乙酉刊。

新安志宋羅願。十卷。四册。

武功縣志明康海。三卷。一册。乾隆中重刊。

縉雲縣志湯成烈等。十八卷。十册。

瀘州志呈帝臣。抄本。一册。

鍾祥縣志圖一册。

歷陽典録陳廷桂輯。三十四卷。十二册。游智開近刊。

清嘉録吴縣顧禄。十二卷。四册。道光庚寅刊。

西湖志纂梁詩正等〔一〇〕十五卷。二册。

金陵梵刹志明葛寅亮〔一一〕五十三卷。明刊。八册。

石柱記唐顔真卿撰。國朝朱尊補。五卷。一册。鄭元慶箋釋。

廣陵通典汪中。十卷。二册。癸未精刊初印，大。

徐霞客遊記明徐宏祖。分十册。五册。乾隆中徐鎮等校刊。又舊本五册。汲古閣舊藏本，即季會明校録，爲最初之本。此本失傳，僅此孤本①。

海國圖志魏源。五十卷。道光甲辰活字印。十二册。

地理全志上編五卷失名，下編十卷，英咭唎慕惟廉輯譯。二册。

聯邦志略馬邦畢禮遮邑裨治文撰。二卷。一册。同治辛酉滬上活字印。

日本圖一册。

中山傳信録徐光保。六卷。四册。康熙辛丑刊。

## 六十九號

山海經二册。

① 此孤本比通行本多一百五十八天日記，尤爲珍貴。

水經注八册。

畿輔安瀾志王履泰。五十六卷。二十四册。聚珍。

乾隆欽定平苗紀略五十二卷。十九册。

南潯鎮志汪曰楨。四十卷。十册。附汪曰楨輯。漣漪文鈔八卷〔一二〕。

烏石山志郭柏蒼等輯。九卷。二册。道光壬寅刊。

水經注圖江寧汪士鐸。一册。

行水金鑑傅澤洪録。百七十五卷。三十六册。雍正三年淮揚官舍精刊印。

蜀水考閩中陳登龍。四卷。二册。朱錫穀注，陳一津疏。道光乙酉刊。

廣雅蕩山誌曾唯。二十九卷。四册。

古今圖書集成殘，一册。中有臨洮、鳳陽、福建疆域圖。龍虎、赤嶼、君、嶽麓諸山圖。世俗動稱銅板，以銅鏤板，談何容易！惟是書的是銅鑄活字擺印，其圖則另板刻者。此殘帙不及萬中之一，然極精緻，聊存一式耳。

蕊珠仙館水利集烏程凌介禧。六卷。六册。

華嶽全集明馬世耀等輯。十三卷。四册。萬曆丁酉刊。

泰山志休寧金棨。二十卷。十册。嘉慶中刊。

黄山志新安閔鹿麟嗣纂次。八卷。七册。首有圖精。康熙中刊，佳紙初印。

揚州水道記劉淇。四卷。未訂，四札。

## 七十號

柳集唐柳宗元。正集四十三卷，別集二卷，外集二卷，附録一卷。宋張敦頤音辯，童宗説註釋。潘緯音義。二匣，十二册。南宋刊，初印，半頁十三行，行二十三字。售去。

山谷外集詩註宋黄庭堅。十七卷。宋史容注。淳祐庚戌閩憲刊本。半頁九行，行十九字。手校。有跋。一函，八册。

山谷前集詩註宋黄庭堅。二十卷。四册。宋任淵注。影宋舊抄，半頁十三行，行廿四字。

水經注漢桑欽撰。後魏道元注。四十卷。二函，八巨册。黄晟精刊印。嘉慶中孫淵如、朱墨詳校。售去。

山海經惠半農接本。一册。

水經注釋補遺新安張匡學。二卷。一册。

玉篇廣韻張刊，初印佳紙。一函，二巨册。

老子河上公注一册。影山影南宋巾箱本。細校。唐玄宗注。道藏本。一册，舊抄。以易州石刻細校，有跋。

鄧析子一册。劉泖生手影南宋本。

鮑明遠集劉宋鮑照。一册。明刊。手校宋本。

河嶽英靈集唐殷璠輯。二卷。二册。宋刊。「廓」字，寧宗嫌名，數見皆彌，蓋寧宗時刊本。半頁十行，行十八字。手校。

唐五代詞一册。全唐詩中本。手校，詳。

陳簡齋詩箋註三十卷。附無住詞箋注一卷，宋陳與義〔一三〕，手校，手抄叙。影抄宋紹熙元年本，宋胡穉注。四册。

陳后山詩六卷詞一卷卅八號移來。二册。

老子河上公註二卷，老子姚鼐章義二卷，共一册。手校宋本。

乾道永州大字本柳河東外集一卷乾道改元季冬丙子吴興葉程刊。售去。

知見書目四册。四庫存目書目，百卅九號移來。

彙刻書目五册。百卅九號移來。

手校簡目二部寄此箱内。百卅九號移來。

任注黄山谷二十卷六册。紹興大字本，硃印。

## 七十一號

漢會要宋徐天麟。七十卷。十册。聚珍。

弇山堂别集明世貞一百卷。二十册。萬曆中刊。

唐會要宋王溥。一百卷。二十册。活字本。

大明會典萬曆乙酉重修十三卷。十二册。

五代會要宋王溥。三十卷。道光辛卯信芳閣王氏活字印。六册。

大清會典圖凡百三十卷。二十册。嘉慶中桂慶等奉敕。八十七卷已下輿地圖全，十册，入六十七號。缺七十六至八十六，凡十一卷。天文儀器等圖。

通志略明陳宗夔輯。五十一卷。二十册。正德庚戌龔用卿刊。

殘本皇朝通志三册。續通志十八册。

牧令書二十册。川本。

## 七十二號

貞觀政要唐吴兢。十卷。元戈直集論。二册。掃葉山房刊。

金佗粹編宋岳珂。二十八卷。續編三十卷。六册。明嘉靖壬寅刊，大字佳紙印。

弟子記編年記阮文達事，蓋年譜之内。其門人張鑑編。八卷。二册。

如山于公年譜蓋平縣于成龍其嗣所編。二册。

李文貞公年譜李光第其孫清植編。二卷。二册。

戚少保年譜耆編明戚繼光其嗣國祚編。十二卷。十二册。

新刊名臣碑傳琬琰集宋杜大珪編。凡三集：上集二十七卷，十册，殘。缺一之四，又十四之十八，可四本。中集五十卷，缺十八之五十二，可四本。下集二十五卷，缺十三之二十五，可二本。宋刊，十五行，行廿五字。

宋名臣言行録宋朱熹編。前集十卷，後集十四卷，續八卷，別集上、下各十三卷，外集十七卷。十二册。仿宋精刊本。

元名臣事略元蘇天爵。十五卷。三册。舊抄，以元元統乙亥刊本校過。

世本輯補江都秦嘉謀輯補。十卷。六册。

貳臣傳四册。逆臣傳二册。抄本。

唐律疏義唐長孫無忌等撰。三十卷。共四册。孫星衍、顧廣圻手摹元至順壬申本上板，精刊印。

宋提刑洗冤集録五卷。宋宋慈編。孫氏刊元槧本。

洗冤録表四卷，一册；律表三十八卷，五册；曾德恒編。共六册。

史懷明鍾惺十七卷。四册。

史異編明余文龍。十七卷。二册。萬曆中刊。

焚椒録遼王鼎撰。一卷。一册。批面。影抄舊本。手校。

元秘書志元王士點等編。十一卷。四册。舊抄影至正本。

唐六典唐元宗御撰。三十卷。二册。掃葉山房刊。

酌中志明劉若愚。二十三卷。二册。舊抄。

欽定詞林典故乾隆十二年張廷鈺等奉敕輯。八卷。五册。

孤忠小史元戴思九編。存第以下七卷。一册。元明間舊抄。批面。

南朝史精語宋洪邁。十卷。一册。吴照刊。

千百年眼明張燧。十二卷。一册。萬曆甲寅刊。

史案吴裕垂。二十卷。六册。

韓忠武王祠墓志顧沅輯。六卷。二册。

## 七十三號

元史明宋濂、王禕奉敕。二百十卷。六十册。明弘武三年刊大字本。明袁中徹舊藏。

明史張廷玉等奉敕。本紀廿四卷，志七十五卷，表十三卷，傳二百廿卷，凡三百三十二卷。缺百十三至三百零七。五十六册。

## 七十四號

明史稿王鴻緒奉敕。紀十九，志七十，表九，傳二百五，凡三百十卷。五十二册。敬慎堂刊。

金源劄記烏程施國祁。二卷。一册。

新舊唐書互證汪縣趙紹祖。二十卷。五册。嘉慶癸未刊。

元史本證蕭山汪輝祖。五十卷。四册。嘉慶七年刊。

元史藝文志錢大昕。四卷。二册。嘉慶庚申精刊。

元史族世表錢大昕。三卷。二册。

廿二史考異嘉定錢大昕。一百卷。附三史拾遺五卷，諸史拾遺五卷。二十三册。

十七史商確東吴王鳴盛。八卷。八册。乾隆丁未刊。

契丹國志二册。大金國志四册。七十五號移來。

## 七十五號

西魏書南康謝啓昆。二十四卷。六册。乾隆乙卯刊。

十國春秋仁和吴任臣。百十六卷。二十四册。乾隆癸丑刊。

東觀漢記二十四卷。一册。掃葉刊。

國語校注汪遠孫。八卷。二册。仿宋精刊初印。

國語附汪遠孫考異。鄂局復黄刻。五册。

國策鄂局復黄刻。五册。

南漢書順德梁廷枏。十八卷。附南漢叢録二卷，南漢文字四卷。二册。道光乙丑刊。

季漢書明謝陛。六十卷。十二册。萬曆間刊。

南唐書宋馬令。三十卷。三册。嘉靖庚戌姚昭精刊印。

陸氏南唐書宋陸游。十八卷。一册。汲古閣初印。

吴越備史宋錢儼。四卷。掃葉刊。一册。

通典唐杜佐君卿。二百卷。四十册。百廿七號移來。嶺南本半頁十一行，行廿字。每類書題後有撰書及刻書銜名三行。卷百十、百十一、百十二、又百廿五、廿六、廿七、又百三十、三十一、三十二、以上八卷，半頁十行，行廿三字。板中縫頂格有某類字，下有刻工名及字數，蓋明刊。卷百五十七、五十八，上二卷半頁十行，行十八字。板中縫頂格亦有某類字，下亦有刻工名，無字數，似明李元陽刊本。

隆平集宋曾鞏。二十卷。四册。康熙丙申曾子宸刊。

遵義府志校樣本二十册。

## 七十六號

南史李延壽。八十卷。二十册。南雍嘉靖本。

魏書魏收。百三十卷。二十册。萬曆二十四年北監刊。

周書唐令狐德棻。五十卷。六册。明北監。

北齊書隨李百藥。五十卷。五册。北監。

隋書唐魏徵。八十五卷。十二册。康熙二十五年修明北監本。佳紙印。
北史李延壽。百卷。十六册。同上。
金史元脱脱等奉敕。百三十五卷。二十册。嘉靖八年南監刊。

## 七十七號

舊唐書後晉劉昫。二百卷。六十册。乾隆四年殿本。
五代史記宋歐陽修。七十四卷。六册。徐無黨注。汲古初印。五代史補宋陶岳。五卷。汲古刊。
舊五代史宋薛居正。百五十卷。十六册。
唐書宋歐陽修、宋祁。二百七十三卷。二十四册。汲古初印。
唐書釋音二十五卷。一册。殿本。唐書中本。
五代史記纂誤補吳蘭庭。四卷。又附録。三册。
舊唐書逸文甘泉岑建功。十二卷。二册。道光二十九年刊，初印。

## 七十八號

宋史元脱脱等奉敕。四百九十六卷。一百册。明南監本。

遼史拾遺厲鶚。二十四卷。乾隆間刊。

遼史元脱脱等奉敕。一百十六卷。八册。南監。

## 七十九號

史記評林印遲。廿四册。

王本史記三家注。明震澤王氏刊。二十册。缺序例、謚法、目録、三皇紀，本紀五、六，又八之十二，表七、八、九、十，書一、二，又七、八，世家十之二十，列傳四十一之四十四、五十一之六十六、七十，并後序。

北監本馮校史記二十册。印遲。

讀史記十表汪越輯。徐克范補。十卷。四册。雍正元年刊。

空山史記評註滋陽牛運震。十二卷。八册。

# 八十號

漢書北監本顏注。百卷。廿六册。佳紙初印，大。

後漢書北監本宋范曄。百二十卷。三十册。佳紙初印。

後漢書補注惠棟。廿四卷。八册。

熊氏補後漢書表宋熊方。十卷。三册。鮑以文精校刊，初印。又三册，白紙印。又一刊，單刊本。

錢氏重校後漢書表錢大昭。八卷。五册。

後漢書補逸錢唐姚之駰。八卷。六册。康熙甲午刊。

汪校漢書地理志汪遠孫。二卷。一册。精刊。

斠注漢書地理志嘉興錢玷。十六卷。八册。嘉慶二年刊。

後漢書補注又補。嘉興沈銘彝。一卷。刊本。三國志辯誤失名。四庫提要以爲宋之遺民撰。一卷，抄本。合一册。

漢書西域傳補注二卷。一册。大興徐松星伯撰。道光九年張琦序刊。

## 八十一號

三國志晉陳壽。三十卷。十二册。宋裴松之集註。明陳仁錫刊，大字注。

南宋沈約。百卷。二十八册。南監遲印。

晉書唐太宗。百三十卷。二十册。明吴琯仲虚西爽堂校刊，初印佳。

南齊書梁蕭子顯。五十九卷。十册。明北監，善。

梁書唐姚思廉。五十六卷。六册。北監。尚少，缺字。

陳書唐姚思廉。三十六卷。四册。北監，善。

梁書姚思廉。五十六卷。四册。汲古初印。

補梁疆域志陽湖洪齮孫。四卷。一册。

## 八十二三兩號八十二號一集至十一集。

粤雅堂叢書共二百七十一册，分二十集。咸豐三年南海伍崇曜刊。

茶村兩説録涇縣吴國俊。六卷。六册。

命度說一册。

輿地經緯度里表長沙丁取忠。一卷。一册。

## 八十四號

全唐詩康熙四十年曹寅等奉敕校刊。分十二函，附五代詞。一百二十册。内板初印。

## 八十五號

王船山遺書明王夫之。凡七十七種，二百八十八卷。二百册。同治四年湘鄉曾氏刊。

## 八十六七兩號八十六號第一至十八函。

知不足齋叢書歙鮑廷博。二百四十册。三十函。

讀畫齋叢書嘉慶四年桐川顧修刊。三十二册。

# 八十八九兩號

淵鑒類函康熙四十年張英等奉敕。一百八十册。古香齋袖珍初印，紙長大。

山西志略長白雅德。十卷。十册。乾隆四十五年刊，小本。

寶刻類編失名。八卷。四庫目定爲宋末人撰。八册。道光戊戌劉喜善仿宋巾箱本，初印。

七修類稾明仁和郎瑛。五十一卷。附續藁七卷。十六册。

元新編事文類聚元劉應李。九十八卷。缺十集。十二册。存乙、巳、庚三集，零戊集一本。元刊本。批面兩册。

知足齋叢書甘泉黃奭輯。一册。正誼録一卷。一册。

歷代畫史彙傳長洲彭蘊璨。七十二卷。三十二册。

江南縮聚珍版書二十五册，凡九種。海島算經，晉劉徽，一卷，唐李淳風注，一册。農桑輯要，元司農司，七卷，三册。甕牖閒評，宋袁文，八卷，二册。拙軒集，金王寂，六卷，二册。禹貢指南，宋毛晃，四卷，二册。漢官舊儀，二卷，附補遺，漢衛宏，一册。傅子，晉傅元，一卷，一册。帝範，四卷。唐太宗御撰。四卷，一册。直齋書録解題，宋陳振孫，二十二卷，十二册〔一四〕。

歷代畫家姓氏便覽馮津。六卷。六册。

佩文齋書畫譜十六册。石印。

# 九十號

平津館叢書孫星衍刊。凡十集。四十八册。

漢魏遺書嘉慶間金谿王謨輯。凡百八種，又五十四種。八册。

藤華亭拾種順德梁廷枏撰。十四册。論語古解十卷。南漢書十八卷。南漢書考異十卷。南漢叢録二卷。南漢書文略四卷。碑文摘奇一卷。金石稱例四卷。續金石稱例四卷。博考書餘一卷。曲話五卷。

藝海珠塵南匯吴省蘭輯。凡八卷。三十二册。

當歸草堂叢刻同治初錢唐丁氏刊。凡八種。十册。明温璜温氏母訓一卷。陸隴其松楊鈔存二卷。宋吕本中童蒙訓三卷。桑調元沈廷芳切近編一卷。元程瑞禮讀書分年日程三卷。桐城蘇惇元張楊園先生年譜一卷。明敖英慎言集訓二卷。仁和邵懿辰忱行録一卷。

周松靄遺書寧海周春。八種。六册。十三經音略十二卷。小學餘論二卷。中文孝經，外傳一卷附。杜詩雙聲叠韻譜括略八卷。代北姓譜二卷。選材録一卷。遼金元姓譜一卷。遼詩話一卷。

## 九十一號

宜稼堂叢四十册。上海郁松年泰峰刊。

數書九章宋秦九韶。十八卷。附郁松年札記四卷。共五册。詳解九章一卷。詳解九章纂類一卷。附宋景昌札記。田畝比類乘除捷法二卷，附郁松年、楊輝算法札記，算法通變、乘除通變、法算取用、續古摘奇算法各一卷。以上并宋楊輝。

續後漢書宋蕭常。四十二卷。四册。音義四卷，附郁松年札記四卷。

續後漢書元郝經。九十卷。附郁松年札記四卷。十六册。

剡源集元戴表元。三十卷。附郁松年札記。八册。清溶集元袁桷。五十卷。四册。附郁松年札記。

三長物齋叢書八種。黄本驥撰。三十六册。聖域述聞二十八卷。避諱録五卷。皇朝經籍志六卷。歷代職官表十二卷。湖南方物志八卷。古誌石華三十卷。顔魯公集三十卷，黄本驥新編本，首有年譜。

趙甌北七種陽湖趙翼。四十八册。廿二史劄記卅六卷。陔餘叢考。詩鈔。詩話。簷曝襍記。甌北集。皇朝武功紀盛。

沈果堂遺書吴江沈彤，凡五種。八册。果堂集十二卷。儀禮小疏三卷。周官禄田考二卷。尚書小疏、春秋左傳小疏各一卷。

# 九十二號

抱經堂叢書五十六册。凡六十八種。乾隆間錢唐盧文弨校梓。經典釋文三十卷。唐陸德明。附盧文弨考證三卷。孟子音義二卷。賈誼新書十卷。儀禮注疏詳注十七卷。盧輯。春秋繁露十七卷，漢董仲舒。荀子二十卷，唐楊倞注。此種嘉善謝墉刊。白虎通四卷。漢班固等奉勅。逸周書十卷。晉孔晁注。方言十三卷，漢楊雄紀，晉郭璞注。獨斷二卷，漢蔡邕。西京雜記二卷，漢劉歆。顏氏家訓七卷，北齊顏之推。三水小牘二卷。鍾山[札]記四卷，盧撰。群書拾補三十九卷，盧校經以書，凡三十七種。解春文抄十二卷，補遺二卷，詩抄二卷，錢塘馮景。龍城札記三卷，盧撰。抱經堂文集三十四卷，盧撰。

經訓堂叢書三十二册。太倉畢沅校正，凡廿三種，乾隆中刊，初印。山海經十八卷，郭璞傳，畢沅校正。夏小正考注，漢戴德撰，畢沅考注。道德經考異二卷，畢沅考異。墨子十五卷、目一卷。三輔黄圖六卷、補遺一卷，唐人輯。王隱晉書地道記一卷。晉書地理志新補正五卷，畢沅。晉太康三年地記一卷，畢沅集。長安志二十卷，宋敏求。長安圖三卷，河濱漁者編類圖説，張敏同校正。明堂大道録八卷，惠棟。易漢學八卷，惠棟。關中金石記八卷，畢沅。經典文字辨正書五卷，畢沅。音義異同辨一卷，畢沅。樂遊聯唱集二卷，畢沅、孫星衍及同遊諸聯句。説文解字舊音一卷。禘説二卷，惠棟。吕氏春秋二十六卷，漢高誘注，畢沅輯校。釋名疏正八卷，漢劉熙撰，畢沅疏證。篆字釋名八卷、補遺、續一卷。中州金石記五卷，畢沅。晏子春秋七卷，孫星衍音義二卷。

文選樓叢書二十四册。儀徵阮元刊。道光癸未刊。曾子注釋四卷，阮元。考工記車制圖二卷，阮元。述學二卷，汪中。溉亭述學録二卷，嘉定錢唐。鄭儀堂文集二卷，孔廣森。詁經精舍文集十四卷，阮元手訂。定香亭筆談四卷，阮元。小滄浪筆談四卷，阮元。鍾鼎款識十卷，阮元。廣陵詩事十卷，阮元。華山碑考四卷。八甎吟館刻燭集三卷，同時諸人吟咏，阮元。

**梅瑞軒輯逸書十種**六册。道光中高郵茆泮林。唐明皇刊定月令一卷，李林甫等註解。世本一卷，古史官所記，茆泮林輯。楚漢春秋一卷，漢陸賈撰，茆泮林輯。三輔决録一卷，漢趙邠卿，茆泮林輯。古孝子傳一卷，茆泮林輯。司馬彪莊子注考逸一卷。淮南萬畢術一卷。范子計然萬物録一卷。郭氏元中記一卷。以上并茆泮林輯。

**瓶花書屋叢刻**十一册。道光戊申刊。凡十一種，又附一卷。守城録，宋陳規，四卷。救命書，明吕坤，二卷。手臂録，四卷，吴芟，又附録二卷。折獄龜鑑，宋鄭克，八卷。治世龜鑑，元蘇天爵，一卷。練兵實紀，明戚繼光，十五卷。肘後備急方，晉葛洪，八卷。歷代兵制，宋陳傅良，八卷。陣紀，明何良臣，四卷。康濟録，乾隆御定，六卷。荒政全書，俞森，十卷，附二卷。魏廷珍伐蛟説一篇。捕蝗考，陳芳生，一卷。

## 九十三號

**守山閣叢書**八十册。凡一百十種，通計六百五十有二卷。始道光十二年壬辰，迄辛丑刊成。金山錢熙祚錫之校。

**附河洛精藴**明戚繼光。十八卷。四册。道光二十一年朱壽昌刊。

**紀效新書**江永。九卷。二册。乾隆甲申藴真書屋刊。

## 九十四號

**蛉石齋詩鈔**二册。

移芝室古文楊彝珍。一册。

亂定草一册。又

江忠烈公遺集行狀二册。

臺垣疏稿一册。

駢文一稿一册。

菰蘆筆記一册。

魯通父詩摘録一册。批面。

賓萌外集一册。

微尚齋詩集一册。

蓬萊閣詩録一册。

聽雨山房文鈔二册。

春秋目論一册。

娱志堂詩鈔一册。

論德録一册。

黄小田集二册。

雙梧山館文鈔六册。

陸清獻公遺蹟一册。
欽齋詩稿二册。
雜行狀事迹共三十六册。
儀衛軒集四册。
漆室吟四册。
許玉峰集一册。
天開圖試帖二册。
苔芩集二册。
餐花室詩稿一册。
心太平館吟稿二册。
金臺游學草一册。
青要集二册。
白香亭詩一册。
緑雪堂遺集六册。
伏敔堂詩録四册。
内自訟齋詩鈔二册。

壯學齋文集四册。
宜雅堂遺集一册。
遜學齋文集一册。又詩鈔二册。
娵偶集二册。
藤香館詩鈔四册。
竹瑞堂詩鈔四册。
龍壁山房王錫振。十二卷。二册。又文鈔。吴嵩梁一册。
繞竹山房詩稿八册。
來鶴先生文稿鈔本。校徐刊本多三十九首。三册。
枕經堂駢體文方小東。二册。
龍壁山房文集五卷。二册。徐茮岑校刊本。
胡文忠遺集八册。
息舫合刻一册。
閏榻先生全集十六册。
經笥堂文鈔一册。
堅白石齋詩集四册。

碧螺山館詩鈔馮桂芬。二册。

二知軒詩續鈔方濬頤。十二册。

美人揉碎梅花迴文一册。

石友山房詩集一册。

蓉湖詩鈔一册。

行素軒詩存倪文蔚。二册。

秋聲館遺集三册。

鴻雪聯吟一册。

鶩湖游草一册。

初桄齋詩集二册。

刲餘軒存稿一册。

丹魁堂詩集三册。

追甫詩集一册。

四養齋詩稿一册。

吴徵君遺集一册。

小酉腴山館詩鈔一册。

四照堂詩集四册。
寄吾草二册。
鏡真山房試帖四册。
西笑山房詩鈔四册。
黔南集一册。
拙尊園叢稿黎庶昌。二册。
稿子本十三册。

## 九十五號

安吳二種叢書八册。
中復堂全書三十册。
幾何原本八册。
則古昔齋算學六册。
聽雨山房文四册。
春雨樓叢書四册。

壽華堂書二册。
頤志齋叢書二十册。
書傳補商六册。
味經山館詩文四册。
通藝録八册。
切韻考八册。
劉端臨遺書四册。
汪龍莊遺書六册。
指海殘本二十二册。

## 九十六號

榕村制藝七册。
儀衛軒文集二册。
戴田有制藝五册。
邵位西遺文二册。未訂。

制藝約編二册。
唐寫本木部箋異二十三册。
待雪堂詩鈔二册。
幾何十六册。未訂。
葑煙亭詞鈔一册。
重學訂巨本。十六册。
律賦凌雲二十四册。
牧令書二十册。
慶曆文讀本十二册。
游定夫集四册。
郘亭詩鈔十四册。
幾何十六册。訂成。
近思録三册。
竹瑞堂詩鈔四册。
庸吏庸言三册。又三册，共二部。
重學十六册。

江忠烈公遺集四册。
蛉石齋詩鈔四册。
江忠烈公行狀三册。
陳文恭手札三册。
遜學齋詩鈔四册。

## 九十七號

敬齋古今黈元李治。八卷。一册。覆聚珍本。
考古質疑宋葉大慶。六卷。一册。覆聚珍。
困學紀聞宋王應麟伯厚。二十卷。閻若璩箋。初印校樣本。四册。
羣書疑辯萬斯同。十二卷。四册。嘉慶丙子供石亭刊本。
又困學紀聞汪垕校刊。何焯校本。十二册。
通俗編仁和翟灝，三十八卷。乾隆辛未中刊本。八册。
又困學紀聞何、閻、全、方、程、錢、萬七家箋本。十二册。嘉慶十六年刊。
米襄陽志林宋米芾。十三卷。一册。附遺集。明范明泰編刊本。海嶽名言、寶章待訪録、硯史各一卷。

緯略宋會稽高似孫輯。十二卷。一册。明繡水沈士龍校刊。

夢谿筆談宋沈括。二十六卷。附補三卷，續一卷。二册。崇禎四年嘉定馬元調據宋乾道本校刊。

學林宋王觀國。十卷。四册。湖海樓雕本。

容齋五筆宋洪邁隨筆。十六卷。續筆十六卷。三筆十六卷。二套。四筆十六卷。五筆十卷。十册。乾隆甲寅掃葉山房刊本。又一部。十册。缺五筆十卷。

神海樓雜著四種嘉定黄汝成潛夫。十二卷。二册。道光十八年刊。日知録栞誤四卷。文録六卷。歲實考校補一卷。朔實考校補一卷。

日知録注崑山顧炎武。三十二卷。十二册。嘉定黄汝成集釋。二套。道光十四年嘉定黄氏刊。

多識録何焯。六卷。四册。道光十八年練氏刊于上海。

義門讀書記何焯。六卷。六册。乾隆辛未何祖述刊。

漢學商兑桐城方東樹。附刊誤補義一卷。四卷。五册。道光辛卯刊。

書林楊觶方東樹。一卷。二册。附刊誤補義。辛卯刊。

大意尊聞方東樹。三卷。一册。同治五年方宗誠刊。

通雅桐城方以智密之。五十二卷。十二册。又通雅刊誤補遺一册。康熙中刊本。乾隆中張裕葉一卷。

## 九十八號

玉海宋王應麟伯厚。二百四卷。八十册。元至元六年刊。明嘉靖時修補本。

玉海殘本二十册。

藝文類聚唐歐陽詢撰。一百卷。十八册。萬曆丁亥王元貞校刊。

小字録宋陳思。一卷。小字録補明吴淞沈弘正輯。六卷。共二册。萬曆己未沈弘正刊。

## 九十九號

稗編明唐順之。百二十卷。四十册。萬曆辛巳茅一相刊。

事類賦宋博士渤海吴淑撰。二册。明無錫華麟祥據宋紹興丙寅校刊。即嘉靖壬辰趙鷺洲守蘇刊于郡齋者。

回溪史韻殘本宋回溪錢諷正初編集。二十三卷。五册。舊抄本。此書無刊本，四庫未收。阮氏後以進呈。

天中記明陳耀文。六十卷。三十册。明萬曆刊。

禽蟲述閩中袁達一卷抄本晴川蟹録仁和孫之騄。一卷。刊本。共一册

疑年録嘉定錢大昕。四卷。疑年續録海鹽吴修。四卷。嘉慶十七年吴修刊。共二册

子史精華四套。四十册。

事物紀原宋高承撰。十卷。五册。舊抄本。據明正統間敬刊本。又十六册，明刊格致本。毛子晉校宋本。

## 一百號

鄉守輯要三册。

妥先類纂六册。

作邑自箴一册。

算法統總二册。

表忠録一册。

老子章義一册。

韓非子二册。

説宛二册。

新序一册。

管子八册。

守蒙紀略二册。

陽宅放水法一册。

六壬奇偶二册。

續三十五舉一册。

摘錦一册。

官子譜一册。

賈子二册。

新序一册。

封氏聞見記一册。

黄州稿志一册。

炙硯瑣談二册。

雙魚罍齋英平問答一册。

嘐嘐言一册。

金陵勳德記一册。

思問録一册。

必使無訟一册。

四禮翼一册。

廟祠祀典二冊。
不遠復齋雜鈔二冊。
金陵瑣事四冊。
孔子家語魏肅註。十六卷。二冊。番汲古閣刊本，印劣。
日知薈説二冊。
平定粵寇紀略十八卷。附四卷。八冊。
多能鄙事缺卷五卷十一、十二，共三卷。八冊。
與古齋琴譜四冊。又補義一冊。
銖十録四冊。
歐隱芻言一冊。
尊經閣祀典録一冊。
忠義祠録一冊。
香祖筆記四冊。
端溪硯史一冊。
芻論二冊。
端溪研志一冊。

激書一册。
荆楚歲時記二册。
鷟湖客話一册。
墨法集要一册。
格物問答一册。
鶴林玉露二册。
幾何八册。
重學四册。
曲綫説四册。
潤泉日記三册。
猗覺寮雜記一册。
穀山于文定公筆麈四册，一套。
植物學二册。
學海津梁一册。
津逮秘書第四集。六册。
稽神録一册。

易學啓蒙一册。

録異記一册。

羅經透解二册。

百川學海殘帙。六册。

癖談一册。

物茂卿辯道一册。

推測録二册。

神氣通一册。

廣卓異記二册。

癖顛小史一册。

水龍經一册。

守汴日志一册。

四民月令二册。

五經算術一册。

翼玄三册。

農書芻言常談一册。

草木子二册。

述記任兆麟。六册。

平播全書五册。缺。

穆天子傳晉郭璞注。六卷。竹書紀年二卷。洪頤煊校。平津館刊。共一册。

一百零一號百零一號箱，壬子十一月，查未見。

荀子六册。

荀子補注一册。

韓非子八册。

老子翼一册。

老子莊翼四册。

莊子内篇二册。

楊子一册。

文中子一册。

齊民要術二册。

老子河上公注一册。

老子河上公注一册。

莊子郭注四册。

中立四子集六册。

古蒙莊子四册。

文中子二册。

吳勉學刻二十子中缺　子。共十一册。

荀子　孫子　吳子　鬼谷子　黄石公　商子　莊子　管子　文子　關尹子　文中子

司馬子　譚子　吕氏春秋　淮南子上并明吳勉學刊本。

風俗通二册。

賈子二册。

春秋繁露二册。又二册。

鹽鐵論二册。

白虎通二册。

潛夫論二册。

申鑒一册。

中論一册。

人物志一册。

論衡六册。

淮南鴻烈四册。

孫子集注五册。

文心雕龍二册。

老子列子合一册。

列子二册。

甲乙經三册。

山海經二册。

家語疏證國朝仁和孫志祖。六卷。一册。

新語一册。

家語注宋王肅注。十卷。明吴勉學刊本。一册。

南華真經五册。

古今注一册。

劇談録二册。

墨子六册。

鬻子一册。

陸子新語一册。

劉子一册。

唐世説一册。

世説新語三册。

子華子一册。

韓非子二册。

文中子一册。

子華子元倉子合一册。

河汾書院文中子一册。

鹽鐵論注明嘉靖刊。八册。

吕氏春秋五册。

玄珠密語四册。

病源十六册。

逸周書補注晉孔晁注。江都陳逢衡補注。二十二卷，附補遺。八册。

## 一百零二號

數理精藴三十八册。共七函。

律吕正義五册。

曆象考成三十六册。共五函。上并内本初印。

勾股算術細草嘉慶中元和李鋭。一卷。一册。嘉慶丁卯張敦仁精刊。

四元玉鑑細草元朱世傑。上卷七門，中卷十門，下卷八門。附四元釋例一卷，易之瀚編。共六册。道光丁酉易之瀚刊。

九數通考虞山曾發輯。十三卷。六册。乾隆壬辰刊。

此四庫未收。阮氏後進呈。

數書九章秦九韶。十八卷。詳解九章。附郁松年札記。四卷。附札記。楊輝算法五種。道光壬寅郁氏宜稼堂刊。共十册。

楊輝算法一册。宜稼堂刊。

藝存録開方釋列共四册。

李氏遺書八册。

算法雜録一册。

經書算學天文考一册。
日星測時新表一册。
勾股引蒙一册。
算學十又種三册。
輯古算經一册。
歲躔考一册。
代微積拾級三册。
則古齋算學六册。
算學啓蒙二册。
幾何原本九册。
談天三册。
重學四册。
衡齋算學二册。
曲線説一册。
六九軒算學四册。
疇人傳五册。

泰西水法二册。

詳解九章算法宋楊輝，一卷。田畝比類乘除捷法二卷，宋楊輝。詳解九章算法纂類楊輝，一卷。續古摘奇算法一卷，宋楊輝。詳解九章算法札記江陰宋景昌，一卷。楊輝算法札記宋景昌，一卷。

數度衍四册。

算法通變本末，乘除通變算寶，法算取用本末，共三卷。數書九章札記四卷，宋景昌。宋楊輝。宜稼堂叢書本。共六册。

三角法舉要梅文鼎定。九五卷。一册。精刊。

## 一百零三號

經史考　續廣事類賦八册。小本。

古文雅正　元亨療馬集四册。小本。

左傳　外科症治二册。小本。

瘍醫大全殘小本。五册。

外科金鑑十六册。

本草醫方六册。

類典約對小本。八册。

驗方新編小本。八册。

分類緘腋小本。七册。

干支偶録一册。

醫宗金鑑乾隆間和親王弘晝等奉敕纂十卷。十二册。

左傳注小本。二十册。

左傳袖本。一函八册。

丁丑縉紳乙函。

分類緘腋二册。

## 一百零四號

知不足齋叢書小本。十九册。

爻辰補四册。

李氏音鑑四册。

鈔幣芻言一册。

西吴蠶略一册。

歷代畫家姓氏便覽六册。

日知録二函。二十册。

陳氏禮書二十四册。

敦厚堂六經二册。

漁古軒詩韻二册。

歷代錢表一册。

詩韻合璧四册。

欽定四庫全書簡明目録十二册。

女科二册。

産後二册。

雲棧記程二册。

水經注十八册。

聖諭廣訓附編四册。

養齋詩話四册。

宫閨百詠二册。

國朝六家詩鈔六册。

小倉山房四册。

忠雅堂集十册。

## 一百零五號

分類字錦六十四册。

讀書記數略十六册。

事類賦六册。

廣事類賦十册。

四書類典串珠十二册。

人壽金鑑八册。

分類字錦七册殘。

奩史十六册。

春秋左傳類對賦注一册。

史要四册。

金壺字考二册。
李氏蒙求四册。
三台詩林正宗六册。
春駒小譜三册。
月令粹編八册。

## 一百零六號

史姓韻編十八册。
史記評林三十册。
漢書志二十册。
前後漢書二十四册。
班馬異同六册。
范氏後漢書批評二十四册。
歷代史表萬斯同。五十九卷。八册。

## 一百零七號

本草綱目四十册。明刊本。
治痘全書十册。
農桑輯要一册。
本草備要二册。
農政全書二函。二十四册。
靈胎六種四册。
火攻挈要一册。
兵法紀略八册。
六韜十册。
虎鈐經六册。
金湯借著十二籌一册。
草廬經略三册。
素問釋義三册。

温病條辨六册。

傷科補要四册。

瘍科心得集六册。

外科正宗六册。

針灸調一册。

牛痘新書一册。

引種牛痘保嬰新書一册。

萬方針線一册。

女科二册。

診家索隱一册。

婦嬰新説一册。

内科新説一册。

西醫略論一册。

中寒辨注一册。

黄氏醫書八種龐省翁借去。辛未三月初四日。

古本難經闡注周秦越人撰。二册。乾隆間丁錦注。二卷。

醫學指歸高郵趙術堂編輯。二卷。二册。
黄帝内經素問校義績溪胡澍。一卷。一册。
外國師船表許景澄。四册。

## 一百零八號

文選十二册。
文選李注二十册。
詩律武庫四册。
唐賢三昧集一册。
文選字引一册。
詞選一册。
古文資鏡二册。
駢體文鈔十册。
文心雕龍二册。
金石三例四册。

汪本隸釋刊誤抄本。一册。

隸釋初印，極大本。四册。又刊誤。大本。隸續二册。洪魯處換來者。

皇朝中外圖輿三十二册。

古文辭類纂十二册。

瀛奎律髓八册。

東雅堂韓文蘇覆本十册。

杜詩鏡銓六册。

小石帆亭著録一册。

聲調譜、通韻譜一册。

歸方評點史記合筆四册。

吕東萊古文關鍵一册。

五言古詩箋八册。

欽定全唐文二册。

秦漢文四册。

# 一百零九號

戰國策二十册。

埶文備覽十四册。

篆字四書五册。

司馬温公書儀一册。

老子章義二册。

唐説文木部箋異四册。

郘亭詩鈔一册。

四書註疏六册。

春秋氏族二册。

春秋公穀傳八册。

夏小正傳、易集解、急就章、易義九册。

大清會典十六册。

懷米山房吉金圖帖二册。

史傳鈔一册。
集印印稿四册。
靈飛經一册。
趙過秦論帖一册。
思古齋帖一册。
衛景武碑一册。

## 一百十號

唐詩別裁十册。
讀史論略一册。
大清通禮十二册。
小學二册。
古香齋初學記十二册。又綱目三編四册。
玉臺新詠二册。
東華録二册。

精華録六册。

詩觸附漁洋詩話二册。四册。

義山七律一册。

東華録十册。

史記選二册。

古文隨鈔一册。讀詩隨鈔一册。

柳東河文集舊刻。一册。

韓子粹言一册。

字學五種一册。

營規録一册。

新增幼學故事瓊林二册。

皇朝輿地略一册。

郘亭詩鈔四册。

智囊四册。

路史十六册。

唐説文一册。

漢鉤字樣三册。

漢印分韻一册。

篆刻鍼度二册。

印學辨體二册。

泰山石刻一册殘本。

學古編一册。

歷代典禮考一册。

楊州水道記二册。

治水一册。

言事文二册。

黄刻易書詩禮共二十册。

大清通禮十二册。

格言聯璧一册。

淮浙言最一册。

使事均知二册。

初學檢韻二册。

集古印譜二册。

## 一百十一號

說文解字十六册。
復古篇五册。
東萊博議二册。
姓氏急就編一册。
宋本廣韻五册。
玉篇三册。
書經音訓一册。
集韻三册。
宋本說文一册。
欽定清漢對音字武一册。
儀禮音訓一册。
類篇十四册。

讀風臆評一册。

字典考證二册。

孝經一册。

司馬温公書儀一册。

岳氏孝經二册。

六書分類十三册。

宋本韓柳集四匣。七十四號移來。

手詳校檢目一篋

景定本六子移入七十號。

景定本老管莊荀移入七十號。

乾道柳外集壬子賣去。

## 一百十二號

十七史蒙求二册。

金錯鱠鮮二册。

史記彙纂十册。

宜山先生注解選唐詩一册。

陸宣公奏議四册。

讀史紀略一册。

曾相國奏稿一册。

陳文恭手札節要一册。

周文忠公尺牘二册。

陸清獻公治嘉格言一册。

射書二册。

音律指迷一册。

大清通禮儀纂一册。

欽頒州縣事宜一册。

牧令書輯要十册。

飛鴻堂印譜初集四册。

錢志新編四册。二十卷。雲間張崇懿輯。

小學纂注四册。

小學集解三册。
聖諭廣訓四册。
近思録集註四册。
讀書分季日程一册。
文廟丁祭譜一册。
兩淮鹽法志十二册。又續志略四册。
淮北票鹽志略六册。
管子六册。
程氏性理字訓一册。
大清通禮品官士庶儀纂一册。
漢雋一册。
荒政事覽一册。
保甲事宜一册。
四書定本辨正一册。
聖功養正一册。
廣修辭指南二册。

讀書作文譜二册。
求闕齋經史百家襍鈔目録一册。
古文詞略五册。
切問齋文鈔殘。九册。
芥舟學畫編四册。
格古要論四册。
明刑管見録一册。
泉幣圖説六卷。涇吴文柄、吴鸞輯。二册。
晚笑堂畫傳二册。
芥子園畫譜十四册。
無雙譜一册。
東軒吟社畫像一册。
古印考畧、印箋説、古今印制、續三十五舉、六書緣起、印説、再續三十五舉、古今印制、印言、重定續三十五舉、篆印發後、論印絶句、篆刻十三略、印辨、印學管見、印章考、印述、敦如堂論印印箋説、印人傳、説篆、六書緣起、續印人傳、以上共六册。
乾隆欽定西清古鑑四十卷附錢録十六卷二十四本。石印本。

## 一百十三號

資治通鑑六十四册。仲武讀本。此同治初元曾文正公在安慶大營贈繩孫。明陳仁錫刊，七編之全本。

續通鑑十六册。

通鑑外紀二册。

通鑑甲子會紀二册。

地理通釋二册。

## 一百十四號

畢續通鑑六十册。

史記索隱四册。

史記十册。二套。

綱鑑正史約二套。十六册。

文獻通考紀要一册。

聖武記八册。

綱目三編二册。

## 一百十五號

史記二十册。

前後漢三十二册。

三國志八册。

文選十册。上四種，并縣紙初印，金陵局本。

## 一百十六號

楊園集二部。十六册。未訂。

中庸集解九册。未訂。

讀史兵略益陽胡林翼。四十六卷。十六册。

宋元明史兵略胡林翼稿本，約可分三十四卷。八册。抄本。

前後漢書三十二册。皮紙印，金陵局本。

史記二十册。皮紙印，局本。

三國志皮紙印，局本。八册。

黔詩紀略原、清稿各一部。

郘亭遺詩清稿二部。

四書集注六册。又白文七册。

萬首絶句二册。

文章軌範二部。

明本詩旁訓二册。

## 一百十七號

洋防輯要八册。

隋書復汲古。十二册。

金陀粹編岳柯。正十八，續十三卷。八册。

白香山詩鈔楊大鶴選。四册。

吴詩集覽吴偉業、顧伊人許目九編，二十卷。附吴詩淡藪四卷。十六册。

袁中郎集明袁宏道。二函。十六册。

牧令全書蘇局本。十四册。

杜工部集二十卷，附二卷。朱鶴齡注。八册。

田間易學錢澄之。三卷。三册。

兩漢金石記翁方綱。六册。

陶集十三部。

列女傳四本。

女學四本。

醒閨編一册。

事物紀原十六册。明刊。校宋本。九十九

古今注一册。宋刊。

道德經一册。宋本，硃校。

史通四册。元刊。

曹子建集抄本。四册。

孤忠小史江寧朱緒曾。抄一册。

司馬傳家集抄本。批面。八册。

潛溪集二。批面。

金石三例、古文關鍵、三昧集

翰苑集□注批面。四册。

明本校本内簡二册。三十六

群經釋地顧校稿本，五册。（百卅七）

讀書劄記明本。一册。

元國朝文類十五本。批面。

三孔集舊抄。五本。卅九號

音分古義抄一册。

意林手校詳。舊抄。二册。百卅六號

顧歡經解至張蒼水墓記等七種抄一册。百卅六號

簡齋后山讀本。各二册。

郭園尺牘二本。抄，批面。

史漢異同明刻，四字。

輪輿私箋稿本一。

古今韻準抄一。

沈注稿本半山詩、水經注、左傳、蘇詩、石湖詩等七册。回溪史韻批面。五册。六十一

樂通一册。

古文四聲韻宋刊殘帙。一册。

古今書目楚生要查。十八册。

楝亭書目庚子正月，小農帶去。一册。

## 一百十八號

碑帖梁碑等，已粘六本。舊拓曹全、多寶、禮器等。

小唐墓誌一包。移百廿三號。

古誌石華二册。移百廿三號。

小蓬萊閣金石文字五册。姚復本。鄭贈。

梁建陵東西闕十一幅一包。蕭宏西柱十一分一包。

梁建陵憺、秀、景、宏、正、立，唐明徵君等三包。内均有目單。

蘇藩圖

## 一百十九號

法帖釋文考異明顧從義。十卷。一大册。從義書精刊。

改併五音集韻韓道昭重編。十五卷。八大册。萬曆比丘如彩重刊至元本。首附經史正音、切韻指南、篇韻貫珠各一卷。

三續千字文註宋江陰葛剛正。一大册。楊以增仿宋精刊。

改併五音類聚四聲編韓孝彦次男韓道昭改併重編。十五卷。八大册。成化官本。佳紙精印。

貞觀政要唐吴兢編。十卷。元戈直集論。四大册。成化官本，初印。年號及每册首頁有「廣運之寶」。

棠蔭比事宋桂萬榮一卷。上元朱氏影宋精本。一大册。

玉篇顧野王。三十卷。明刊，缺尾四卷。八大册。

周易傳義程頤傳，朱熹義。十卷。六大册。明刊，精紙印。

墓表二十册。

郘亭詩鈔四册。

唐説文七册。

金石屑四册。鮑少筠刻。

一百二十號梁蕭憺一。宋文貞碑二。梁蕭宏、景、績、正、立、暎一。戲鴻堂帖一。徐臨碣石頌鉤本一。曹全一。漢景君碑一。漢張公方表頌一。李孟初一。谷義先一。李含光二。漢衛尉卿衡興祖碑一。郓州新學田記一。宋廣平舊拓一。

雜帖粘本五十册。

六朝大字一函。曾文正贈。

石鼓等粘大册。石鼓粘大本一，米書梁簡文梅花賦一，拓本大册。花賦一，拓本大册。城隍廟碑一。曹全碑一。宋教興頌一。曹真殘碑一册。重刻華山碑二。太公廟碑一。篆書仿縮合册一。南北朝十種一。隴岡阡表一。唐碑志三種一。右軍小楷一册。右軍行書一册。蘇米黄書一册。鉤本碑二册。文信國書韓昌黎秋懷詩。

一百二十一號

梁碑

磨崖碑一大函。黎贈。蘇藩輿圖。

舊藏雜碑

## 一百二十二號

戲鴻堂帖十五册。

武梁祠堂畫像一篋。又襍碑一篋。

墓表十六册。

唐説文訂三册；未訂九册。皮紙未訂一册。

## 一百二十三號

集小金石及襍帖。古誌石華，黄本驥，二册。吴葛祚。梁井欄。又蕭秀、宏、湖墅、侯村石柱等一包。昭陵諸碑十三件，一包。梁瘞鶴銘五塊，原石本。又「也□石旌」四字，五分。周至隋小誌廿件。唐墓誌百八件，一包。又唐襄陽張氏誌八件，一扎。宋錢俶等誌六件一扎。唐多寶塔銘等十一件，一扎。王氏雙松堂記等五件。

重刻泰山廿九字一紙。十七帖疏證。梁南康簡王神道碣二開。徵君公書歐陽功甫墓志銘一册。粲書堂集帖一本。草訣。干禄字書一册。隱墨齋帖一本。吴皇象書。龍興寺帖。經訓堂晉唐帖一本。廟堂碑。王聖教序。

## 一百二十四號

離騷戴震注。七卷。通釋二卷。音義三卷。一册。

屈子正音桐城方績。三卷。一册。精刊。

昭明太子集五卷。一册。明刊。

曹子建集十卷。一册。明刊。

楚辭集註王逸上注。洪興祖補注。十七卷。二册。汲古閣初印。

漢魏詩乘明梅鼎祚選。二十卷。四册。明刊。

楚辭集註宋朱熹。八卷。附覽二卷，辨正二卷，後語八卷。二册。明蔣之翹刊。批面。

屈宋古音義陳第。三卷。一册。舊抄。

韓子文鈔林明倫選。十卷。二册。精刊印。

友林乙藁宋史彌寧。一卷。一册。仿宋精印。

香溪先生范賢良文集宋范浚。二十卷。八册。元至正本。

宛丘先生文集宋張耒。七十五卷。補遺一卷。八册。舊抄。

后山詩註宋陳師道任淵注。十二卷。二册。復聚珍本。

元豐彚稿宋曾鞏。五十卷。十册。

雞肋集宋晁補之。七十卷。明吴郡顧氏崇禎乙亥照宋紹興本刊。十二册。

歲寒堂讀杜范輦雲。二十卷。八册。

昌黎集韓愈。四十卷。附陳景雲點勘，四卷。十一册。蘇局復東雅堂本。

簡齋集宋陳與義。十六卷。二册。復聚珍。

莊子舊抄本。二册。

河東集柳宗元。四十五卷。二十册。宋韓醇音注。明郭氏刊。濟美堂本。

樊川文集唐杜牧。二十卷。二册。舊本，佳紙印。

山谷詩註内集二十卷，外集十七卷，别集二卷。十册。宋黄庭堅。《外》史容、《内》任淵、《别》史季温注。聚珍。

李長吉集唐李賀。四卷。集外一卷。一册。黄淳耀評點。精刊印。

白石道人集事、詩詞評論、詩集二卷、集外詩、又附録、補遺、歌曲四卷。又歌曲别集一卷。共一册。宋夔姜堯章。仿宋精刊。

## 一百二十五號

初學記宋徐堅等奉勅。三十卷。六册。明刊。

藝文類聚唐歐陽詢。一百卷。十册。舊刊。佳紙印。明人藏本。
古文關鍵宋吕祖謙選。二卷。蔡文子註。一册。仿宋精刊印。
唐賢三昧集王士禎。三卷。漁洋門人汪洪度論本。一册。
金石例十卷。潘昂霄。墓銘舉例王行。四卷。金石要例黄宗羲。一卷。共二册。精刊印。朱評極精。
古文約選果親王選。八册。精刊印。
隋書元刊本。四十册。又十六册。淮南書局新刊。中又手校。

## 一百二十六號

樵書初編來集之。六卷。六册。
惜抱軒文集姚鼐。十卷。一册。姚甡抄本。
敏求軒述記陳世箴輯。十六卷。四册。
道光辛卯直省同年録五册。
黄氏家乘詧田賢母録。四册。
京畿金石考孫星衍。二卷。一册。
同治上元江寧志汪士鐸。二十九卷。十册。

思伯字堂詩集張際亮。三十卷。十册。

龔定庵集五册。

金冬心集一册。

硯林詩集丁敬。四卷。一册。

包慎言集一册。

粘裱碑帖細目在書畫碑帖目。三十七册。

遊石淙一。爨龍顏一。太公廟碑一。蘭亭一。戲魚堂帖二。唐撫晉帖一。怡亭銘序一。孫過庭書譜一。龍藏寺碑一。高使君碑一。褚帖一。劉蒙伯碣。凝禪寺一。魏造像一。油紙摹本帖一。雙鈎石經殘字。臨模集帖一。寧贙碑一。西門君頌一。文叔陽、南武陽等一册。孔廟碑一。隋碑造像四種一。十七帖、千字文草書，共一册。北宋石經一。樊敏碑鈎本。信法寺一本。石門銘一。楊氏四碑鈎本。高齊石刻六件。元魏石刻五件。任城孫夫人碑一。雙鈎秦漢四碑。唐人楷書十種。

## 一百二十七號

普濟方明周定王。八册。第六十九卷至百十六卷止，中猶有缺卷。舊抄殘本。批面。

學規類編張伯行。二十七卷。二册。

兩漢金石記翁方綱。二十二卷。初印。八册。

中復堂全集十種東溟文集、後集、後湘詩集、續集、奏稿、識小録、東槎紀略、寸陰叢録、康輶記、姚氏先德傳，八十九卷。姚瑩。共二十六册。

思伯子堂詩集張際亮。三十二卷。十册。

龔定盦集龔自珍。五册。

陋軒詩吴嘉紀。二十卷。四册。

東心集金農。四卷。一册。

硯林丁敬。四卷。一册。

廣英堂遺稿包慎言。一册。

中庸集解校樣一巨册。

穆天子傳明本。一册。

唐翰林學士集日本影唐卷子本。貴陽陳氏刊。

崔豹古今註宋本。一册。

北堂書鈔明精鈔未經陳禹謨增改本四函，二十本。

老子河上公註明本。一册。

晏子鬻子共一册陸子一册。明萬曆本。

荀子二十卷。唐楊倞注。六册。明刊大字。

荀子補注二卷，一册。郝懿行撰。

淮南子漢劉安著。漢高誘注。明汪鸞刊。四册。

鹽鐵論漢桓寬。十二卷。八册。明張之象注。嘉靖癸丑刊。

中文子十卷。明中字六子本。又明大字本。均阮逸注。二册。

韓非子二十卷。萬曆十年刊。八册。

莊子五卷。萬曆甲午方虚名刊。五册。

子華子晉人程本。二卷。明刊。

風俗通漢應劭。十卷。大德本。

古蒙莊子無注本。明萬曆辛亥刊。

老子翼二卷，一册。莊子翼八卷，二册。明焦竑撰。明刊。批面。

莊子内篇註明釋德清註七卷。二册。

春秋繁露十七卷。兩京遺編本。

劉子二卷。北齊劉晝撰。明播州袁孝政注。

楊子文中子各一册各十卷明吴刊無注二十子本。

# 一百二十八號

太平御覽宋李昉等奉勅。一千卷。八十册。鮑崇城仿宋刊，初印。

經籍纂詁阮元。百六卷。四十八册。

# 一百二十九號

前後漢紀漢荀悦。六十卷。十二册。蔣刊精。

漢官儀劉貢父。一册。舊抄。批面。

汪文盛刻漢書二十册。缺表四之八、志一之四上、志七(五行上又中之上，凡二卷)。少五册。列傳七之十六、列傳六十九之七十下。

天下郡國利病書顧炎武。一百二十卷。六十四册。

采菽古詩選陳祚明。三十八卷。補遺四卷。十六册。二篋。

劉蜕孫樵文共一册。劉禹錫文二册。李商隱文全唐文初印。二册。

全上古三代文八卷。附全秦文一卷。四册。

虞文靖詩集元虞集。十卷。附翁方綱編年譜一卷。二册。曾燠刊。

道園類稿虞集。五十卷。缺後卅九卷。一册。舊抄。士禮居藏本。

角山樓蘇詩評注彙鈔趙克宜輯。二十卷。附三卷。八册。

## 一百三十號

中晚唐詩叩彈集杜詔庭珠集十二卷續三卷。五册。精刊印。

方望溪全集方苞。三十二卷。正集十八卷，集外文十卷，補遺二卷，年譜二卷。十四册。戴鈞衡刊本。

海峰詩文集六卷，八卷，共十册。劉大櫆文精刊。又文二册。不分卷，蓋初刊者。

也居山房詩文集魏承祝。十八卷。五册。

五代史歐陽修撰。徐無黨註。七十卷。四册。汲古閣初印。五代史補宋陶岳。五卷。一册。手校六册。又汪文盛本。八册。

歷代帝王年表齊召南。十四卷。帝王廟謚年諱譜陸費墀。一卷。共一册。又二册。又八册。汪文盛本。

揚州畫舫録李斗。十八卷。四册。

宋稗類鈔潘永因編輯。八卷。八册。

國朝詩别裁集十二册。

語林何良俊。三十卷。六册。

方輿紀要形勢論略顧祖禹。二卷。二册。

疑年録錢大昕。吴修續録，四卷。一册。抄。

鬼谷子梁陶宏景。三卷。一册。秦恩復精刊。

金樓子校本抄一册。

曉讀書齋襍集洪亮吉。八卷。二册。

鈍吟襍録馮班。十卷。一册。

駢文一稿劉履芬。一册。

李滄溟集明李攀龍。三十卷。八册。

己未詞科録秦瀛輯。十二卷。

游定夫先生集宋游酢。八卷。二册。

近人著述一束黎氏著述。

八家文一束

## 一百三十一號

明魏廓園尺牘舊抄。二册。

藏密齋集明魏大中。二十五卷。八册。又二十四。八册。據稿本手校。

六一文歐陽修。三十二卷。三册。

黄忠端全集明黄道周。百九十六卷。二十四册。

高青邱集元高季迪。共廿五卷。詩，金檀注。十册。精刊印。詩集十八卷。鳧藻集五卷。遺詩一卷。扣舷集一卷。

蓮洋集吴雯。二十卷。四册。

漁洋山人精華録訓纂惠棟。十卷。十二册。

香蘇山館詩鈔吴嵩梁。三十六卷。四册。

左海文集陳壽祺。共十九卷。十二册。

## 一百三十二號

皇朝經世文編魏源編。百二十卷。

古文辭類纂姚鼐選。十四卷。十二册。蘇局新刊。

文苑珠林蔣超伯選。四卷。二册。

通商條約一函。

條約易檢録四册。

西國近事四册。

瀛環志略五臺徐繼畬撰。十卷。十册。日本文久辛酉刊。

## 一百三十三號

資治通鑑二百九十四卷。附釋文辨誤十二卷。一百册。胡果泉復本，初。通鑑索。隱稿本。

通鑑注商趙紹祖。十八卷。一册。手校批面。

通鑑刊本識誤張敦仁手録校著。吴勉學刊本。一册。

戰國策釋地張琦。二卷。一册。

通鑑注辨正二卷手校洪文惠年譜、陸放翁、王伯厚、王弇州年譜錢大昕。共一册。

殘通鑑九册。

## 一百三十四號

前後漢書疏證沈欽韓稿本。二十六册。前漢三十六卷。中缺第三十至三十二，黎姑丈借前漢，共十一册。

聖諭廣訓直解二册。

百將圖傳二卷。二册。

小學吴訥集解。十卷。四册。

近思録江永注。十四卷。四册。

小學纂註高愈。二册。

陸清獻涖嘉遺迹黄維玉編。三卷。一册。又治嘉格言陸隴其一卷。一册。

周文忠尺牘周天爵。二卷。一册。

讀書分年日程元程端禮。三卷。一册。

司馬公書儀十卷。一册。又二册。

小學義疏尹嘉銓。六卷。小本。二册。

童蒙須知韻語　弟子規　程氏性理字訓　小學韻語一卷。湘鄉羅南撰。二册。劉青天傳一册。

古格言梁章鉅輯。十二卷。一册。

殘舊唐列傳一册。

晉乘蒐略嘉靖間合河康基、田茂園氏纂。三十二卷。三十六册。

欽定新語七卷。七册。舊抄。蓋清文類書也。

牧令書二函。四川刊。

吳氏一家稿十六册。

# 一百三十五號

通鑑續編元陳桱。二十四卷。二十四册。至正本。

通鑑紀事本末宋袁樞編。四十二卷。四十二册。明李栻刊。

資治通鑑目録三十卷。八册。

通鑑地理今釋吳讓之。抄本。四册。

嚴思永通鑑補正略張敦仁彙鈔。二卷。二册。

乾隆御撰綱目三編二十卷。二册。

元史續編胡粹中。十六卷。四册。

殘通鑑三册。

# 一百三十六號

禮記仿宋撫州本二十卷。附釋文；又張敦仁考異。八册。張刊。

儀禮集釋宋李如圭。三十卷。附釋宫一卷。八册。聚珍。

駁五經義漢氏撰。鄭氏駁。王復輯。補遺許氏撰。王復輯。鄭志魏鄭小同撰。王復輯三卷。箴膏肓鄭氏撰。王復輯。鄭司農年譜，孫星衍撰。共一册。

易緯乾坤鑿度二卷、坤靈圖一卷、稽覽圖、乾坤鑿度鄭注二卷、是類謀一卷、辨終備一卷、乾元序一卷、通卦驗二卷，以上均鄭注。共一册。

周禮鄭注十二卷。十二册。明精刊佳紙印。

春秋左傳杜註十二册。復宋本。

儀禮鄭注二册。立本齋緜紙初印。

孝經一册。仿宋岳本，東洋紙。

爾雅義疏郝懿行。七卷。八册。初印。

春秋穀梁傳註疏晉范寧集解。唐楊勛疏。二十卷。四册。明刊本，初印。

周易傳義音訓宋程頤傳。朱熹本義。吕祖謙音訓八卷。附朱子易學啟蒙。六册。

春秋公羊經傳解詁十二卷。二册。汪氏仿淳熙本。

禹貢分箋方溶。七卷。三册。

論語義疏魏何晏集解。梁皇侃疏。十卷。四册。日本根遜志寬延庚午校刊。初印。寬延庚午當大清乾隆十五年庚午。

尚書集註音疏江聲。十二卷。又附二卷。六册。篆字，緜紙初印。缺第二册卷三、四兩卷。

大戴禮記注孔廣森。十三卷。二册。

爾雅郭注仿景泰本。三卷。急就章仿宋松江本。一卷。精刊印。共一册。

夏小正戴氏傳仿宋。四卷。夏小正經傳集解顧鳳藻。四卷。精刊印。共一册。

曾子十篇阮元注釋。四卷。一册。精刊。

四書集註吴志忠仿宋精印。六册。

商子秦公孫鞅。五卷。一册。手校詳。

韓非子二十卷。附校勘。二册。吴仿乾道本，初印。

晏子春秋八卷。一册。吴仿元本，初印。

山海經晉郭璞傳。十八卷。項絪精刊印。惠半農校。一册。

管子房玄齡注。二十四卷。明刊。三册。

墨子十六卷。經訓堂校刊。二册。

荀子二十卷。唐楊倞注。嘉善謝氏刊。四册。

老子王弼注二卷。聚珍。一册。

老子口義劉須溪評點刊。

莊子郭注十卷。明刊。四册。

周髀算經三卷。二册。聚珍。

素問王冰注二十四卷。舊影宋官校本抄。六册。手校。

説苑劉向。二十卷。四册。尾册五卷待尋。

四書箋義趙悳。十二卷。附補遺。二册。小本。

意林唐馬總。五卷。手校詳。二册。舊抄。

淮南子漢高誘注。二十卷。八册。莊逵校刊。

齊民要術後魏賈思勰。十卷。三册。明朝。

顔氏家訓北齊顔之推。又附録。抱經堂初印。

漢王論衡三十卷。三册。明程榮刊。

顧歡經解拾遺。[陳]戚衮周禮音拾遺。唐孫炎爾雅疏抄。子夏易傳鈎遺二卷。大學辨,稱陳確氏或兔床作也,不善。修明蒼水墓記及題詠、胡洵直考正武成。已刻、舊抄。共一册。

養生類纂宋周守忠。二十二卷。四册。聚珍。首夾考條。

農書元王禎。二十二卷。四册。聚珍。

演繁露宋陳大昌。六卷。二册。明刊。

訂譌襍録胡鳴玉。十卷。一册。

## 一百三十七號

隋書八十五卷。十六册。揚局新刊。手校樣本。

唐鑑宋范祖禹撰。吕祖謙注。仿宋初印。四册。

國語補音宋庠。三卷。一册。

水經釋地孔繼涵。八卷。一册。

南嶽志高自位重編。四册。

讀書敏求記錢曾。四卷。一册。

天禄琳琅十卷。舊抄。三册。手識首頁。天禄琳琅後編二十卷。四册。又紅格抄本校樣天禄琳琅前後編共一夾。壬辰添入。八册。

切韻指南元劉鑑。二册。

楞嚴經唐沙門般刺密帝譯。十卷。五册。

法海慈航四卷金剛經附集解、補注。心經附集解、補注。佛頂光聚般怛羅咒、蓮花經普門品、藥師經、大陀羅尼神妙章句、觀音經咒、師子吼、所問經、了義經、無量義經、墮舍迦經、齋經。

古韻通説龍啟瑞。二十卷。

聲律通考十卷漢書地理志水道圖説七卷切韻考五卷禹貢圖一卷漢儒通義七卷。共八册。陳澧。

人壽金鑑程得齡。二十二卷。精刊印。六册。

膳夫經手録唐楊曄。一卷。雲林堂飲食製度集一卷。舊抄。

讀書劄記明徐問志。八卷。明刊。一册。

爾雅古義犍爲文學注，孫炎音注，施乾音，樊光注、郭璞音、謝嶠音、李巡註、郭璞圖贊、顧野王音、劉歆注、沈旋集注、衆家注，共六册。黄奭。

援鶉堂筆記姚範。五十卷。十二册。

經史管窺蕭曇。六卷。二册。

十駕齋養新録錢大昕。二十卷。六册。

癸巳類稿俞正燮。十五卷。五册。

韓門綴學汪師韓。五卷。坿續編一卷。又談書録一卷。又詩學纂聞一卷。二册。

讀書脞録七卷。續編四卷。孫志祖。共二册。

輪輿私箋四册。唐説文。墓表。詩鈔。

羣經釋地五册。儀徵戴清稿本。

儀禮圖張惠言。七卷。二册。初印。

篆詩經三册。缺。明刊。

## 一百三十八號

史記集解索隱正義合刊百三十卷。金陵局初印。二十册。

史記札記張文虎。五卷。金陵書局新刊。二册。

史記集解索隱正義合刊二十册。明李元陽刊。其中夾手識。三家注惟索隱述贊不録。

史記志疑梁玉繩。三十六卷。十册。

四史疑年録錢辛楣。七卷。二册。

歸方評點史記合筆王拯纂。六卷。四册。

班馬異同宋倪思。三十五卷。四册。明李元陽刊。

班馬字類宋婁機。二卷。一册。精刊。

陳書唐姚異廉。三十六卷。二册。汲古閣初印。

後漢書南宋范曄。唐太子賢注。八十卷。十六册。明福建按察使周采等校刊。

晉書唐太宗御撰。三十卷。十二册。附唐何超音義二卷，内刊一册。汲古閣初印。

前漢書七十卷。明汪文盛刊。手校前。二十册。

前漢地理志一册。内板殘本。

元史類編邵遠平。四十二卷。十二册。

## 一百三十九號

四庫存目書目六册。移入七十號。

手校大小字注簡明目録二部，共一篋。移入七十號。

彙刻書目五册。移入七十號。

梁石記通鑑索隱格子

蕭秀碑并陰、蕭秀西碑、蕭宏碑并陰上五件并無字者各拓二紙，存其貳，各一束。

蕭憺碑、蕭宏闕、明徵君碑等全様共九件，一束。

蕭秀西碑陰二。東碑額二。明徵君二。共一束。

蕭憺二，又額四。

隋元字智公墓誌大業十一年八月。一册。

蕭宏神道東柱二。西柱二。

齊朱岱林墓誌武平二年二月一。一册。

蕭秀西碑一，又東西額各一。

漢武氏石闕建和元年。一册。

明徵君一。

唐王慶墓誌開元九載十一月。

蕭秀、蕭憺各三册。明徵君一册。

戲鴻堂顔帖一册。

蘭亭一册。未裱各碑。

爭坐位一册。徵君公篆書大册。

郭尚先書夢硯齋記一册。

朱漢雯書南康鼓樓記一册。康熙十一年。

## 一百四十號

文選六家注。十六册大。明嘉靖間袁士褧復宋本。精刊，佳紙精印。極寬大。

## 一百四十一號

中統本史記四十册。

## 一百四十二號

文獻通考元馬端臨。三百四十八卷。一百册。明正德慎獨齋十二行本。

## 一百四十三號

四庫全書總目提要二百卷。六十册。内板初印。

明史藝文志張廷玉等奉勑。四卷。二册。明史本。

明史藝文志稿温陵黄虞稷、俞郜氏所纂輯。四册。舊抄。

錢曾也是園書目四卷。一册。舊抄。

絳雲樓書目一册。舊抄。

# 一百四十四號

史記正義索隱集解合刊二十册。明秦藩刊本。佳紙初印。歸震川評點。
三國志八册。皮紙印，金陵局本。
史記索隱汲古閣仿宋初印。手校。一册。
戰國策校注吴師道。十卷。四册。至正本。
七國考明董説。十四卷。二册。守山閣初印。
國語韋氏解。二十一卷。附校刊札記一卷。二册。士禮居仿明道本初印。
戰國策高誘注。三十三卷。士禮居宋紹興本初印。
輿地廣記宋歐陽忞。三十八卷。四册。士禮居宋初印。
焦氏易林十六卷。二册。士禮居仿宋初印。
博物誌漢張華。十卷。一册。士禮居刊。連江葉氏本。
姬侍類偶周守忠。一册。舊抄。
附秋室百納琴朱□一卷。一册。精刊印。

一百四十五號

大本棉紙資治通鑑一百册。

一百四十六號

資治通鑑東洋紙印。一百册。

一百四十七號

續資治通鑑六十四册。

一百四十八號

雍正硃批諭旨百十二册。

一百四十九號

開成石經舊拓本。

一百五十號東洋箱

古逸叢書美濃東洋初印本。

一百五十一號東洋箱

又一部東洋初印本。

一百五十二號紅木箱

又一部皮紙印。

一百五十三號東洋箱

古逸、玉篇零種等。

穀梁二、楚詞六各一部。

又玉篇宣紙二册。

又未訂册部六扎又一包。

一百五十四號

東洋皮紙初印古逸叢書未訂。又玉篇於言部已訂各二，并補遺。

一百五十五號

楠木廿四史書一屏。宋史以上各箱暫裝雜書。宋、遼、金、元、明係杭連局本。

壬子十月廿三，查共百五十四箱又百五十五號。楠木廿四史箱一屏。

## 一百五十六號

石印佩文韻府一篋。

板箱十二號内裝雜書，德堡已另編寫目一册。此外，小農、德堡等學堂書十餘箱須查寫目。

### 【校勘記】

〔一〕此兩句乃莫繩孫注語。

〔二〕「郡」字原脱，據《增訂四庫簡明目録標注》補。

〔三〕「公武」原脱，據《影山草堂書目》補。

〔四〕《影山草堂書目》作「移置百十二號」。

〔五〕「共」下脱字。

〔六〕又二册卷一卷廿七廿八：《影山草堂書目》原有，又删去，另書：「另有王本五帝夏殷紀三册。又另有柯本史記卷廿七廿八兩卷。又明刊别本史記卷一式同。」

〔七〕「草堂詩餘」，原作「草餘詩」，據《影山草堂書目》改。

〔八〕「良勝」，原空缺，據《郘亭知見傳本書目》補。

〔九〕「昉」字原脱，據《四庫全書總目提要》補。

〔一〇〕作者名原空缺，據《四庫全書總目提要》補。

〔一一〕「寅亮」原空缺，據《四庫全書總目提要》補。

〔一二〕「汪曰楨」原作「漣曰楨」，「漣漪」原作「漪漪」，據《影山草堂書目》改。

〔一三〕「與義」原缺，據《四庫全書總目提要》補。

〔一四〕宋陳振孫二十二卷十二册：原無，據《影山草堂書目》稿本補。

# 郘亭藏書目補遺

## 廿四史

史記廿六、漢書卅二、後漢書廿四、三國志十四。

右第一匣四部九十六本。

晉書卅二、宋書二十四、齊書八、梁書八、陳書六、南史二十。

右第二匣六部九十八本。

魏書三十二、周書八、北齊書六、隋書二十、北史三十二。

右第三匣五部九十八本。

唐書五十二、舊唐書六十。

右第四匣二部百十二本。

五代史十、舊五代史廿四、遼史十、金史廿四、元史四十八。

右第五匣五部百二十六本。

宋史百二十。

右第六匣。

明史百一十二、明史稿五十二。

右第七匣。

（此《郘亭藏書目補遺》，據臺灣地區「國立中央圖書館」所藏莫友芝《集東坡七言詩聯》之末手迹整理）。

# 書畫經眼録

梁光華
梁　茜
點校

# 點校説明

莫友芝既是晚清著名古籍版本目録學家，也是書畫鑒定行家。古代許多書畫名迹，經其鑒定，得以確認。

莫友芝考鑒評題書畫的文字大多收載於《書畫經眼録》中，讀者從中可以詳細知曉他與書畫收藏家及商人之間珍貴的交往事迹，還可賞觀學習他鑒定古代書畫的經驗和方法。

晚清著名學者張裕釗是莫友芝先生至友，過從甚密，親知并得觀《書畫經眼録》部分手稿。他在《徵君莫子偲墓誌銘》中，將《書畫經眼録》列入莫友芝編訂未竟的十種著作内。同治辛未（一八七一）秋九月莫友芝於揚州辭世以後，其子莫繩孫曾于同治甲戌（一八七四）中秋抄録整理其父之《書畫經眼録》，其《跋語》云：「右東吴曹弗興以下書畫數十種，蓋先徵君自咸豐乙卯客貴陽已後，及京都、江南所記，或閱諸藏家，或購之市肆，或已加跋語，復繼以詩歌，或略評騭其善劣，亦有未及品論者。獲觀時有從容卒暫之别，弟隨筆録記備檢覽，謂不足成書，故未删定。……爰謹録爲四卷，更就所見别録爲一卷，敬附於後。同治甲戌中秋，第二男繩孫謹志。」從中國社會科學院文學所善本室所藏莫友芝《郘亭書畫經眼録》手稿和國家圖書館所藏莫友芝《書畫經眼録》幾種稿抄整理本來看，莫繩孫整理抄録其父著作，確係一大功臣。如果没有他整理抄録，莫友芝「謂不足成書」之《書畫經眼録》，後世恐難看見此書全貌。可惜莫繩孫既未全部完成其整理抄録的任務，也未付梓。《書畫經眼録》附録内，莫繩孫先生多次提及其父辭世之後之事：（一）在附録卷上「元趙仲光桃園圖明文徵明仲春桃花源記合卷」跋語云：「光緒戊寅，繩孫自金陵移寓邗上，始裝付趙卷之後，遂成聯璧。」（二）在「王安節繪浣花餘馥山水册頁」之下云：「同治壬戌、癸亥間……獲此册。屬先九叔父善徵公寄示，許丈獎益後進，致可欽矣。今忽忽數十年，繩孫一藝未成，深負長者期許。」（三）在附録卷下最後之「張懷白繪李申耆蕭子滂諸君同舟圖横卷」之下云：「先徵君舊藏李申耆先生嘉慶乙卯書放翁詩四幅……宣統庚戌繩孫謹識。」據此，莫繩孫先生全部完成抄録整理其父《書畫經眼録》的最後時間是「宣統庚戌」，即一九一〇年。民國二十二年（一九三三）十月，貴陽凌惕安先生從莫友芝之孫、莫繩孫之子莫經農處得《書畫經眼録》稿，「因詳加校讎，重付寫官。……乃舉以授梓人」，凌先生爲此而撰有一跋：「校既竟，因書所懷，以爲緣起。」凌先生此跋雖收入民國《貴州通志·藝文志》，但是凌先生所校竟之《書畫經眼録》最終亦未出版面世。直到二〇〇八年，《郘亭書畫經眼録》才由張劍先生點校出版。

國家圖書館藏有莫繩孫抄録的《書畫經眼録》兩種抄本：一爲三册，一爲四册。其三册本之前二册抄録較爲整潔，但是其第三册所抄「附録」未分卷，其抄録文字潦草，圈改塗抹之處比比皆是，難以辨識。其四册抄本内容完整，文字清楚，應是莫繩孫預備交付梓人雕版之謄清本。

該本均爲紅格緜紙，每半頁十行，行二十一字。本書即以國家圖書館藏四册抄本爲底本點校。原「附録」前重出之「附録卷上目録、卷下目録」予以删除；另外，點校者在貴州省博物館找到莫友芝《書畫經眼録》殘頁，上有十八則莫友芝經眼鑒賞手記，其内容不見於莫繩孫整理鈔録稿本中。莫友芝手稿吉光片羽，十分寶貴，點校者予以整理點校，附於《書畫經眼録》之後。又找到莫友芝《岳武穆草書横卷》、《錢舜舉醉翁亭記横卷》兩篇手稿，出校異文於《書畫經眼録》卷二之中。全書之末又附民國二十二年貴陽凌惕安先生跋以供參考。

梁光華　梁　茜

二〇一四年四月于黔南民族師範學院

# 書畫經眼録目録

## 書畫經眼録卷一



## 書畫經眼録卷二

**書畫經眼録卷三**

## 書畫經眼録卷四

右東吴曹弗興以下書畫數十種，蓋先徵君自咸豐乙卯客貴陽已後，及京都、江南所記，或閲諸藏家，或覯之市肆，或已加跋語，復繼以詩歌，或略評騭其善劣，亦有未及品論者。獲觀時，有從容卒暫之别，弟隨筆録記備檢覽，謂不足成書，故未删定。兵燹後，祕笈琅函益多毁失，吉光片羽，流落人間，真鑒好古之士争相珍弆。僉謂此雖卷帙無多，而吴唐蜀宋名迹，賴是編以傳者實夥。應亟付梓人，用公同好。爰謹録爲四卷，更就所見别録爲二卷，敬附于後。同治甲戌中秋，第二男繩孫謹志。

## 書畫經眼録附録卷上



## 書畫經眼録附録卷下

# 書畫經眼録卷一

## 吴曹弗興山水横卷

絹本。高一尺一寸二分，長二丈六尺五寸强。下筆如飈發雨驟，而氣韻森厚，神明逼人，樹法水紋，乃時作篆籀意思，真神物也。

卷首有「政和」小璽及「嘉興吴鎮仲圭書畫印」、「王蒙印」、「大癡」、「石田」等四印。

東吴曹弗興繪。

右署款篆書六字，卷末有宋「御府寶繪」小璽，又有「米芾」小印，已傷左畔；又有吴鎮等七印，吴鎮印同上。「啓南」、「商琦」、「叔明」、「大癡」、「虎林世家」，其一印在題款右，白文，不可識。

曹君此圖，意致瀟灑，超然自異，而氣韻森發，精采焕耀，神絶之筆也。臨摹數月，規格可及，而天真難企，祇令望洋興嘆爾。僧繇。草書六行。

左司馬太原温嶠觀。行書。

朝散大夫展子虔閱過。真書。

右三人題跋共一紙，首有「政和」小璽，「嘉興吴鎮仲圭書畫記」、「啓南」、「王蒙印」、「大癡」等四印。

寄情山水，形之墨翰，非神與境會，不足擅絶一時，而垂致千古。此卷布景運思，悉出尋常識想之外，每一披對，令人心眼曠然，如在三壺五嶽間也。蓮社主人宗炳。行書五行。

右題跋一紙，首亦有「政和」小璽，末有「嘉興吴鎮仲圭書畫記」、「石田」、「大癡」、「王蒙印」等四印。

曹弗興畫，内府所藏，共四十餘卷，皆合作也。而鍾山五氣之精工雄偉，與此圖之高曠天真，尤爲特絶，可稱雙璧。

政和二年八月御記。行書。

右跋一紙，末行年號上押「御書」小璽。

此卷乃宋道君御玩，今在海虞陸氏。輕巒攢點，淺黛横拖，望之森然，渺焉無際，探之幽趣無窮，真神到之技，名不虚傳也。藏者寶之。一峰道人黄公望。行書四行。下鈐「王蒙印」、「叔明」二印。

至正二年秋九月既望，觀於陸氏之雲巢，梅華道人鎮。草書三行，下鈐「嘉興吴鎮仲圭書畫記」一印。

右三人題跋共一紙。

畫至神來之後，意至筆隨，自然生動。此卷格高思逸，明沙浄渚，别溆迂洲，幽曠多奇，引人入勝，坐卧把玩，不能釋手。曹公真吾師乎！沈周。行書六行，下鈐「石田」一印。

完庵劉珏觀。正書一行，□下鈐「劉㲄」、「完庵」二印(二)。

右二人題跋共一紙。

世稱落墨成蠅，點睛破壁，爲畫家之絶技。不知遠水遥岑，尺幅千里，令觀者神超形越，其能事更勝。弗興善人物，尤精山水，此卷出自政和内府，而前有僧繇、少文題贊，後有大癡、石田跋，真奇寶也。向藏篋笥，實爲吾家之周鼎。婁東王時敏。行書九行，□下鈐「王印時敏」一印。

右跋自爲一紙。

## 唐人寫本説文解字木部六紙 横卷，獨山莫氏影山草堂藏

硬黄紙本。高建初尺尺有八分。第一紙右斷爛，存「柤」至「桓」八文，上端廣四寸，下端廣四寸六分。第二紙中斕析爲二，一廣尺有一寸弱，「楃」至「[illegible]」二十文；一廣七寸八分，「櫌」至「栝」十四文。斕失者「鈶」、「楎」二文。第三紙廣尺有九寸八分；「[illegible]」至「椯」三十六文。第四紙「槩」至「棨」。第五紙「桊」至「桙」。第六紙「櫱」至「楬」，各三十六文、廣并與第三同。以推第二紙若不斷斕，其容文數及廣亦同後四紙，可因見唐經紙尺度。卷末

附米友仁跋，合縫有紹興小璽，跋後有寶慶初俞松題記，知南宋初猶在内府，後乃歸嘉禾藏弆家。松題記左有「俞松心畫」及「壽翁」二印。壽翁，淳祐申辰著《蘭亭續》者，嘉禾人，官承議郎，皆見書中。此題先廿年，皆殊不藉輕重，唯米跋謂「篆書六紙」〔二〕。以第一紙例諸紙，爛失當二十八文，第二紙失二文。是在元暉後猶可依尋云爾。

同治改元初夏，舍弟祥芝自祁門來安慶，言黟宰張廉臣有唐人寫《説文解字·木部》之半。篆體似《美源神泉詩碑》，楷書似唐寫佛經小銘志，「栕」、「栝」諱闕，而「柳」、「卬」不省，例以《開成石經》不避當王之「昂」，蓋在穆宗後人書矣。紙堅潔逾宋《藏經》，在皖見前代名迹近百，直無以右之。余則以謂果李唐手迹，雖斷簡，决資訂勘，不争字畫工拙。特慮珍弆靳遠假，命其還必録副以來。廉臣見祥芝分豪摹似，蒼踤不得就，慨然歸我。明年正月將至，檢對一二，劇詫精奇〔三〕。乃取大、小徐本，通讎異同，其足補正夥至數十事〔四〕。徑須冠海内經籍傳本，何僅僅壓皖中名迹也。廉臣名仁法，陝西山陽進士，權黟未一年，撫綏凋黎，守死禦軼寇，威惠最皖南北。貧瘁卒官，黟人言之零涕。珍貽僅在，摩挲黯然。

右唐人書篆法《説文》六紙，臣米友仁鑒定恭跋。

右跋作行楷兩行，字大寸許。

寶慶初年四月三日，妝池　松題記。

右題行書一行，校米跋字稍小。

黟侯贈我硬黄寫本書，乃是許君《説文》之斷帙。中唐妙墨無雙經，動色傳看叫神物。本朝樸學一叔重，六籍盡起基乾隆。鍇殘鉉疏競拾補，勤矣區區諸老翁。唯唐明字科，課試必先通。一代義疏家，取携若飱饔。少温謬悠在斥廢，説之碎掇還網籠。爾時此本若到眼，定詡鴻都揖蔡邕。汴京秘藏盡六紙，紙縫增銜紹興璽。自從寶慶落人間，幾閲劫灰换朝市。百八十篆巋尚完，界宅分曹爛仍理。巔頂只作書畫傳，千載何人究端委。郘亭懶頽藥不悛，奇文入手如笞鞭。燈昏力疾草箋記，整亂鈎沈坐無寐。湘鄉相公治經如治兵，號令罷茶齟齬皆崝嶸。莫府軍閑結習在，刊徐左許時鏗鏗。謂余此卷雖晚出，試數四部官私誰第一？元鈔宋刻總奴隸，爲子性命耽書報良直。子箋好成爲子歌，中有大義數十可不磨。即呼鐫木印萬本，把似海内學者豈在多。感公盛意惜晚莫，悠悠志業餘兩皤，無聞守此當如何。湘鄉相公命刊《唐寫本説文殘帙箋異》，且許爲題詩，歌以呈謝。同治癸亥十二月戊戌，友芝屬草。

插架森森多於笋，世上何曾見唐本？莫君所得殊瑰奇，傳寫云自元和時。問君此卷有何珍？流傳顯晦經幾人？君言是物少微識，殘箋黯黮不能神。豪家但知貴錦袟，陋巷誰復憐綦中。黟縣令君持贈我，始吐光怪干星辰。許書劣存二百字，古鏡一掃千年塵。篆文已與流俗殊，解説尤令耳目新。乾嘉老儒耽蒼雅，東南嚴段并絶倫。就中一字百搜討，詰難蜂起何斷斷。暗與此本相符契，古轍正合今時輪。乃知二徐尚鹵莽，詒誤幾輩徒因循。我聞此言神一快，有如枯柳揩馬疥。我昔趨朝陪庶尹，頗究六書醫頑蠢。四海干戈驅迫忙，十年髀肉銷磨盡。却思南閣老祭酒，舊學於我復何有？安得普天净欃槍，歸去閉户注《凡將》。題《唐寫本説文木部卷子》，應子偲尊兄雅屬，同治三年八月，曾國藩。

## 唐褚臨蘭亭絹本 遵義唐氏夢硯齋藏

黄絹本。高七寸，長二尺，遵義唐子方先生得之晉橅兆松崖，乃宋王文惠所藏，後歸米海嶽者。絹遍體蟲蠹，而當字處猶不甚，筆墨有靈，神明焕然，每一展對，頓忘飢渴。登善奉敕臨摹《禊帖》，今刻行數種，惟快雪堂賜高士廉一卷全用本家筆。此本亦然，其不同者，「峻領」作「峻嶺」，傍有直抹，一「室」之下漏「内」字，殆以此遺誤，棄不進御。豈知千載下舍清臣草稿，遂無與并稱無上之珍邪？米跋字字精采，家雲卿翁兩跋亦近元常。咸豐癸丑，先生再起湖北治兵，囑子炯婦篋田以資行，笑語炯曰：「吾他日脱不能歸款，則以此卷及所寶雪聲堂遺硯當之。」明年，先生殉職武昌，炯奉持手澤，愈益悲痛，遂以「蘭亭」名其書屋，亦存墨林一段佳話也。乙卯秋，友芝將之都匀，道譬不能進，還客其書屋匝月，獲觀數過，敬書其後。十月壬辰，獨山莫友芝。

右唐中書令河南公褚遂良，字登善，臨晉右將軍王羲之《蘭亭宴集序》，本朝丞相王文惠公故物。辛未歲，見於晁美叔齋，云借於公孫。辛巳歲，購於公孫巘。黄絹幅至「欣」字合縫，用證摹刻,「僧」字果徐僧權合縫書也。雖臨王書,全是褚法。其狀若岧岧奇峰之峻,英英穠秀之華,翩翩自得如飛舉之仙,爽爽孤騫類逸群之鶴;蕙若振和風之麗,霧露擢秋幹之鮮;蕭蕭卿雲之映霄,矯矯龍章之動彩;九奏萬舞,鵷鷺充庭,鏘玉鳴璫,窈窕合度,宜其拜章帝所,留賞群仙也。至於「永和」字全其雅韻,九「觴」字備著其真標,「浪」字無異於書名,「由」字益彰其楷則。若夫臨仿莫稱於薛、魏,賞別不聞於歐、虞,信百代之秀規,一時之清鑒也。壬午八月二十六日,寶晉齋舫手裝。襄陽米芾審定真迹秘玩。小行書十八行。鈐有「自然子」、「元章」二印,又「洯章鉅鑒賞印」、「孔學□」、「子方」、「師摯鑒定」、「伯龍」、「夢硯齋藏」、「元章」、「鴻緒」、「雲間王鴻緒鑒定印」、「覃谿」、「子偲」十印。

褚河南書得右軍髓,昔人已有定鑒。當時賜摹本《禊帖》,惟褚法最重於世。今觀此書,不獨優孟,殆欲奪真。米襄陽題語絶勝,宛然完璧,真希世物也。余鄉有褚公雙鈎《蘭亭》,未辨的出名手,況此筆神妙,仿佛數百餘載,略無損敝,當有神鬼護持,非偶然也。丁丑仲夏,與徐天祐同觀於黄熊徵士舟中。多幸多幸,華亭莫是龍雲卿甫記。下鈐「莫印是龍」、「莫印雲卿」二印。

咸豐乙卯十月朔,獨山莫友芝、弟庭芝同拜觀唐氏夢硯齋寶藏《褚臨蘭亭黄絹本》,敬記家雲卿翁第一跋後。下鈐「友芝」一印。

右褚遂良摹《蘭亭》即《書史》稱薛氏故物,米襄陽欲以五十千得之者也。《樂毅論》正書第一,此帖行書第一,迨今千二百餘年,絹素宛然,又元章、公麟二跋,歷歷可據。昭陵永閟,便應奪嫡矣。黄仲威毋以貧故輕失，亦毋以慳故不授賞鑒家，庶爲不負此寶。莫雲卿載題。下鈐「雲卿」一印。

唐人臨右軍《禊帖》，自湯普澈、馮承素、趙模、諸葛貞外，其嚴整者必歐陽率更，而佻險者咸屬褚河南。河南迹尤多，米襄陽既於《書史》稱得蘇沂家第二本，以爲出它本上，然考之是雙鈎廓填耳。襄陽又云右軍《筆精》、大令《日寒》二帖，薛丞相居正故物，後歸王文惠家。文惠孫居高郵，并收得褚遂良黄絹上臨《蘭亭》一本，乏資之官，約以五十千質之，後王以二帖質沈存中，而携褚書見過請售，因謝不復取。後十年王君卒，其子居高郵，欲成姻事，因賀鑄持至高郵，以二十千得之。此本藏深山民間，落黄拾遺熊手，以百三十金售余，後有襄陽題署，備極推與，且云是王文惠公故物。辛巳歲，購之公孫瓛，與《書史》語合。按：蘇家本於崇寧壬午閏六月手裝，此則壬午之八月手裝耳。書法翩翩逸秀，點畫之間，真有異趣，襄陽所稱「慶雲麗霄」、「龍章動采」，庶幾近之。蓋山陰之哲嗣，而蘇本則其仍孫，何必甲彼乙此耶？今年爲萬曆丁丑，上距裝裱之歲蓋七甲子少三正朔耳，安得不六倍其直也？又有李伯時一跋，雖真迹而似非題此卷者，故剔之以戒蛇足。後學王世貞跋。下鈐「世貞」、「御史中丞印」二印，又「影山草堂」一印。

温奴誤躪驪山陌，上帝依然閟真迹。欲窺日表少傳神，但覓雲仍便災石。河南急利射雕手，除却率更誰勁敵。隻字寧輸永師貴，八法寧從白雲獲。從令學步太嬋娟諸公詳，肯作重儓依俗格。顛米何勞攄舷取，王孫已爲炊玉易。對展雙疑雕鶚翻，别看總是雲霞色。未從道士换鵝群，已與君王留馬式（元章蘇本有馬式語。）小儒豈解襄陽狡，偶然弓失偶然得。《枯樹》支屏未爲重，《定武》經鑱亦非匹。即容懷瓘中下估，試與紹京千萬直。笑殺蕭家一字蕭，少室先生爲賣宅。右用《定武蘭亭》原韻，世貞。下鈐「弇州山人」一印，又「莫印友芝」、「則心弟五」二印。

褚摹《褉帖》宋刻後，吴中有二刻，鄞有一刻，其筆法種種差異，因知當時摹本不一也。王大理弇山公捐重資得褚書黄絹本，此又《書史》中最稱者。公舊藏《哀册稿》傳是希寶，恐不能過之。前此二年，余與客嘗見于黄氏舟中，客訶其與《定武》刻不類，是不然。馮、趙、歐陽輩雙鈎填廓，良用逼真，而神韻索然，無復生意。此出河南之筆，結體取其似，用意率其真，所謂克肖右軍，正不在點畫間也。弇山公考訂已確，聊書以記所見。吴郡周天球題。（以上并行書。）下鈐「周氏公瑕」、「群玉山樵」二印。

《蘭亭》真本已入昭陵，今所見者惟唐人臨摹本耳。然摹本雖得其位置，而乏氣韻，臨本于位置不無少異，而氣韻奕奕，有非摹本可及。此褚河南黄絹所臨真迹，米海嶽謂其雖臨王書，全是褚法意，蓋有取於是。今觀其絹幅合縫處，不書「僧」字，可以證摹刻「僧」字果徐僧權也。大中丞鳳洲先生以厚價購得，令人持至吴中，命予題識。予於唐摹，惟見宜興吴氏本，有宋初諸名公所題及蘇公瑀字韻詩者，最爲精妙。而《神龍蘭亭》有郭祐之、鮮于太常二詩跋，亦是奇物。然以臨本較之，神韻相去遠甚，況此又有米書跋贊之勝邪？按：葉世昌《蘭亭考》載，蘇耆家《蘭亭》一，絹本，在蔣長源處，而王文惠孫居高郵，收遂良黄絹上《蘭亭》，此豈即二卷中之一〔五〕，觀者能以心會其妙處，自當知其出摹本之上矣。遂書此以復。萬曆五年歲在丁丑，閏八月十日，茂苑文嘉下鈐「肇錫余以嘉名」、「文嘉休承」二印。萬曆辛卯于爾雅樓同陳仲醇觀，東海徐益孫識。往歲從朱太傅家見褚河南雙鈎《枯樹賦》嘆其佳絶，今日過能嬰齋頭，閲此《禊帖》摹本，神彩飛越，令人魄悸。所謂下真迹一等，蓋絶代奇琛也。視昔所見直虎豹之鞹耳。丙申十月十九日，王穉登書。下鈐「登」、「青羊君」二印。

右王文惠所藏褚臨《蘭亭》有米海嶽跋者，與海寧陳氏得自華亭之卷，皆崇寧壬午米老所手裝。彼在閏六月，此在八月，僅相去兩月耳。而此八月之跋，未嘗言及閏六月之卷，至於王弇州跋，周公瑕稱其考訂已確。然其前黄絹臨本，孫月峰嘗詳言，弇州不能具言其所以然者，則又何也？按：月峰跋弇州手迹後云：「管子安臬副得褚臨本，余猶疑其自米臨本上重臨出，則此本寧詎是褚河南手臨乎？司寇固具眼人，第有一真本，斯贋本易別，若俱是贋本，則所謂一種僞好物者，未免以貌似眩離婁矣。據此月峰之言，不欲直斥弇州誤賞，且爲之辭曰「作僞者眩離婁」，則此卷即弇州所藏無疑也。又驗王儼齋印，皆極真確，則此卷亦即儼齋所藏無疑也。弇州、儼齋所藏既確是此卷，則高江邨所記，亦即是此卷，無可復疑矣。江邨所記，與卞令之所記，自當無二。惟是卞所記米跋下，有「楚國米芾」紅文印，而此無之，然卞令之在弇州之後遠甚，而此内弇州跋及莫雲卿、文文水諸跋，實皆真筆，則卞氏所記，又安得執以爲信乎？米海嶽崇寧壬午一歲中手裝二卷，而此卷之跋與蘇氏卷跋品隲不同。莫雲卿援《書史》稱薛氏故物，而《寶章待訪録》止載蘇氏卷，不載王文惠卷，則《寶章待訪録》撰於元祐丙寅，尚在此前十六年，其時稱蘇耆家藏本，亦尚在蘇氏家，未歸米耳。無怪其不載王文惠卷，蓋尚未見此卷也。至其跋讚褚臨本，則此卷之跋稱賞較蘇卷爲尤勝。嘗見米公論褚臨《蘭亭》，謂其中有絶似者，有不必似者，而此卷則盛推其全用褚法，其云「浪」字無異於書名者，謂「浪」有半「良」字即其自書遂良字也。又云「由」字益彰其楷則，此在劉有定《衍極注》云：《蘭亭》多用篆法，惟「由」字用楷法。蓋興感之「由」，「一由」字右肩方折，所謂楷則也。其云辛未歲見之，辛巳歲購之，米公生於辛卯，故其平生所遇最賞心之物，逢辛歲者尤特書之，所謂丙辛天地合也。以此考之，是米公得此卷尤過於蘇氏卷也。然所得蘇耆家卷，經董華亭、陳增城相質其事，著在人口。自鬱岡渤海以來，屢有傳摹石本行世。而其真本，都元敬云已燬於火，不可復深究矣。惟此本止聞弇州、儼齋二家收藏，而於他處無聞。又未見有石本，則雖此前帖有孫月峰眩離婁之語，而全卷實是舊物。其外籤是文水手書，即今焚香展對，如見前人往復摩挲風味，正何必援《白石偏傍》之例，逐細推求哉！嘉慶九年，歲在甲子秋八月十日，北平翁方綱識。下鈐「翁方綱印」、「覃谿」二印，又「夢硯齋藏」、「其名曰友」、「莫五」三印。

道光丁亥五月，新購得褚臨《蘭亭》黄絹本，紀之以詩：「吾齋匙宋迹，何況貞觀前。褚臨《禊序》本，結想蓋有年。初疑涿鹿刻，繼慕江邨編。米跋孰證之，寶晉空言詮。昔官公路浦，一見爲驩然。神光乍離合，掣眼如雲烟。蕭翼賺所瞰，俞松夢徒牽。堂堂春再去，迢迢路幾千。乙酉之冬始見此本於袁浦，議價而不果售。後聞其轉入京師，今夏乃復於吴中得之。誰料鱗甲飛，巧還輪墨緣。揮金豈足惜，窗前虹月鮮。」「我繹蘇齋語，隨人疑贋鼎。孫月峰眩離婁之疑，鑿空無據。而亟賞米跋，筆筆撥燈影。或云米狡獪，蘭仝幻潁井。手裝即手摹，直造山陰境。是皆臆以測，轉成障自屏。楷則神本完〔六〕，源流迹亦炯。一脉晉唐宋，何煩判山領。弇州鑑不昏，文水籖猶整。失笑澄心紙，後此幾辛丙。張米庵言褚臨真迹在海昌陳氏，是白澄心堂紙，不思南唐始有澄心堂紙，而褚用之，豈非笑柄。」「玉泉入相府，王孫見粉紋。并當丁亥歲，一縷心篆薰。游景仁得玉泉僧本，趙子固初見落水本，皆丁亥年事。我仗頻伽叟，爲返神山雲。奇哉老復丁，契合於斯文。時從郭頻伽手展轉購成，頻伽自題所居爲老復丁庵。倘亦文字祥，了不關思聞。篷窗適無事，覷入豪黍分。適有吴淞之役，遂入行篋，坐卧相對者累數日。相賞枕笈外，精心晤崇群。繭紙不得見，恍然來右軍。吴淞風日佳，增我遇所欣。」「懷我青瑣姿，寓此黄絹美。不覿海嶽真，孰知腕有鬼。耿憶臘雪餘，贊嘆并窗几。舊痕款篆參，新式瞫躞擬。深嗟舒卷頻，未免形神阤。迹跋遥相望，後及無餘紙。當時非我有，癡心早侔揣。況今坐卧對，竟落巾箱裏。會當重褫裝，一氣聚珠蕊。何日楚棹還，籤厨共料理。酉冬此卷留署齋者三日，雖未成售，而與逢兒再三展玩，并商重付裝池之式，時逢兒客游鄂城。」梁章鉅識於吴門藩廨之箴白堂。下鈐「梁印章鉅」、「茝林」二印。

# 唐杜工部贈太白絶句直幅遵義唐氏夢硯齋藏

紙本。高五尺四寸半，廣一尺三寸强。行書三行，一行十二字，二行十三字，三行三字，下雙行題款，一行十四字，一行七字。餘紙有趙承旨行書跋，卷右「丹」字旁有文待詔分書題名。外有龍鳳絹籤，題云「嘉靖三十年正月朔四日，賜詹事府少詹事南京國子監祭酒臣黄佐」。

鈐有「神」、「品」、「紹」、「興」、「文印徵明」、「奥山」、「松雪齋」、「宣龢殿寶」此印大三寸許，朱文，押中行葛字上。「太史氏」、「石琴」諸璽印。

秋來相顧尚飄蓬，未就丹砂愧葛洪。痛飲狂歌空度日，飛揚跋扈爲誰雄？天寶壬午三月有四日，子美杜甫爲青蓮學士造并書。

鈐有「雍熙世人」、「宣味」、「枝山」、「允明」、「鄭邸鑒賞之章」、「沈氏啓南」、「白石翁」、「烏爾恭阿」、「香草屋」諸璽印。

少陵詩唐代已稱絶倫，前輩論之詳矣，然其書傳世無幾。兹見是幅，直追鍾、王，較顔、褚諸君尤覺天真爛漫也。後學趙孟頫拜觀并識。行書。下鈐「趙氏子昂」一印。

嘉靖壬寅冬日，長洲文徵明拜觀於友竹莊。下鈐「徵明」一印。

杜子美墨迹，新安黄太學所藏，字畫蒼勁，較當代諸名家另開一法門也。黄氏於成弘間以甲第起家，收藏甚富，比來賣盡矣，獨奉此爲傳家寶，久而未失。余于辛巳年曾見之，不甚賞識。頃聞太學已故，將淹質庫，始婉轉購得之，摩娑撫對，逾覺其□。更有趙文敏、文待詔兩前輩鑒定，信爲希代之珍也。順治五年三月二日，蒼崖山人梁清標重裝并記。下鈐「蒼巖子梁清標玉立氏印章」一印。

工部之詩，世人得而見之矣。未睹其書者，不知其雙美也。觀此運腕筆精墨彩，神氣奪目，可謂璧合珠聯，雖鍾太傅不能出其右也。區區末學，何足以知？但得藤蔓葛秧，能纏於喬岳古松之幹，實藤葛之遇也。後學王鴻緒敬識。下鈐「雲間王鴻緒鑒定印」一印。

氣雄筆健，體大思沈。惟精理之内含，斯寶光之外露。天地英華，千古無等。逸老年兄先生寶之，小弟宸英拜題。下鈐「姜印宸英」一印。

詩人説杜甫，詎知字亦古。想見草堂中，筆歌與墨舞。清瘦駐毫端，再玩更媚嫵。持贈巨眼人，珍藏作璸琥。拙句題奉逸翁老仁兄詞丈。社弟查士標。下鈐「士標私印」、「梅壑」二印。

嘉慶辛未秋七月，德清蔡之定，番禺潘正常、南海吴榮先同觀，隨喜贊嘆，附識幅末，以志墨緣。真書。下鈐「吴榮光印」一印。

嘉慶辛未重九後三日，莫紹悳敬觀。真書。下鈐「莫氏衣堂」一印。

嘉慶辛未冬，洪梧、貴徵同觀於藉蘭館。分書。下鈐「貴徵」一印。

嘉慶辛未十一月，趙懷玉拜觀於邗上之瓊花館。是幀爲花奴秘玩，唐人書既難，子美書尤不易得，已探驪龍珠，餘皆長物矣。

此粤東黄泰泉家所藏，泰泉以詩文雄於嶺南。此幀由前明内府頒賜，無論爲浣花翁真迹與否，皆可存也。子方藩伯昔得粤人陳忠愍遺硯，今又得此幀，殆與炎州名宿有香火緣邪？因集杜句題之曰：「書貴瘦硬方通神，肌理細膩骨肉匀。汝與山東李白好，清詞麗句必爲鄰。元氣淋漓障猶濕，扶持自是神明力。龍蛇動篋蟠銀鈎，挂君高堂之素壁。」道光丁未清和之月，侯官林則徐題於西安節署之小方壺。下鈐「林則徐印」、「少穆」二印。

杜文貞公書世罕見之，方伯子方先生出示兹本，與公所論瘦硬通神者適合。公生平于太白最拳拳，文章有神交有道，風誼當長留天地間矣。豈特詞翰之美爲百代瑰寶耶？道光丁未孟冬下浣，王柏心謹識。下鈐「柏」、「心」二印。

咸豐壬子中春十一日壬辰，黎兆勛柏容、李維寅桂舲、舍弟庭芝同觀于夢硯齋。莫友芝書。分書。

杜文貞書迹，宋以後無見者。此詩卷筆態用永興法，紙墨色亦古，余獨疑詩篇秋間作而時紀三月，豈異時特書之邪？平生千萬金薤，何重此作爾邪？又「有四日」上應脱一字，二瞻、蒼巖都不疑，何邪？咸豐二年八月，鄭珍記。

觀「詩家筆勢君不嫌，詞翰升堂爲君掃」之句。此老未嘗不以能書自負，特著録無聞耳。此迹沈著雄異，與世傳太白草書《春日醉起言志詩》之超逸絶塵并稱詩境。惟紙色有烟墨痕，質轉堅好，不類千餘年物。詎謹秋作春書、「有」上奪字如經巢所疑也。舊篋丹漆雖剥，而升龍題篆敻異近今，泰泉蒙賜授受不誣，即出明前好手，亦弆藏家所當珍也。咸豐乙卯冬十月，唐鄂生孝廉出之重觀，因記。郘亭友芝。

## 孟蜀黄要叔花鳥横卷貴筑周瑞生鶚孝廉藏

絹本。高一尺三寸五分，長九尺四寸强。畫紅山茶緑竹離披相間，五山鳥散集山茶，六瓦雀叢集竹上，極生致。題識小楷書，在卷尾。咸豐戊午五月，觀于傅虎生鈞上舍所。

## 成都黄筌

卷首有印三：「孟舉」、「周密公堇」、「喬氏叀成」。卷末有印五：「徐憲元度」、「秦觀」、「喬氏叀成」、「賈佀道印」、「秋壑」。

## 宋朱文公書武夷山詩橫卷唐氏夢硯齋藏

紙本。高一尺九寸弱，長一丈一尺二寸强。鈐有「夢硯齋藏」、「成山唐氏」、「陸氏收藏法書名畫」、「循吉」、「夏時正印」、「清容居士」、「黄氏珍玩」七印。

門外青山翠紫堆，幅巾終日面崔嵬。只看雲斷成飛雨，不道雲從底處來。擘開蒼峽吼奔雷，萬斛飛泉涌出來。斷梗枯槎無泊處，一川寒碧自縈回。步隨流水覓溪源，行到源頭却惘然。始悟真源行不到，倚笻□處弄潺湲。白酒頻斟當啜茶，何妨一醉野人家。據鞍又向岡頭望，落日天風雁字斜。淳熙甲辰春日，書於武夷精舍。晦庵朱熹下鈐「晦翁」一印，又「魏府之印」、「松雪齋圖書印」、「平生旨賞」、「顧印鼎臣」、「劉印定之」、「明古珍藏」六印。

朱晦庵先生文章、道義爲世所重，即使其書不工，亦當珍蓄。况此書之筆精墨妙，尤可寶也。是卷元季在趙魏公家，後歸黄鶴山樵王叔明，今爲吾友濟之王公收藏物。流傳有緒，乃晦庵真迹無疑耳。延陵吴寬識。下鈐「吴寬」、「匏庵」二印。

右新安朱子詩卷，用筆圜勁，而姿媚有餘，大似徐會稽；其迴腕轉折處，又似顏尚書；飛舞處則深入右軍室矣。展閱之間，不勝驚嘆！足見大儒有本之學，非後人所得而及者。因購而藏之，并書於後。時成化庚寅秋日，濟之王鏊鑒定。下鈐「濟之」一印。

長洲沈周借觀于有竹莊中。時彦臣徐君，逸懷錢君在座。下鈐「石田」、「沈氏啓南」二印。朱夫子作字，隨意疏密，皆有佳處。如與孟子言性，莊周談道，自然縱説横説，無不如意，非復可以常理待之也。高陽許初謹題。下鈐「許初之印」、「元復」二印。

咸豐乙卯冬十月，獨山莫友芝齋沐敬觀于夢研齋中。

## 宋蘇文忠書馬券唐氏夢硯齋藏

絹本。高一尺一寸强，長四尺一寸半。行書，字大二寸許，凡十六行字。董《跋》别紙如其高，横長一尺七寸半，小行書。鈐有「夢硯齋藏」、「昌穀」、——「吴永家珍藏」諸印。

元祐元年，予初入玉堂，蒙恩賜玉鼻騂。今年出守杭州，復沾此賜。東南例乘肩輿，得一馬足矣。而李方叔未有馬，故以贈之。又恐方叔别獲佳馬，不免賣此，故爲出公據。四年四月十五日軾書。

鈐有「墨□□」、「清玩樓珍藏印」、「陶氏家藏世寶」、「物外真賞」押軾字左、「廣平印章」押書字左、「夏印子辛」押書字下右，其左一朱文印不可識諸印。

坡翁作書，於卷後餘數尺曰：「以待五百年後人作跋。」其高自標許如此。此《馬券》一卷，字不滿百，而沈著痛快，字字具有千鈞之力。蓋其挾以「文章妙天下，忠義貫日月」之氣，非書家可與争長也。甲午秋過葵陽，老師齋頭出以見示，遂命鑒定。華亭董其昌識於碧山居。下鈐「董印其昌」、「玄宰」二印。又「成山唐氏」一印。

咸豐乙卯十月三日，拜觀于夢硯齋。莫友芝記。下鈐「子偲」一印。

## 宋蘇文忠書醉翁亭記横卷 趙州守貴筑陳息凡鍾祥藏

紙本。高一尺五寸，長三丈有九寸强。行書九十一行，紙凡六段，第八行「聲」字、五十二行「也」字，并垂筆尺許。

## 歐陽永叔醉翁亭記 文不録

廬陵先生以慶曆八年三月己未刻石亭上，字畫褊淺，恐不能傳遠。滁人欲改刻此字久矣。元祐六年，軾爲潁州，而開封劉君季孫請以滁人之意〔七〕，求書於軾。軾於先生爲門下士，不可以辭。十有一月乙未，眉山蘇軾書。下鈐「□□玉堂」一印，後有「紅日□」、「李子」、「□室道人」、「右清壘鑒藏」、「項印元汴」、「子京所藏」、「二鷗山房」諸印。

滁州瑯邪山《醉翁亭記》有真、草二本。草本即此卷鈎出番朱入石者也。此卷爲吾邑湯致遠參政家藏物，後入高太史家，太史裔孫以遺余。人多疑不類坡仙平時書，豈知至人筆端如其胸中，變化無所不有，右軍萬字不同，安可以一隅之見局之耶？聞新鄭高中玄閣老亦有草書《醉翁亭記》，嘗見其石本，與此卷真贋不待賞鑒家而後辨也。余方茁炙，其不能長有此卷明甚，姑書其得之之由，以告後之君子。時萬曆己亥六月六日，金壇王肯堂書于誠間堂。

## 華山王弘嘉觀

長公平生行書多學顔魯公，獨是《記》則用懷素筆意，而結法亦參錯并出。所謂胸中變化無所不有，斯言得之矣。嘗見其石刻，未始不會心筆端，造化兹開，墨迹披賞，字字淋漓，與若無一字非坡仙穎生三昧耶？潤甫屬余觀于池上者累日，因題舫齋中。時己酉七夕後一日，叔宗書。

文章變化之妙，至坡公止矣，書法亦然。余先後見坡公書不下廿本，皆尺牘題跋，殘脱數行而已，未有全篇大幅，極意匠心如此卷者。此卷出金沙于中甫先生家。先生在比部，以議楚宗忤四明相被禍，先君力救之。後因講學海陵，托南皋鄒先生贈先君，以先君嘗賞識之，聊以投好，匪報也。先君不忘其意，深相愛重，携持數十年。崇禎中，鄭潛庵夫子備兵吾郡，屬超宗孝廉鈎入石刻，而此卷遂傳布甚遠。中間兩遭兵火，皆無恙。劉澤清分藩時，百計圖之，先君幾罹不測，賴楊金吾敬君相佐佑，得保此卷不去。蓋尤物人所共知，中心之好，非一日矣。先君見背以來，遭家多難，余不能長守此卷，應有如王太史所云者。然托得其人，則精英自在天地間，正不當以人我異視，王子玉質，今日之寶晉也，必不負托，宜歸之。或謂筆法不類坡公，必以刻畫肖似爲是，則今之臨摹家不乏妙手。此人不解其故，不當出而輕示之。若復飾辨强争，試教之閲坡公之文之變化。

康熙四年六月十日，古琅范國禄書於南州客寓。

右蘇文忠公草書《醉翁亭記》墨迹長卷，弆藏予家，蓋百年矣。是卷自先祖宧游關中，購得之于華山王玉質先生手，後以分授先考者也。先考珍藏篋笥，不輕示人。予少孤，先妣於授經之暇，偶出此卷以示，且拳拳焉告語先人手澤之由來，不敢褻玩也。予自愧無似，今年逾四十矣，齒豁頭童，家益貧甚，竟棄先人之廬，寄迹村舍，亦已憊矣。顧視此卷，尚宛然篋中，予之拙守此卷，良可自嘆。然而飢寒困頓之餘，猶獲與此卷焚香晤對，謂非此生一大幸歟！兹來杭州，應通守崔君曼亭聘，俾授令嗣讀。適檢行簏，重展此卷，敬識數語，俾賤子姓名得附蘇公青雲之士，誠厚幸也。坡公有靈，許我否乎？

乾隆歲次甲辰閏三月丙辰朔越三日戊午，陽湖謝統翼謹書于杭郡倅廳之寓齋。復追和坡公《墨妙亭詩》原韻書後。

《醉翁遺記》稱廬陵，誰揮妙墨烟雲騰。歐公之文蘇公字，堪呼老杜誇兩鷹。展卷靈風入襟袖，疑有珊骨仙稜稜。對雪開窗轉和煦，當暑隱几凝寒冰。昔日我游滁州澗，斯亭踪迹猶可憑。苦無好手勒公記，俗工拙劣徒取憎。安得標人摹此卷，一字酬值一縑繒。勒成當酹清泉酒，爲告二公神來登。野蔌生香自歆格，夕陽留影呼良朋。可憐虚願何時遂，僅撫此卷殘剡藤。臨風晨玩恐飛去，秉燭夜讀愁傳燈。百年家藏重手澤，拳拳謹服吾之膺。統翼再拜敬志。

曩曾見蘇文忠草書《醉翁亭記》石刻，頗疑不類公書。今秋客有携此卷至武林見示，縱横奇逸，兼有旭、素之妙，而行草相間，時露平原筆意，反覆諦玩，信爲公書無疑。其精采則視刻本不翅百倍矣。予酷嗜公書，心摹手追，不下數百紙，獨於此不能著一筆，乃嘆古大家胸中腕底無所不有也。猶記刻本有趙承旨及吴匏庵、沈石田諸名人題語，數百年來散割殆盡，尚幸鬱岡主人長跋論析甚明，而真隱子特詳其得失之由，知珍重如是，神物固有呵護，豈虚語哉！此卷爲吾郡謝氏所世守，其後人必欲予一言爲重，因識數行於卷首，俾珍藏之。乾隆乙酉嘉平月，跋於杭州試院之集虚齋。茶山錢維城。茶山司寇題本在卷首，重裝移置于後。

東坡《醉翁亭記》豪縱不類平日所作。或謂其似涪翁，不知涪翁書正從老坡出也。公嘗云：「論畫以形似，見與兒童鄰。」予謂論書奚獨不然？善相馬者，妙在驪黄牝牡之外，否則圉人厩吏優爲之矣。據王宇泰跋，則明時已有真贋二本，高新鄭所藏乃贋本，却有松雪諸人跋，而此無之，以真跋輔贋本，亦作僞者之長技，然珠在而櫝去，庸何傷乎？此卷本鬱岡齋之物，後歸于潤甫，于又贈於古琅范氏，范又贈華山王玉質，而陽湖謝氏得之，藏弆者百餘年，今出以見示，贊嘆不置，綴數言於後。丁未六月竹汀居士大昕書。

## 宋米南宫畫海岱樓風雨横卷唐氏夢硯齋藏

絹本。高二尺七寸强，長四尺五寸。卷左上方有行書自識。前有「御府寶繪」一璽，又「夢硯齋藏」、「成山唐氏」二印。

元豐二年六月八日，曉起坐海岱樓，連朝酷暑，是日狂飈頓至，雷雨乍來，江上諸峰若隱若現，捲簾静對，凉氣襲人衣裾，意思爽然。爰爲潑墨圖此，少效山靈變幻之態耳。襄陽米芾元章諳。下鈐「楚國米芾」一印，又「子偲莫友芝印」、「丘子沾書畫印」、「陳臺仙收藏畫印」三印。

右卷魄力頗足，稍未渾成，題識中字硬筆多偏鋒，即刷字人恐不如此經燥〔八〕，斷係仿作。

## 宋米南宫行書横卷

紙本。高一尺七寸三分，長一丈三尺八寸五分，二十三行。

山清氣爽九秋天，黄菊紅茱滿泛船。千里結寧言有後，群賢畢至猥居前。杜郎閑客今焉是，謝守風流昔所傳。獨把秋英緣底事，老來清味向詩偏〔九〕。崇寧元年九月，襄陽米芾元章。

宋米南宮書如遇美人，不必相其耳目手足頭面，當觀其舉止笑語、精神流露處，莊子所謂「目䀼而道存」者也。此卷尤覺筆趣飛越，飄逸不羈。宋朝書，惟元章爲第一，蘇、黄諸公皆不及也。賞鑒家當以余爲知言，東海徐禎卿。

右昌穀跋六行，行書，署名下鈐「徐印禎卿」、「昌穀」二印。前有「項墨林父秘笈之印」、「皇甫汸印」二印。

元章書法爲宋室冠冕，一時名家無不出其右。此書蒼然，筆法遒勁，真迹之最佳者也，永秘藏之。壬寅春三月觀。東沙華夏。

右東沙居士跋三行，正書，署名下鈐「華夏私印」、「東沙居士」二印。

## 宋米南宮天馬賦横卷趙仲吾學博藏

紙本。高一尺六寸八分，長三尺四寸。行書，二十四行。前有一印押題目行之右，不可識。此行之下有「蕉林書屋」印，蓋相國舊藏也。

《天馬賦》文不録。

中岳外史米芾爲國祥老友書。

## 宋李龍眠臨吴道子畫孔聖及七十二弟子像長卷

絹本。《孔子贊》十二句，四言；《七十二子贊》各四言八句。在曾劼剛處觀，云是劉省三軍門在常州得。後有宋景濂、項子京、陸稼書跋。卷尾有秦檜「一德格天閣印」。宋高宗建行宫于杭，紹興十四年，始即岳飛第作太學，臨幸，撰書先聖及七十二弟子像贊，飭李公麐繪像刻石于學，附以秦檜題記。吴文恪公訥巡按浙江時，惡檜《記》邪詖之説，因命磨去其文，使奸穢之名不得厠于聖賢圖像之後，有補于風教多矣。見明陸容《菽園雜記》卷十二。按：此卷爲李公麐臨吴道子筆，蓋即宋高宗刻石之祖本也。繩孫謹注。

## 宋米元暉洛晴歲晚山水横卷成山唐氏夢硯齋藏

絹本。高九寸强，長五尺二寸半。題款在卷末端，行書。卷尾有「友仁」一印，又「鮮于」、「夢硯齋藏」、「成山唐氏」、「子偲友芝」四印。

洛晴歲晚。紹興丙辰二月。友仁。

右行書題款，下鈐「元暉」朱文印，下有一印不可識，又有「晉昌」、「履吉」二印。

咸豐乙卯冬十月，莫友芝拜觀于夢硯齋。下鈐「子偲」一印。

無根之樹懵懂雲，薄陽微漏墨細皴。隆冬静峭生寒春，嵩骨少露無纖塵。層巒叠起魚矖鱗，平蕪暗淡疑蘇門。君家老顛顛入神，風流好筆傳授真。巨然北苑非其倫，洛陽我來尋小村。

右詩道光乙巳巴陵毛西原教諭作。咸豐乙卯，西原已下世三年，其門人唐鄂生孝廉屬補書于卷尾。友芝。

【校勘記】

〔一〕二印：原作「一印」，誤，據文意改。

〔二〕唐《説文木部殘卷》真迹末云：「右唐人書篆法《説文》六紙，臣米友仁鑒定恭跋。」

〔三〕此下黔南叢書本《説文木部箋異》有「莫春寒雨，浹旬不出門户」二句。

〔四〕此下黔南叢書本《説文木部箋異》有「前輩見……絶無副迻」一段話，此脱。

〔五〕二卷中之一：原作「二卷之中一」。莫繩孫于此頁加浮簽云：「四行『之中』應作『中之』。」據改。各印本均未改。

〔六〕完：原作「宅」，莫繩孫鈔三册本改「宅」爲「完」，是，據改。

〔七〕請：原作「衍」，誤，據蘇軾草書《醉翁亭記》墨迹改。

〔八〕經燥：此頁莫繩孫有浮簽注云：「二行『經』字疑乃『輕』誤。」

〔九〕清味：原作「清和」，誤，據米芾《蜀素帖》改。

# 書畫經眼録卷二

## 宋黄文節公轉官授官敕并黄氏譜序跋

同治丙寅六月，寓上海也是園，宜興周濂珂湛清持以相示授官轉官敕各一紙，《黄氏譜》序跋五紙，録之如左。其紙蓋黄麻，字多漫，須細審乃識之。

《敕奉議郎黄庭堅覃恩轉承議郎》：朕丕承六朝，陳錫四國，覃及方外，浹于有生，矧予通籍之臣，可無增秩之寵，祇服休命，永肩一心。可敕如右，牒至奉行。陸日下。此行前有空三行許，上半年月爛失。

右一敕七行。

《敕祕書承黄庭堅》：朕藏天下之圖書，以博討論之缺三字，下之英俊，以備校理之官。總詔監事，非清德老儒，耽任兹選。其官黄庭堅博學好古[一]，直諒多聞，文足以爲國華，才足以周世務。蚤被識拔，寖歷清華。恬然寡靖，其德音譽處，蔽自朕心。擢掌芸臺府，左圖右書，而朝夕所與共處者，皆英俊之游，亦汝之所樂也。往究乃心，以稱朕所以命汝之意，可敕如右。牒至奉行。

紹聖三年陸月二十三日給。

右一敕十三行。

**題黄氏族譜**

山必祖於崑崙之脉，千峰萬岫，皆其枝也。水必祖於天一之精，千匯萬川，皆其派也。人必祖於有生之源，千子萬孫皆其胤也。今觀黄氏譜牒以□□之統家衍□，一覽百世，繩繩不絶，孝子慈孫，家藏珍玩，擬諸天球、河圖，其寶過矣。豈非善繼善述者能之乎？西山蔡元定。

右一紙高尺許，横四尺許，行草二十二行。

家之有譜，猶國之有史也。史以紀存亡，而譜則系昭穆。昭穆之能明家派，焉得而紊哉？黄氏譜牒條然而傳，歷千百年，守而弗失，祖功宗德，開卷一□□，豈非善繼善述者能之乎？南軒張栻。

右一紙，行書十七行，佳。高如前，横長三尺六寸。

**題黄氏族譜**

余見故家舊族，語及譜，問其先世，則懵然不知。嗚呼！此譜學不講之弊也。且豺獺皆知報本，人靈於物者，不知祖宗之所自出，枝派之所由分，親疏之所以别，昭穆之所以序，豺獺之不如也。黄氏之譜，歷千百年，以似以續，如視諸掌，其子孫之賢可知矣。余嘉其克紹先志，僭爲之引。

端明殿學士知建康府事歙州汪澈書。

右一紙，行書二十行，字佳。高闊如南軒紙。

**黄氏家乘序**

黄氏自黄帝，少昊傳至於秦，莫之□□□□香公孝天下傳之，太宗奏天下譜牒，退新門，進舊望，左膏粱，右寒微，而黄氏與首稱焉。元祐、熙豐間，有山谷老人，太史公重名海内，而黄氏益顯。後人乃繪像列傳，保守皇朝敕命、諸名公譜紀，使後知太史功業文章，爲時推重如此。今□付族譜乘以永其傳。嗟夫！士之名世也有二，人品與家世而已。人品不足，家世猶足以稱述，家世之與人品，而無忝於所生，唯黄氏□有之。此列公、山谷之像所由繪也。此黄氏譜所由作也。爰書以爲序。建炎元年八月望日。觀文殿學士李若水撰。

右一紙高同前，廣尺八寸許，分書十四行。

**題黄氏譜跋**

世以譜傳，不能以像傳，能善以傳者，必其先人勳業蓋於當時，道德明於[斯]世，乃能[留]其像。□□□□維□不□失，以無譜之故也。黄氏譜像粲然可傳，千百年而不朽，子孫瞻先人之像，讀先人之譜，而不興起仰止之心者，未[之]有也。吉州文天祥。

右一紙，草書十八行，高廣與南軒紙同。

## 宋趙千里海山樓閣横卷 遵義唐氏夢硯齋藏

絹本。高二尺二寸弱，長二丈零三寸半。至一丈處，有接縫。來往皆仙人，飛者惟鶴，騎者鹿，負者亦鹿，而樹法甚備。

千里伯駒。

## 宋李晞古山水横卷 遵義守竇千山奉家藏

絹本。高二尺二寸二分，横長二丈四尺六寸三分。卷首三印：「廣長閣主」、「王印穉登」、「平生旨賞」〔二〕。

晞古李唐。分書。有「敬仲」、「□□之印」、「巴西鄧氏義之」三印。

蘇子曰：「凡物之可喜，足以悦人而不足以移人者，莫如書與畫。」余自總角時即溺情于斯二者，然而力不能以多致，每于世家大族，及吴中好事子，博詢而覽觀之。遇得意者，便欲忘寢食，却寒暑，而上下千百載間，名流勝迹，庶幾與之神游而目賞焉。是卷爲李晞古真迹，向藏于太保家，近復爲清客袁學士得之。誠生平鑒賞之冠。予往借觀，援筆書此以俟後之覽者識焉。時至正五年，龍集乙酉，清和月既望。鼇扉老人拜手。行書九行。下有「歐陽玄印」、「陸氏季道」、「致和齋」三印〔三〕。

李唐字晞古，河易三城人，徽宗朝曾補入書院。建炎間，太尉邵淵薦之，奉旨授成忠郎，賜金帶。年近八十，畫山水人物，筆意不凡，天趣獨得。高宗雅愛重之，曰：「李唐可比唐李思訓。」高自標許若此，可概見一斑矣。太樸危素識。上二跋同一紙，真書四行。下鈐「危素之印」。

柳貫魚歸正午時，兒童門外笑嘻嘻。問翁何事歸來早，懶看沙頭鷸蚌持。脱却烏巾去斫柴，白雲滿地襯芒鞋。老妻囑付輕挑擔，莫蹋高岡與險崖。農事紛紛日夜忙，問渠餘有若干糧？阿婆笑指南山下，小麥青青大麥黄。古木重陰覆短檐，書聲遥應隔溪泉。山空人静誰爲伴，惟有青雲談管編。雲東逸史姚公綬。行書五行。下鈐「云東逸史」、「鳴玉館」二印。

嘗謂畫中山水至唐始盛，至宋李晞古而畫法始備。誠足追迹顧、陸，方駕右丞，其微妙，又如蕊宫仙子，不假脂粉點綴，而態度自妍，視之令人心醉神舞。此《漁樵耕讀圖》尤稱極致。向藏清容袁氏齋頭，近爲顧中秘獲之，可謂得所矣。關西許顛戲筆題。草書七行。下鈐「關西許顛」、「江山靈哯」二印。

宣城朱文近得觀于古香齋。分書二行。

李晞古妙繪傳世既久，真迹尠少，玉峰顧中秘博雅愛古，從燕邸出重資購之，珍如球琳。偶過其居，因得賞閲，漫附名于後。錫山邵寶二泉。下鈐「二泉」、「山陰王氏家藏」二印，四跋共一紙。

## 宋吕拙明皇訓儲圖

絹本。高一尺三寸，長一尺五寸有半。卷首有「張氏伯起」印。

吕拙，開封人，至道中畫院祇候，授翰林待詔，不就；願爲本宫道士，仍得賜紫。畫屋木絶妙，又能映帶池塘，但人物傷繁耳。《畫史》。

明皇訓儲圖首署此五篆文，末正書款七字。玉清道人吕拙繪。

吕君此圖，設色不甚深，而人物古雅，筆意精巧，圖中隱几而坐者，天顔肅穆，目力注視，儼有生氣。童子娟好静秀，展卷畏篤〔四〕。一武將拱立，豐下而謹，若不敢肆者，然可想見褰旗鼓將之力。一侍童，二介士，皆各得其意，風神態度，可與顧、陸争衡，真英筆也。藏者珍之。林復識。行書九行。

逢山張晏觀於大都官舍。行書二行。上共一紙。

明皇少神武，起兵滅諸韋。功成歸相王，事敗甘誅夷。大難賴以平，庶政次第施。志驕寵林甫，年衰忘元之。骨肉漸殘喪，立長賴奄兒。努力詔靈武，流涕别棠梨。迎歸親執控，奉養大内羈。何如天子父，家奴乃見危。當年身訓誨，今日非昔時。雍正甲辰春，少庵郭衮華題。一名朝松。□正書六行。下鈐「之冕」一印。

老鶴巢中人，獲觀于鑾水沙邨，因題二十八字：「沈香亭子筆生春，寫盡風流總未真。不是深宮有明訓，蒙塵時節倚何人。」雍正甲辰首夏。下鈐「杳昇私印」、「仲韋」二印。上二詩共一紙〔五〕。

## 宋李嵩蕭照合作宋高宗瑞應圖横卷懷寧市出

絹本。凡六段，每段前五寸許界一直行書題贊，直行之後爲畫。

第一段長六尺六寸，高一尺三寸二分。

經鄆州，館放州，治圃有榭曰飛僊亭。上默卜，命箭，連中榜上三字，無偏無側，箭皆在字形中。上悦。臣謹贊曰：霸府初建，英雄森森。謀畫雜進，卒罄忠忱。上意有卜，三箭叶心。昌求龜筮，赫然有臨。有「西山」、「真印德秀」二印。

第二段高一尺三寸强，長六尺五寸弱。

上自滋州北回時，窮冬沍寒，經李固渡，過大河，上令扈從馬先過，獨殿其後。惟高公海一騎從行。上纔及岸，冰作大聲坼裂，回視公海馬已陷冰中，公海惟持馬籠頭得免。臣謹贊曰：飛塵蒙天，朔方已隔。冰河千里，與雪同色。御驥登岸，冰遽解坼。滹沱昌聖，維德光宅。

第三段高一尺三寸二分，長六尺五寸。

上受命爲大元帥，方治兵選將，應援京城。忽夢欽宗如尋常在禁中，脱袍衣上，上恐惶懼，辭避之際，遂寤。臣謹贊曰：靖康之初，上爲愛弟。連將使指，敵畏英睿。解袍見夢，授受莫避。天命有德，皇圖永世。有「西山」、「真德秀印」二印。

第四段高一尺三寸二分，長六尺五寸。

磁人以王雲欲挾上北去，怒而殺廟中。上未去磁，而敵騎大集，至郡過老婦，問上在磁不？婦紿曰：「前日上已過山東。」敵營度追不及，即退舍。臣謹贊曰：上駐滏源，號召忠義。敵勢充斥，追以精騎。問婦得實，却旌反轡。軍侯不驚，可識天意。

第五段高一尺三寸二分，長六尺五寸。

上駐磁州，晨起出郊，騎軍從行。馬行，忽白兔躍起，上彎弓，一發中之。將士莫不駭服，然兔色之異，命中之的，二事皆契上瑞。臣謹贊曰：惟是狡兔，色應金芳。因時特出，意在騰驤。聖人膺運，撫定陸梁。一矢殪之，永奠家邦。有「西山」、「真德秀印」二印。

第六段高一尺三寸二分，長六尺。

靖康丙午，京城陷没，盡取二聖及天眷在南郊。潛謂守者云：上領兵河北，旦夕即至。俾守者聞其言，紿寬二聖之心。顯仁嘗以象棋黄羅裹將子書康王字，晨起焚香祝曰：「若擲子在盤，惟康王子入九宫者，上必得天位。」擲下果如祝，他子皆不入，衆皆稱賀。亟奏，徽宗大悦，具異之。臣謹贊曰：宗廟大慶，昌論春陵。三十二子，乾□允升。克應密祝，如叶大横。再造王室，萬福是膺。真德秀謹書。下有「西山」、「真德秀印」二印。

臣李嵩、蕭照謹進。

《瑞應圖》爲李、蕭二公合作進呈之物。向入内府，吾元定鼎之初，散失民間，爲善之副使珍襲。用筆設色，精細神妙，全與周昉、劉松年迥絶。至于人物生動，布置委曲，可謂大觀。是豈後世所得窺其奥哉？善之收藏頗富，而欲求此不世之奇，恐未易得也。寶之珍之。

鮮于樞伯機題。下鈐「鮮于」、「伯幾印章」二印。

自古帝王應運而興，必有非常之瑞以符之。此高宗《瑞應圖》之所從來也。此卷爲李松、蕭照圖其事實以進于上，誠可謂宇宙第一寶玩矣。史公得以什襲，出以示予，此不惟予之得見古人遺筆爲幸，而善夫得此寶矣。高郵龔璛謹跋。下鈐「涇凡氏」一印。

右李嵩、蕭照合作《高宗瑞應圖》進御本也。余嘗見馮祭酒家藏二卷，亦蕭照作，有曹勛《題贊》及《小序》。勛書類米敷文，而照畫稍遜不及此卷之韻。至界畫人物，諸當行家兼長并妙，可以雄視院畫。本中丞公所藏，失而復歸，可謂于氏瑞應矣。是日，南宫所舉金沙于王與甲族共登第者五人。董其昌識。下鈐「昌」一印〔六〕。

右三跋共一紙。

## 宋岳武穆草書横卷江寧張孟卿繼昌參軍藏〔七〕

紙本。高一尺二寸弱，長二丈一尺二寸。前有「天籟閣」、「項氏子京」、「子京父印」、「項子京家珍藏」、「内府之寶」、「廣運之寶」、「明昌之寶」諸璽印〔八〕。

敕報遊西内，春光靄上林。花圍千朵錦，柳撚萬株金。燕繞龍旗舞，鶯隨鳳輦吟。君王多雨露，化育一人心。《從駕遊南苑》。號令風霆迅，天聲動北陬。長驅向河洛，直搗向燕幽。馬蹀閼氏血，旗梟可汗頭。歸來報明主，恢復舊神州。《送張紫巖北伐》。魏石山前寺，林泉勝復幽。紫金諸佛像，白雪老僧頭。潭水寒生月，松風夜待秋。我來囑龍語，爲雨濟民憂。《題鄱陽龍居寺》。愛此倚闌干，誰同寓目間。輕陰弄晴日，秀色隱空山。島樹蕭疏外，征帆杳靄間。余雖江上老，心羨白雲還。《題池州翠巖寺》。秋風江上駐王師，暫向雲山躡翠微。忠義必期清塞水，功名直欲鎮邊圻。山林嘯聚何勞取，沙漠群凶定破磯。行復三關迎二聖，金酋席卷盡擒歸。《題翠巖寺》。立馬林岡豁戰眸，陣雲開處一溪流。機春水址猶傳晉，黍秀宫庭孰憫周。南服只今殲小醜，北轅何日返神州。誓將七尺酬明聖，怒指天涯淚不收。《題驟馬岡》。經年塵土滿征衣，得得尋芳上翠微。好水好山看不足，馬蹄催趁月明歸。《池州翠微亭》。膽氣堂堂貫斗牛，誓將直節報君仇。斬除元惡還車駕，不問登壇萬户侯。《駐兵新淦題伏魔寺》。無心買酒謁青春，對鏡空嗟白髮新。花下少年應笑我，垂垂羸馬訪高人。《過張溪贈張完》。

余守母制，讀禮方殷，未嘗與聞外事，檢家藏法書名帖，不忍釋手，遂覺臨池之興，勃勃莫遏，因將舊作摘録數首。噫，余荒筆墨已久，執筆時不勉腕强，難逃大雅之譏也。然細閲之，雖不欲媲美前人，尚無健拔弩張之態。故存之，飛識。下鈐「岳飛私印」一印。

紹興歲次戊午冬月，余母服已闋，將赴闕請訓，因閲此而嘆曰：「恐將來無暇及此矣！」飛再識。鈐「武昌郡開國公圖章」，白文，押諸字上，下有「岳飛私印」。

前跋中有「明昌御覽」、「萬曆御府之寶」、「内府之寶」、「湯氏寶玩珍藏之印」、「丹丘柯九思記」、「玄賞齋」、「項氏子京」、「子京父印」、「桃花源裏人家」九璽印〔九〕，又二印不識〔一〇〕。

## 宋錢舜舉醉翁亭記横卷〔一一〕

絹本。高一尺四寸强，長二丈六尺又半寸。卷首一紙横書「琅邪進趣」四篆字，行書署款二行云：「弘治三年七月何澄。」下鈐「何澄之印」、「竹鶴老人」二印。

錢選。下鈐「錢選之印」、「舜舉」二印，此印右有「遇九珍藏」一印。

吴興錢舜舉又號玉峰，舉元進士，工人物山水。其賦色花鳥亦精麗，爲一代師法。此《醉翁亭卷》筆意古雅，氣韻清蒼，所謂望之深秀者。其間行歌往來不絶，儼然滁人游歡，射弈觥籌，肴歈雜陳，儼然有衆賓喧嘩之聲。白髮頹然，儼然太守醉也。不獨太守醉，余觀此圖亦不覺頹乎其間。於戲！非深于文者，何能摹寫其委曲情致于畫耶？當與李伯時《西園雅集圖》、顧閎中《夜晏圖》并傳不朽。潛翁盛德。行書十九行，與後跋同一紙。下鈐「盛德之印」、「大本」二印，首有「湖山煙月」一印。

延璧茂才好古博雅，所藏《醉翁亭卷》爲錢舜舉神品。相傳此卷嚮有諸宿老題跋，惜經不肖者割去。今存一二。然古人桀作，世自有鑒别，不惜重價購之，觀此知廷璧好古不虚矣。張振淵書於石鏡山房。草書六行。下鈐「張振淵印」、「彦陵」二印。首有「石鏡」印〔一二〕。

## 宋錢舜舉王會圖懷寧市中見

絹本。高一尺四寸，長七尺零四分。開卷即二人牽二大獸左行；又左一人抱小獸；又左一人高冠朱服束帶，儀觀甚偉，蓋其酋也。又左一人奉圓瓶，有舟盛之。一人右抱物若阮咸，左手復有提意，皆向酋。不知六人之前猶有人物而失之否也。前有「何氏元朗」、「柳氏道傳」二印。

《王會圖》：模寫太湖之濱。雲谿翁錢選舜舉。

右作二行下有「舜舉」朱文印，又有「喬氏□成」、「銕笛道人」、「桂□安國賞鑒」、「仲昜」、「□龍私印」、「金氏元玉」、「山邨□遠仁近」、「覃溪審定」等九印。

皇元統天寰海一，萬里梯航供貢職。八番稽顙效藩臣，諸夏歸心知帝力。罽賓天竺三佛齊，重譯遠來懸度西。長繩引步陵險厄，峥嶸下臨不測溪。泥金悉曇書貝葉，織成金縷揚光輝。契丹豪健覇西夏，吐蕃自昔雄鮮卑。穠妝錦帽馴象兕，色鑄瑚辣堆瑠璃。金牛頭冠金馬座，犎豵獅豹貂獒犀。駭鷄琿渠夜光璧，翅鳥木難明月璣。氍毹毾㲪絨錦氈，護那越諾火浣衣。火齊瑟瑟累齒貝，琅玕倒倚珊瑚枝。紫駝雜還走羊鹿，角端珍異奔騊駼。詠多門靡相矜衒，詭服奇形争利見。膜拜躬趨白玉墀，登庸首進黄金殿。伊誰寫作《王會圖》，有元霅叟作佳傳。至正三年五月既望，錢塘紫芝俞和。十四行小楷。下鈐「俞龢」、「玉歌館」二印。

右俞詩紙本高一尺四寸，長一尺五寸五分。行款如前紙。首有二印曰：「桂□安國賞鑒」、又曰「何氏元朗」。

元吴興八俊，趙王孫稱首，而錢舜舉與焉。至元間，子昂被薦入朝，諸公皆相附取官爵，獨舜舉乃宋季進士，齟齬不合，流連詩畫以終其身。此作《王會圖》以見蠻夷率服之盛。昔張彦遠《名畫記》云：有梁元帝善畫外國來獻之事，常作《職貢圖》而序之。又《唐畫録》云：閻立德歷官工部尚書，與弟立本俱造其妙。則知此圖蓋模立本筆也。其高古處幾與閻筆無辨，藏者珍諸。時成化庚寅修禊日，長洲吴寬識。下鈐「吴寬」、「原博」二印。

**右吴跋，紙本，高一尺四寸，長一尺零三分。九行，行十九、二十字不等。**

盛德之世，遠人慕義，梯航來享，史册所載。每足動考古之流連，況形諸圖繪者乎？此圖筆墨精妙，得之吴興友人家。籤軸蠹蝕，而絹素尚自完好。余重爲裝潢，因襲而藏之。董其昌識。

右董跋，八行，行十字。行草署名。下鈐「董玄宰」、「太史氏」二印。下有「蘇齋墨緣」一印。

尺幅六人獸兩三，湖濱墨彩縑不蟬。湖濱自題止於此，執藝所托誰能探。匏庵跋推雪溪叟，紫芝生作至正談。有元混一盛方物，梯航述職交朔南。枏檀蘇合古剌水，浄瓶寶器來瞿曇。吉利吉思魴尾尾，阿塥必節毦毿毿。乞里彎獅麝香豹，槵寫不盡貗與虪。見元劉郁《西使記》：阿塔必節，元時琉球所貢異獸名也。近陳居中遠閻相，筆勢栩栩神相參。周書王會備西旅，豪酋義孰馬鄭諳〔一三〕。繪工豈異經訓證，秘崖裝馱争牽擔。題辭并授梁帝製，且莫臨仿嗟出藍。秋燈我夢缸面酒，伏梁《禊帖》同開函。

嘉慶丁巳秋九月，北平翁方綱題。行書十六行。下鈐「翁方綱」、「覃谿」二印。

## 宋元人書札十五紙册子貴筑陳息凡州守藏

并紙本。舊爲徐氏物，陳息凡州守爲贖之京師質庫，咸豐十年八月獲觀于趙州試院。

軾再啓：武昌不獲再會，至今耿耿。承惠書爲别，感服不可言。來歲出按江夏，必行屬縣，當復過江求見也。過桃源想復一訪遺蹤，鼎、澧間故多佳處耶。《新唐書》言劉夢得《竹枝詞》，至今武陵俚人歌之，亦復信否？夢得言《竹枝》聲含思宛轉，有《淇》、《濮》之艷，若果爾，獨不可令蘇、秀二君傳其聲耶？呵呵。傳舍之會，恍如夢中事矣。十一月廿八日，軾再拜。十二行。

右東坡一札，高一尺零三分，廣一尺四寸六分。

芾頓首。再行遞中，辱示起居冲裕，隨臺奉間燕良適，蹇公曾相及否？芾再拜。七行。

右元章札，係僞作。

庭堅頓首。辱教，審侍奉萬福爲慰。承讀書緑陰，頗得閒樂，甚善甚善！欲爲素兒録數十篇妙曲作樂，尚未就爾。送紙太高，可書大字，若欲小行書，須得矮紙乃佳。適有賓客，奉答草率，立之承奉足下，庭堅頓首。

右涪翁札，高一尺一寸，廣一尺七寸。十行。

筠或恐豐城及豫章城下有所二行。委令，敬俟二行。約束，當竭駑蹇之勤。三行。右謹具申四行。呈，五行。朝請郎新通判江陵軍府事兼管内勸營田事六行。陸筠劄子七行。

右陸劄，高八寸八分，廣九寸八分。七行。

德秀鄰墻，久疏請見，第切傾渴，伏辱教。汙□□□□〔一四〕第未承約束之前，以宋令君爲莆田簿，求憲臺書致闢陞之請，已爲作之矣。今未可以再用，是不果遵命，非敢靳也。先著作文集跋語，旦夕顓得納呈，并兹布及，伏几台照不宣。德秀頓首再拜上復周卿學士座右。

右西山札，高一尺，廣一尺三寸，十一行。中有數字不可解，疑作僞誤字。

前日於維揚肆間收得漢太平彝，古色甚可愛，望過舟中一觀并午飯，何如？孟頫白子茂賢令君足下。「趙氏子昂」。

右子昂札，高九寸二分，廣一尺一寸四分，七行。前有「小埜審定」一印。

早承惠酒，感激感激，連日何爲不見過，豈有所見怪，即□遣人尋仲□來，不宣。廿四日孟頫頓首進之足下。

右子昂札，廣九寸四分，高一尺有五分，六行。有「趙氏子昂」一印押名上，後有「袁小埜藏書畫金石印」一印。

林椿事望照顧，鮮于樞上巡檢吾侄，勿令公使人逐日上門，可約□日□黄伯爲妙。

右伯幾札，高一尺零二分，廣九寸二分，七行。有「鮮于」朱文印押名上，前有「袁小埜藏書畫金石印」一印。

《樂毅論》已刻多少，晚六望令茆生過此，欲臨《鵝群帖》中一二筆，孟頫頓首進之提領足下。

右子昂帖，高一尺，廣七寸四分，五行。有「趙氏子昂」印押名上，前有「袁培鑒賞」，後有「小埜審定」二印。

鷗波之亭在□，繞竹唯宜。足下琅玕可數萬，而青□無一竿，無固俗，而多亦近俗也。願乞一二，俾結清風明月緣。謹荷鋤以待，不一一。孟頫再拜子肅茂才。

高一尺零五分，廣一尺。七行。有「趙氏子昂」印押名上。前有「袁培鑒賞」，後有「貞吉」、「春雨軒」三印。

欲修合少藥餌，煩足下過此議之，專俟俟，孟頫白進之足下。

高一尺，廣六寸四分，四行。有「趙氏子昂」印押名上，後有「袁培鑒賞」一印。

昨以涓埃之報，未蒙注存，迄今猶抱耿耿，河之未審若何，幸示下爲感。九思頓首君軒老兄。

右柯敬仲札，高一尺一寸四分，廣七寸五分，有「柯九思」朱文印押名上，前有「小埜審定」一印。

盛暑如焚，遠勞僕御，銘心何忘？拙婦昨日所賜藥三貼并滓今早出盡，煩燥比之向來已減，但大臟未住，小便未多耳。善才奴交泰丸□杞葉散已喫盡，小兒喫藥不無拋撒，瀉未減，昨夜三行，今早二行，皆水瀉。目今煩燥渴甚。適爲無藥，新汲水調五苓散少許，令喫。望先生致思何藥付下，幸甚！樞頓首澄虚真人方丈前。

右鮮于伯機帖，高一尺二寸七分，廣一尺三寸，十一行。有「鮮于」朱文印押名上，前有「小埜審定」一印。

一舊曾患牙疳，今牙齦却紅，似再發。一口中上齶止喉，有白細瘡。一煩悶不睡〔一五〕，服藥後稍得睡，然睡中忽啼叫而覺。一夜間服抱龍後，四更時乾嘔，吐少清水。一三日來，晝夜有一二聲，今日咳一二聲後，吐出少乳，如三五蜆蛤殼許〔一六〕。

右鮮于《盛暑帖》之第二紙也。高九寸九分，廣一尺二寸，十一行。下鈐「鮮于」朱文印，前有「袁培鑒賞」一印。伯幾及後天雨二帖皆佳。

遨頭二公，承三賢過陽室，風雨未由修謝，間止，復以詩先之，謹次韻一首，以識其慚負云。登善庵主張雨上。「二妙一時真好事，山中墊角肯來過。自無絲竹猶陶寫，薄有風雲足嘯歌。《流水》雅和冰玉珮，《猗蘭》分住石苔窩。世人詎識主真子，西子湖頭雨一蓑。」至正丙戌秋孟廿又二日，靈石塢寫，時大風雨，三宵晝未已也。

右張天雨詩片，高一尺一寸，廣一尺五寸，有「張天雨印」、「鼎居」二印。前有「天官大夫」、「王澍」、「小埜審定」三印。

## 宋元明人合璧畫册二十四幅 朱亮甫太守右曾藏

### 元黃大癡山水。

絹本。高廣并一尺一寸强，題名在右端，三行。

至正辛未仲冬，黃公望作。

此幅極蒼潤，署款下有「大痴行人」、「子久」二印。

**宋李晞古山水。**

絹本。高尺二寸，廣二寸半，題端在右足端縫中。

李唐。

**元冷龍陽子山水。**

絹本。高廉并尺二寸弱，款在左足山縫。松外雲，雲外重巖叠嶂，中有飛瀑穿雲注于松下。

龍陽子冷謙畫。

謙字啓敬，元人，與趙承旨同觀李將軍書，得法。明永樂初仙去。

**元王景溪花鳥。**

絹本。高廣并尺二寸弱，分書，款在右花根之下。

若水王淵畫。

元王淵，字若水，號澹軒，錢塘人，得趙孟頫指授，尤精花鳥竹石，署款下鈐「杲溪」一印。

**宋米元章雨山。**

絹本。高二尺，廣二尺，款在絹右端，筆墨痕不與絹相入，款字亦不佳，僞作也。

米芾。下鈐「米芾」一印。

**唐李昭道金碧山水。**

絹本。高二尺二寸，廣稍弱。款在右足山縫。

昭道，思訓子，宗室。言山水者，稱小李將軍；變父之勢，妙又過之。所畫層樓疊閣，界畫精細，寸馬豆人，鬚眉畢具。思訓，字建見，金碧輝映，爲一家法，後人著色，往往宗之。

**元柯敬仲水墨寒原疏樹。**

絹本。高尺二寸强，廣稍弱，款在下端。

**元管夫人水墨溪山叢竹。**

絹本。高二尺二，廣二尺二寸半，款在左足，壓皴而書。

丹丘生。下鈐「丹丘生」一印。

天水管道昇繪。

**元盛懋青緑山水。**

絹本。高尺二，廣尺一，款在左足，壓皴，字不佳。

武唐盛懋寫。

懋字子昭，元臨安人，洪子。

**明文待詔山水。**

絹本。高、廣并尺二寸，款在左足，壓皴，不佳。

徵明。

**宋劉松年雪景**

絹本。高、廣尺二寸弱，款在右足右縫。

松年。「松年之印」。

松年，錢塘人，俗呼爲暗門劉，淳熙畫院學生，紹熙待詔，工山水樓臺人物。

**元方方壺青緑山水**

絹本。高、廣尺二寸，隸款在右足，壓石皴。

方方壺作。

元方從義，字無隅，號方壺，貴溪人，上清道士，山水瀟灑，有董、巨、二米遺韻，洪武時尚在。

**元倪雲林山水**

紙本。高尺二寸强，廣二尺二寸弱，款在左端，四行。

至正癸丑冬十月望前二日，東海瀕生倪瓚記。有「倪元鎮印」、「雲林」二印。

**元吴仲圭山水**

絹本。高、廣尺一寸强，無款識。有「吴仲圭氏」、「某華道人」二印在左端，此幅佳。

**後梁洪谷子疏林寒山**

紙本。高尺二寸，廣稍弱。

洪谷子作。下鈐「洪谷子」一印。

後梁荆浩，字浩然，號洪谷子，河南沁水人。

**明沈石田山水**

紙本。高尺二寸强，廣二尺四寸弱，題詩在右端，八行。筆力蒼厚，斷係真作。羣山磊落照人游，管領煙波有此舟。不信當時風月裏，可能干得廟堂悠。沈周。下鈐「沈周」一印。

**明唐子畏山水**

絹本。高、廣尺一寸强，左下端有一印，似唐子畏。

**明仇實父山水樓閣**

絹本。高尺二寸，廣尺二寸半，款在左，壓山皴書。實父仇英製。

**宋趙承旨馬一匹**

絹本。高、廣并尺二寸弱，畫高柳下，一人牽馬渡板橋，款右下端押山皴。子昂。下鈐「趙氏子昂」一印。

**明吕四明花鳥**

絹本。高、廣各尺二寸弱，款在右端。

吕紀。下鈐「廷鎮之印」一印。

洪谷、石田佳，丹印亦佳，唯洪谷款可疑。李唐、冷謙、昭道、實父皆一手。盛懋、徵明、方壺、子昂、子畏同一手。仲圭、大癡俱佳，但似同一手仿作。大米、松年皆臨本。仲姬竹外溪山佳，款僞。蓋不知誰作。

合璧連珠，四篆書，横題卷首一紙。「白昜山人」、「陳印衍復」、「復父氏」，一在篆前，二在篆後。

止庵錢君邀游石湖，歸途出此册示余。自唐及本朝諸大家共二十幀，俱諸人生平得意作，洵爲希世之寶。白陽山人篆「四朝合璧」四字於其前幅，諸君子在當時，得其寸縑尺幅，已如吉光片羽；止庵乃滙而有之，非深於此道，精心購求，曷能成此寶玩？披覽之餘，不忍釋手，竟至達旦，因志數語於後。時辛丑重九日也。文從簡。行書。

甲申春，王小泉蘇祥拜觀。篆書。下鈐「蘇」、「祥」二印。

順治十年，江上笪重光觀於當湖錢氏之知止堂。行書。下鈐「笪重光印」一印。

丙戌秋八月，鳳丘尤求觀。真書。下鈐「吴人尤求」一印。

老連洪綬觀。行書。下鈐「老蓮」一印。

墨井道人獲觀於壬戌之小重陽日。行書。下鈐「墨井」一印。

忘庵王武拜觀。行書。下鈐「勤中」一印。

清於女史惲冰觀。行書。下鈐「惲冰」印。

此册舊爲當湖錢氏世寶，近歸我鄉子與吴君。子與父子俱好古之士，必能世守此寶也。馬扶義識。行書。

鐵嶺高其佩拜觀。行書。下鈐「且園」、「高其佩」二印。上十人題識爲一紙。

吴氏近得此册，寶若連城，不肯輕易示人。吴與余家爲至戚，因而借得披覽二十日，不能盡其妙，恐蒙久假之誚，爲識數語而歸之。時在丁亥花朝，江香馬荃。行書。下鈐「馬荃」一印。

辛酉十二月廿又四日，芝瓢張煒觀。行書。下鈐「張煒之印」、「芝瓢」二印。

## 宋拓李北海書葉有道碑

剪裱二十一頁，每頁八行，行七字。尾頁不足者二行。錢唐梁山舟氏舊藏，今歸烏程蔣海珊堂郎中。同治丙寅六月中伏，寓滬上也是園，借觀消暑。

**唐故葉有道先生神道碑**并序

括州刺史李邕文并書。文不録。

開元五年，歲在丁巳三月七日，侍者清溪觀主詹玄一，丁……

**《定風碑》墨搨記**

歷朝金石墨搨流傳於後世者，非寶其異而難得，即寶其書之神奇。而《定風碑》則更以靈異著。考是碑，乃唐葉法善真人爲其祖立也。真人以道行爲玄宗所尊寵，與張果老、羅公遠同侍禁廷，世傳有邀帝游月宫之事。《霓裳》一曲，播美千秋，洵非幻托也。真人浙東松陽人，因修其祖有道公墓，欲爲立碑，其時北海李公出守括州，以文詞書翰負重名，杜少陵所謂「碑板照四裔」者，真人乞爲文成復請書，北海未之許也。一夕，真人坐壇，書符召北海魂至，曰：「向藉雄文，光生泉壤，然非大筆書之，不足以垂久遠。」北海神魂惝恍，遂爲書之。書至「開元五年歲在丁巳三月七日，侍者清溪觀主詹元一」之下「丁」字，適雞鳴，不及書丁某之名，僅於丁字下連點數點而去。真人即以所書勒碑建亭，竪於墓前。它日持墨搨向北海道謝。北海驚曰：「往余以爲夢，乃竟非夢邪？師真神人也。」故當時稱爲《攝魂碑》，又名《丁丁碑》。宇内聞其靈異，争購藏之。是碑可避邪魅，避水火，且筆法秀勁，神韻天然，幾抗顔、柳之上。宋歐陽公、蔡端明咸以北海此碑爲第一。近世《珊瑚網》、《堅瓠》等集亦載是碑之異。元時有閩商携以渡海，遇颶風，它舟沈没，而閩商無恙。點檢舟中無它物，惟此帖耳。因又名《定風碑》。凡涉險者皆欲携以自衛。上自朝貴，下及士庶，無不求索，槌拓殆無虚日。至大四年間，忽夜起暴風，木伐瓦飛，黎明視之，失碑所在，識者咸謂真人不欲靈迹久留於世，亦猶《薦福》之遭雷轟也。自是此碑無從槌搨，僅存舊搨而已。況又時代屢遷，兵燹之餘，存者益鮮。國朝康熙間，石學使求之，僅得一本，後有尚衣使者欲以此進呈，遍求之不得。余幼時曾於鄉先輩處獲見是碑，中心藏之，無時或失。歲在丙申，楊公成龍調守括州，曾托代訪。公素重然諾，不惜重資，遣使至松楊求之三月，始於真人後裔老媪處購得此本寄余。余審視之，洵是元以前拓本，欣喜過望，爰付裝潢而珍藏之，并記其顛末云。

乾隆四十一年歲在柔兆涒灘之壯月，錢唐梁同書謹志。

右記五頁半，五十四行，行草書。下鈐「梁印同書」、「梁氏元穎」二印。

《葉有道碑》，相傳葉法善攝北海之魂書之，其事頗誕。今觀是刻，較《雲麾》、《嶽麓》諸碑筆力稍弱，而神味彌勝。竊臆度之，人之神明，魂爲之也，人當酣卧，魄不能離體，故睡夢中尚能轉側。今憑魂作書，魂全而魄不全，是以神明不爽，而運腕之力不逮平時，其然乎？其不然乎？當質諸入定出定者。

聞公出示此本，爲書數語歸之。時在嘉慶庚辰初夏日，李福跋于花嶼讀書堂。十四行，行書一頁有半。下鈐「李福之章」、「子仙」二印。

北海《雲麾》、《嶽麓》諸碑，均以英挺見長。此碑用筆在有意無意間，别具一種神韻。即令北海它日爲之，不復能如此超妙，攝魂之説，定不誣耳。至大間碑失所在，拓本流傳不可多覯。庚戌夏中，余以督遠賑米至杭，假館於五雲軒，住持慈峰上人出此見示。時梅雨經旬，終朝悶坐，展玩數四，客懷爲之一暢。臨行書數語以歸之。臨海日運百甓齋主人陳春暉識。行書九行。下鈐「陳印春暉」、「瀛東」二印。

此碑筆法根抵山陰，試摘碑中「豈」、「群」等字，證之《蘭亭》，無一筆不合。在北海諸巨迹中，别是一種風格。同治癸亥秋八月下浣，海珊老弟出此屬題，時將赴潤州，倚裝書此并記。行書四行，二跋同一頁。下鈐「吴雲私印」「平齋」二印。

唐李北海行書，與褚河南草書，并是繼往開來聖手。褚碑真迹猶多，李碑則《麓山》、兩《雲麾》外，覩已罕矣。浙中唐刻必以北海《秦望山》、《葉有道》兩碑爲甲觀，惜皆不存。後人傳刻，意攙他碑筆否，固未由校核也。友芝咸豐丁巳夏館順元，獲見《秦望山》宋拓本於周小湖觀察。同治丙寅客滬上，又獲見《葉有道》宋拓本於蔣海珊部郎，并精采流溢，駭目洞心，又許假讀過夏以消伏暑。十年快事，乃有此儷，亦墨緣異數也。《秦望》骨氣堅卓，是趙承旨宗師，《有道》神韻清空，又爲董尚書鼻祖。宋人於北海書極右《有道》一石，董尚書變法固從宋四家出也。入秋少涼，書所見歸質蔣君，以爲然否？七月既望，南園池上。獨山莫友芝。行書十四行，大半頁。

## 宋拓顔魯公書李含光碑

剪裱十頁，頁六行，行五字。道光初，嘉興張叔未廷濟所藏，後歸上海徐紫珊渭仁。丙辰六月，紫珊之子石史豫持以相示。蓋僅損十字，南宋末拓本也。至元、明間拓本，字畫乃多開改，失真矣。

## 唐故玄静先生李君之碑并序

大曆六年五月。

紹興丁巳五月十有四日，大風折顔碑。霅溪沈作舟扶起之。廿三字，當刻在碑尾。

明中葉茅山玉晨觀災，《元静先生碑石》遂如瓜剖豆分。此尚是未破時拓，而紙墨淳古，應是南宋時孺脱者。余家有是碑殘石一片，是句曲友人覛以索書者，然如此本全善之拓，目中不過三四見，固是刻中之天球鴻寶也。道光三年十月望後叔未張廷濟。

碑中「與先生門人中林子殷淑、遺名子韋渠牟嘗接采真之游」數語中，其「生門人」三字，元刻作「門人中」，「子韋」二字，元刻作「韋渠」，「接」字，元刻作「采」。豈初刻時遺一「生」字，而此十餘字已刻始覺之，磨去改刻，而磨不盡者尚存此六字耶？六字惟「渠」、「采」二字稍細瘦，餘四字亦與改刻筆畫不異，則何也？以補「楊、許之闕」一句，「楊、許」二字，獨緊峭而小。蓋非顔書，如《臧懷恪碑》……之比耳。

【校勘記】

〔一〕其：莫繩孫此頁有浮簽注云：「第七行『其』，疑爲『某』之誤。」

〔二〕「廣長閣主」、「王印穉登」，「長」字、「穉」字原空缺，據《中國書畫家印鑒款識》補。

〔三〕手稿本此下有「二印在歐、危兩跋之間」。

〔四〕畏篤：原作「畏讀」，據《珊瑚網》改。

〔五〕上二詩：原作「上一詩」。按以上實有二詩，應爲筆誤，徑改。

〔六〕此下手稿本有「又有『玄宰』二印」一句。

〔七〕貴州省博物館藏莫友芝手稿此題首無「宋」字；題首小注字在下「前有」句前。

〔八〕貴州省博物館藏莫友芝手稿此句諸印之下標明「朱」、「白」：「天籟閣」朱；「項氏子京」、「子京父印」白；「項子京家珍藏」朱；此下三印并朱。

〔九〕貴州省博物館藏莫友芝手稿以上九印，前五印標明「朱」，中間三印爲「白」，最後一印爲「朱」。九璽印，原作「七璽印」，實爲九印，徑改。

〔一〇〕又：莫友芝手稿作「有」。

〔一一〕莫友芝手稿題首無「宋」字。

〔一二〕莫友芝手稿之末無「首有『石鏡』印」五字。又，此上莫友芝眉批曰：「今《跋》竟無一存。」

〔一三〕諳：原作「譜」，誤。據手稿本改。

〔一四〕據《式古堂書畫彙考》卷十五，「汙」下四空缺爲「深仞不彼」四字。

〔一五〕手稿本作「煩」，應是。

〔一六〕殼許：原作「□汗」，據手稿本及《宋元尺牘》改。

此下黔南叢書本《説文木部箋異》有「前輩見戴侗引《晁記》唐本許書雖刺謬，猶貴重。近人獲《蜀石經》殘拓，寶過宋槧元鈔。矧此千歲秘笈，絶無副迻」一段。

# 書畫經眼録卷三

## 元趙文敏書天冠山詩横卷貴筑劉卓枝藏

紙本。高一尺二寸强，長一丈一尺七寸强。行書。紙有兩合縫。總題至《玉簾泉》十詩三十一行爲一段，《長生池》至《風洞》十一詩三十三行爲二段；《釣臺》後七詩并尾識二十五行爲三段；尚有餘紙四寸許。卷首及兩縫押「郘亭寓公」印識之，劉生欲爲作跋未就，先以分書記餘紙，以「郘亭」印押卷首及兩縫。

**天冠山題詠**其詩與秦刻同者不録

《龍石巖》、《洗藥池》、《煉丹井》、《長廊巖》、《金沙嶺》、《昇仙臺》、《逍遥巖》。兹巖足逍遥，下可坐百人。豈徒木石居，直與猿鶴鄰。

《靈湫》秦石題下有注云：上有亭名「聽雨」，此無注。後《寒月泉》、《玉簾泉》二詩，秦石所無。

《寒月泉》：我嘗游惠山，泉味勝牛乳。夢想寒月泉，携茶就泉煮。

《玉簾泉》：飛泉如玉簾，直下數千尺。新月横簾鈎，遥遥桂空碧。

《長生池》、《道人巖》、《雷公巖》、《石人峰》、《學堂巖》。仙人非癡人，山中猶讀書。嗟我廢學久，聞此一長吁。

《老人峰》、《月巖》、《鳳山》、《仙足巖》詩中「石室」，秦石作「石屋」。《鬼谷巖》、《風洞》、《釣臺》詩中「視投釣」，秦石作「示垂釣」。《磔潭》詩中「或潛淵」，秦石作「或方潛」。《馨香巖》、《三山石》詩中「石癖」秦石誤寫倒。

《五面石》：洞中即仙境，洞口是桃源。何殊武陵路，雞犬自成村。

《小隱巖》：林藪未爲隱[一]，仙厓猶可梯。終當携家去，瑶草政萋萋。

《一線天》。醯雞舞瓮天，井蛙居坎底。莫作一綫看，開眼九萬里。詩中「瓮天」，《秦石》作「瓮中」，此第三句「綫」下衍「天」字。

道士祝丹陽示余《天冠山圖》求賦詩，將刻石山中，爲作此廿八首。延祐二年十月廿四日，松雪道人。下鈐「趙氏子昂」、「松雪齋」二印。

貴筑劉卓枝世寶。咸豐五年秋八月，獨山莫友芝獲觀。冬十月重觀，審定真迹，敬記。

同月遵義鄭珍同莫庭芝、唐炯觀，兒知同侍。

## 元趙文敏畫馬横卷 周繼煦藏

絹本。高一尺二寸，長五尺六寸半。一三馬官各跨一馬[二]，別牽二馬，後一馬銜轡，二馬不加轡。

元貞二年四月二日。吴興趙孟頫。下鈐「趙氏子昂」、「趙孟頫印」二印。

君不見，太宗昔剪劉黑闥，跨下征鞍如箭發。神姿獨數拳毛騧，駿尾蕭蕭摇緑髮。又不見，子儀收復京師時，九長虬賜歸來遲。羈金絡玉照都邑，千金騕褭生光輝。榮禄如何千載下，能寫當時衆名馬。想當落筆凝思時，意匠經營妙揮灑。稜稜逸氣何壯哉，虎文鳳臆非凡材。房星流光射筆底，天骨森立真龍媒。圉人不冠新結束，又類開元張太僕。遂同毛仲王大奴，雙挽青絲出天育。榮禄妙藝精入神，前身定是曹將軍。只今未必無此馬，便欲寫之無此人。遂昌尚左生。草書。下鈐「鄭氏明德」一印。

吴興道人好清事，模就青花赤鬃騎。渥洼産此非凡駒，矯矯房星應天駟。霜蹄踣鐵若真龍，圉官牽來大厩東。浴於昆明靄香霧，嘶向閶闔生春風。曾被金鞍籠玉勒，駕出觀民游上國。羽林萬騎擁風雲，八駿超雄意輝赫。看來好馬人不殊，得遇昂昂大丈夫。天下良才豈不有，只恐伯樂人間無。雲間沈度。下鈐「沈度」、「沈氏民則」二印。

八駿瑶池去不還，雄姿嘉寫落人間。刷塵戲逐春波暖，花雨深紅濺錦斑。長沙李東陽。下鈐「濱」一印。詩前鈐「長沙」、「七十峰深處」二印。

## 元趙文敏採芝圖大幛貴筑貢生傅鈞藏

絹本。高一丈三尺八寸，寬六尺五寸。大著色，仙山樓閣極蒼厚。道光丙午冬，計偕道省獲觀。咸豐癸卯再觀。惜絹朽，安得更好裝之。

大德五年秋七月。子昂。行書二行在右端。下鈐「趙氏子昂」一印。

峰廻萬疊應三台，絳闕丹房仙府開。知有高真齋獻壽，麻姑先自採芝來。邵庵虞集。行書四行在左端。下鈐「虞雍公世家」一印。詩端有「天藻亭」朱文小印。

## 元趙文敏臨天馬圖横卷周春甫繼煦藏

絹本。凡馬五匹，皆右首各牽一人〔三〕，馬後各録元識。第一匹後云：「右一匹，元祐元年四月初三日。左騏驥院收董氈進到錦膊驄，八歲四尺六寸。」第二匹後云：「右一匹，元祐元年十二月十六日，左騏驥院收于闐國進到鳳頭驄，八歲五尺四寸。」第三匹後云：「右一匹，元祐二年十二月廿三日，於左天駟監揀中秦馬好頭赤，九歲四尺六寸。」第四匹後云：「元祐三年閏月十九日，温溪心進照夜白。」第五匹後云：「元祐三年八月初九日，進到豹頭驄，四尺六寸。」五馬後又録元跋云：「余元祐庚午歲，以方聞科應詔來京師，見魯直九丈於酺池寺。魯直方爲張仲謨箋題《李伯時畫天馬圖》。魯直謂余曰：『異哉，伯時貌天厩滿川花，放筆而馬殂矣。蓋神駿精魄，皆爲伯時筆端取之而去。此實古今異事，當作數語記之。』後十四年，當崇寧癸未，余以黨人貶零陵，魯直亦除籍徙宜州，過余瀟湘江上，因與徐靖國、朱彦明道伯時畫殺滿川花事，云此卷公所親見。余曰：『九丈當踐前言記之。』魯直□云：『只少此件罪過。』後二年，魯直死貶所。又七年，余將漕二浙，當紹興辛亥，至嘉禾，與梁仲謨、吴德素、張元覽泛舟訪劉延仲於真如寺，延仲出是圖，開卷錯愕，宛然疇昔。拊事念往，逾四十年，憂患餘生，巋然獨在，彷徨弔影，殆若異身。因詳叙本末，不特使來者知伯時一段異事，亦魯直遺意，且以至軸遺延仲，俾重裝飾云。空青魯紆公卷書後。」後自署云：「大德三年，歲在己亥秋八月，得觀李龍眠此卷，戲臨於松雪齋中。子昂。」

## 元趙文敏臨褚枯樹賦册子合肥李少荃廉訪藏

絹本。八葉，高廣約六寸許。每葉八行，行八字。行書。意境在臨智永《千文真草》之間。有乾隆壬子殷翼軒跋二葉。咸豐辛酉八月六日，依其水師，舟發東流，搶風指安慶。才行三十里吉陽湖，東北風長不能進，遂泊。船窗對玩竟日，頓忘風水之阻。

**枯樹賦**文不録

大德九年三月十八日，臨褚河南書，子昂。下鈐「趙孟頫印」、「趙氏子昂」，前有「趙」一印，并朱文。後有「復密」、「天水圖章」、「翼軒號樗邨」諸印。

先生平生酷嗜《蘭亭》，其橅本墨迹，不知落何所。今觀此本，不復憶《十三跋》矣。行書三行。家有先生書《聖壽無疆辭》十首，係京水筆所成，隨勢欹側，飄然欲仙。此則具舞鶴翔鸞之致，時花美女之容，允堪爲法。又見松雪齋《陸士衡詩》六首，與《枯樹賦》、《聖壽辭》可稱三絶。餘所見雖多，遜一籌矣。行書七行。下鈐「會詹」、「甲戌進士」二印。

先生宋宗室，仕元，對魏國公。字畫冠當世，八俊中第一人也。浮圖、老子之宫、長碑短碣，非公書不重。縉紳士夫之家，扁對畫障，非公筆不尊。或呰其無故宫禾黍之悲。余觀其弔岳忠武墓詩云：「英雄已死嗟何及，天下中分痛莫支。休向西湖歌此曲，水光山色不勝悲。」吾見其心，吾哀其遇矣。乾隆壬子首夏，樗村老人。

# 元管仲姬紫竹庵圖小幅

紙本。高二尺四寸弱，廣一尺五寸三分。畫叢竹小山，野梅水石，竹中著小庵，蓮臺趺坐大士，并淡雅有韻。同治壬戌初冬，懷寧市出，彭澤宰忠州李芋仙士棻購。因録存其題識。

前有「尚友齋」、「乾隆鑒賞」、「石渠寶笈」三璽。

元貞二年，歲在丙申浴佛日作。

**紫竹庵圖**篆書

仲姬管道昇。下鈐「中姬」朱文印。

著我禪房處，旃檀紫竹林。有風來破夢，終日自摇陰。經榻天香滿，尼房地步深。敲殘數竿玉，碎却半窗金。錢塘曹氏雪齋題。

色即空之對，林深竹數層。年來浴吾佛，捉筆爲尼僧。道昇重題。二行。下鈐「管氏道昇」朱文印。

陰過風枝動，光團野氣澄。延師教擊節，爲我話傳燈。投味皆茶笋，隨機總葛藤。理窮精妙處，石亦點頭應。比丘尼妙空。下鈐「妙空」一印。

魏國夫人賢且高，常年浴佛便揮毫。綉成十八阿羅漢，畫出千竿紫竹膏。劉氏園秀。

昔年種竹偎人子，拾籜曾書七卷經。日暮披圖思寂滅，隔林鐘磬至今聽。應善鸞拜題。

右并題于畫紙上端，後有「三希堂精鑒璽」、「宜子孫」二璽。

緣結非色空，語參無義味。却嗤咏絮才，未脱鄉嬛氣。三行。乾隆丁丑春御題。下鈐「乾隆宸翰」一璽。

右書于右端仲姬自題署之下。

我來學道卧龍宫，碧浪濤頭夜半鐘。烟月蒼蒼風瑟瑟，篝燈題畫興偏濃。柯氏貞白。

右書于左端中小山之隙。

## 元管仲姬畫竹裏館詩意直幅

絹本。高四尺七寸，廣一尺五寸强。下段畫：左叢篁，右曲溪，篁中一人彈琴。上段：峭壁巉巖，極幽奥，是溪流所從出也。下端左有「緼真閣書畫禪」、「柯九思字敬仲監定書畫之印」、「項子京家珍藏」三印。下右端余鈐「莫友芝珍賞」一印，琉璃廠市中物。

管仲姬製。下鈐「仲姬」朱文印。署在竹右，分書。

綺窗春影緑婆娑，夢作輕雲覆碧波。日莫是誰調錦瑟，一江烟雨泣湘娥。仲山王問觀并題。行書四行在左端。下鈐「王問之印」、「子裕」二印。

## 元倪雲林贈何元美詩畫直卷遵義唐氏夢硯齋藏

紙本。高四尺四寸弱，廣一尺八寸。詩題于卷右端，顧跋即書其左，詩前有「夢硯齋藏」、「凌秀軒」二印。

秋聲昨夜過林端，楓葉雖披柏葉丹。將謂野人閑得事，眼前景色愛探看。何元美，余髫年交也。結廬荆溪故里，頗得野逸之趣，因作圖以贈，并咏詩於上。時至正壬辰九月朔又三日，倪瓚。

倪高士畫師荆浩，此幀山頭又似董北苑、巨然，蓋古人無不以董、巨爲鼻祖也。同硯弟顧阿瑛。下鈐「顧瑛」、「金粟道人」二印；後鈐「壽春堂」、「王原吉書畫印」、「河東薛氏」三印。

## 元倪雲林江南春畫卷

**江南春三首**

汀洲夜雨生蘆筍，日出曈曨簾幕静。驚禽蹴破杏花烟，陌上東風吹鬢影。遠江摇曙劍光冷，轆轤水咽青苔井。落紅飛燕觸衣巾，沉香火微縈緑塵。

春風顛，春雨急，清淚泓泓江竹濕。落花辭枝悔何及，絲桐哀鳴亂朱碧。嗟我胡爲去鄉邑，相如家徒四壁立。柳花入水化緑萍〔四〕，風波浩蕩心怔營。

瓚録上，求元舉先生、元用文學、克用徵君教之。

燕口香泥迸公笋，東風力汰倡條静。烘窗曉日開眼光，湘庋披奩尋紙影。落花沉沉碧泉冷，餘香猶在胭脂井。樓頭少婦泣羅巾，浪子馬蹄飛軟塵。

春來遲，春去急，柳緜欲吹愁雨濕。黄鸝留春春不及，千里王孫爲誰碧？故苑長洲改新邑，阿嬙一傾國何立。茫茫往迹流蓬萍，翔烏走兔空營營。

後學沈周奉同。

北都相將宴櫻笋，忘却閨人緑窗静。不堪麗日入房櫳，真珠一鋪碎華影。空梁燕歸怨泥冷，楊花輕狂掛藻井。姚黄無賴照領中，當年曾與争芳塵。

春日遲，春風急，春雲蒸透春花濕。妍姿失時羞莫及，煙緜草縜凝空碧。愁心重重氣於邑，綉衫稜稜遮骨立。空帷寂寂縣青萍，誰能持寄并州營。

國用得雲林存稿，命僕追和，竊起蠅驥之想，遂不終辭。按其音調，乃是兩章，而題作三首，豈誤書邪？

弘治己酉二月，長洲祝允明記。

春風渡江爛蔬笋，綉簾低垂洞房静。東郊翠轂飛香埃，雙雙蝴蝶斜翻影。酒爐當門天尚冷，花姬汲泉自臨井。同心相贈有羅巾，紅英撲面多如塵。

日月長，時序急，雨絲霏霏楊柳濕。畫船追游歡相及，遠天無雲鷄卵碧。風土清嘉古都邑，太平熙熙時道立。東家少年浪如萍，笑視錢奴苦經營。

南濠楊循吉恭次。

暖風朝柔弄蒲笋，闌干逶迤碧軒静。梨花著雨嬌泣春，小燕無言雙對影。倡家抱宿怯霜冷，貧女新妝照花井。庭草摇光净緑巾，青樓承日耀蘭塵。候蟲悲，飛花急，杜鵑夜啼血淚濕。歡樂幾何哀已及，湛湛露晞草頭碧。西郊送春傾麗邑，癡憶東風久凝立。人生浮體若漂萍，床頭斗酒須自營。

後生徐禎卿敬繼。

象床凝寒照藍筍，碧幌蘭温瑶島静。東風吹夢曉無踪，起來自覓驚鴻影。彤簾霏霏宿餘冷，日出鶯花春萬井。莫怪啼痕栖素巾，明朝紅嫣廛作塵。春日遲，春波急，曉紅啼春香露濕。青華一共不再及，飛絲縈空眼花碧。樓前柳色迷城邑，柳外東風馬嘶立。水中荇帶牽柔萍，人生多情亦多營。

**追和**

倪先生《江南春》二篇，篇後題「元舉」者，蓋王元舉兄弟；克用，爲虞勝伯别字也。弘治戊午冬閏，後學文璧。

梅子墮花茭孕筍，江南山郭朝暉静。殘春鞋襪試東郊，緑池横浸紅橋影。古人行處青苔冷，館娃宫鎖西施井。低頭照井脱紗巾，驚看白髮已如塵。

人命促，光陰急，淚痕漬酒青衫濕。少年已去追不及，仰看烏没天凝碧。鑄鼎銘鐘封爵邑，功名讓與英雄立。浮生聚散是浮萍，何須日夜苦蠅營。

正德丁丑清明日，後學唐寅奉同。

春風歇雨摇江筍，蘭光曉映朱闉静。花間輾玉相差池，釵傾袂壓嬌聯影。揚歌促節紅絲冷，組蓋雕帷覆銀井。夭桃飛英挂緑巾，館娃日出生香塵。鮮雲遲，芳風急，煙樹光沉花霧濕。流波將花去難及，東家鈴匝縣丹碧。樓船游冶女傾邑，水上花釵照人立。西園上木如吹萍，莫愁未老歡須營。

包山蔡羽奉和。

青筐欄街賤櫻筍，城外冶游城裏静。暖風夾路吹酒香，白日連歌踏花影。醉歸掉臂紫袷冷，喝采攤錢喧市井。家人苦愛泣沾巾，拔賣寶釵吹暗塵。日遲遲，風急急，點水蜻蜓尾沾濕。江南畫船畫不及，吴江箋樓紗幕碧。泛侈浮華連下邑，金鼓過村人起立。明朝棄置賤於萍，漂隨他姓忘經營。

蒲茸破碧尖如筍，妥烟楊柳金塘静。水邊樓上多麗人，半揭朱簾露花影。禁烟閣雨東風冷，喚玉澆萱汲銀井。不知飛鳥啣紅巾，嘆惜殘香棲路塵。車輪輕，馬蹄急，排日游衫酒痕濕。百五青春畏將及，牡丹又倚闌干碧。賣花新聲滿城邑，貫錢小女迎門立。翠鈿點額小於萍，巧倩過人心自營。

脱巢乳燕拳高筍，小隊尋芳破春静。墻東笑語不見人，花枝自顫枝千影。飛籌促觥玉兕冷，殽飣蔟奩珍井井。歸程趁馬拾醉巾，洗面明朝紅滿塵。

雨亦急，晴亦急，駃襪癡鞋争踏濕。恐差春光悔莫及，滿眼新沾潑春碧。便須謀宰烏城邑，玉山既醉不成立。咄嗟還欲唤虀萍，簌簌鸞刀嫌慢營。

國用愛雲林二詞之妙强，余嘗一和，兹於酒次復更繼之，被酒之亂，不覺又及三和。明日再咏倪篇，不勝自愧，始信雖多何爲也。沈周。

春雷江岸抽瓊笋，春雨霏霏畫簾静。去年雙燕不歸來，寂莫闌干度花影。金錢無聊故歡冷，短綆羸瓶泣深井。佳人何事苦沾巾，陌頭柳色栖芳塵。

朱弦疏，羽觴急，翻酒沾裙絳羅濕。前歡悠悠追莫及，天遠相思莫雲碧。美人傷春情邑邑，手拈花枝傍花立。花飛萬點逐流萍，黄蜂紫燕空營營。

碧碗春盤薦春笋，春晴江岸蘼蕪静。緑油畫舫雜歌聲，楊柳新波亂帆影。江南穀雨收殘冷，手汲新泉試雙井。晚風吹墮白綸巾，醉歸不夢東華塵。

榆莢忙，花信急，小雨班班燕泥濕。秋鴻社燕不相及，只有春草年年碧。王孫不歸念鄉邑，天涯落日凝情立。浮生去住真蓬萍，百年一噱何多營。

徵明往歲同諸公和《江南春》，咸苦韻險，而石田先生騁奇抉異，凡再四和，其卒也，韻益窮而思亦奇。時年已八十餘，而才情不衰，一時諸公爲之斂手。今先生下世二十年，而徵明亦既老矣。因永之相示，展誦再三，拾其遺餘，亦兩和之，非敢争能於先生，亦聊以致死生存殁之感爾。嘉靖庚寅仲秋，文徵明記。

稽山禹穴森石笋，春暉曉麗千峰静。三台瀑挂鷩龍翔，赤城霞高見標影。古崖雪積青陽冷，飛花羃靂煉丹井。吾將此地栖雲巾，寧堪逐逐隨風塵。

溪山高，溪水急，春林曉霧巖花濕。青鞋布韈行相及，華頂層層插天碧。千雉名都萬家邑，封侯爵賞百戰立。時翻勢轉如流萍，可憐濁世徒營營。

雅宜山人王寵。

日氣融融沙露笋，韶光點染林塘静。翠禽錦羽競穿花，楚天雨過流雲影。羅袖泣春香夢冷，摘花羞映温泉井。暖風淡蕩縫綉巾，追踐吴宫香路塵。

春信遲，春光急，薔薇罥露千枝濕。撫遠懷□愁不及，美人迢迢雲合碧。江南佳麗皇都邑，桃葉牽情渡頭立。東流之水隨芳萍，惟春逐伴憐營營。

蒲芽緑遍茭含笋，社燕將來春色静。朝光歷亂射窗紗，鞦韆昨日誰家影。禁烟時節梨花冷，新芽携試雲巖井。吴儂好帶華陽巾，白雲堤上多游塵。

錦纜遥，紫繮急，青鞋布襪春來濕。秉燭追歡老何及，旗亭誇酒拈筒碧。畫舫紅兒來遠邑，順倚秦筝背花立。水邊執扇波無塵，柳花撲面心怔營。

袁生褧追和。

庚戌夏五書記。

癸未六月十又八日，文嘉觀。

嘉靖癸未立秋日，從袁永之借觀於玉蘭堂。是日涼風時至，天日清朗，展玩之際，便覺鬱頓除蒸。

文彭壽承記事。

甲戌仲冬既望，與戴文卿同觀於松露庵中。

莫是龍記事。

崇禎戊寅九月二十二日，盡歷東山勝概，歸飲茂勳社兄壘中，燈下復出文待詔《江南春卷》快觀。秋氣已深，春光復醉，山情畫理，各爲千古。因於諸名公題咳之餘，用紀歲月，余固有天幸歟！

吉州楊文驄。

萬曆己丑夏日，張應文敬觀。

萬曆己亥七月望日，傅汝循觀於慶生齋。時同觀者，洞庭陸季鵬。

櫻桃垂實竹抽笋，輕風暖日簾櫳静。閶闔城外柳含煙，西子湖邊花弄影。清明時候炊烟冷，月光又到梧桐井。酒人不負頭上巾，醉春歸去踏紅塵。

春水生，暮潮急，露寒月白花枝濕。美人弄春如不及，芳草芊芊映天碧。寶馬香車亂郊邑，陌頭行遍山頭立。人生世上若飄萍，及時行樂毋營營。

倪雲林先生《江南春》二詞，文衡山先生爲繪圖其中，名彦公返和之，文、沈乃至三和，詞章書畫并妙一時，誠珍玩也。據諸跋識，此卷初屬袁氏，後曾屬之亡友許茂勳，今爲翁子季霖購得之。丙午冬，余至山中，季霖出以相示，照强余和，輒不自揣，效顰二首，殊不免珠玉在前之愧耳。鏖鏊鉅山人歸莊題。

# 元梅道人畫竹横卷

絹本。高一尺一寸半，長六尺一寸半。

鮮于伯機題《高房山墨竹詩》云：「凉陰生研池，葉葉秋可數。京華客曼醒，一片江南雨。」至正十年夏六月九日，雨窗孤坐，提筆寫此，以識歲月。梅道人戲墨。

右行書五行，書後盡竹石偃者三四株。

東坡先生守湖州日，游□道兩山，遇風雨，回憩賈耘老溪上澄暉亭。令官奴執燭，畫風雨竹一枝于壁間，題云：「更將掀□勢，秉燭畫風篠。美人爲解頑，情似腰肢裊。」後好事者刻于石，今置郡庠。□游雲上，摩挲久之，歸而每□□爲之，不能仿佛萬一。時梅雨初歇，法□人。佛奴索作《竹譜》，因而畫此枝以識歲月也。至正十年夏五月。□梅道人年七十一矣。式貂鼠毫筆，潘衡舊□。

右行書十行，書後立竹一。

## 元王叔明山水横卷寶千山太守奉家藏

絹本。高一尺四寸，長一丈七尺七寸四分。重山叠澗，萬徑千蹊，皴法、樹法皆極工緻。細界樓閣，竹樹多用雙鈎，疑仇石洲筆，非黄鶴山樵也。黄鶴山樵王蒙畫。下鈐「童陸」、「碧雲樓收藏圖書」、「楊印維寧」、「紫淵」四印〔五〕。

## 元王孤雲治水圖四幅

絹本。高一尺六寸，廣二尺三寸。一畫洪水滔天，水面一四足怪如犬子者，吐氣如虹而前，一蒼龍兩翼，一赤蛇三首，夭矯從之。禹朱衣綉裳，張曲柄傘立高原上，一綉裳人嚮禹語；又一綉裳人立山凹間水出處相視。二畫山崖攢脅，衆工節次開鑿，當是龍門也。三畫山木間一瓦屋，有婦人乳子，朱衣人坐轎車駕牛從，以畚鍤，馳出其前，殆三過不入也。右一畫柳堤平田，有人耕饁，朱衣人坐馬車騶從自山夾出，望城門而趨，當是告成功時也。右方先書署云：「孤雲處士王振朋寫。」首題「功被四極」四大字，署曰「草廬吴澄」。末有跋云：「米元章云，藏畫以先聖道釋諸賢爲上，蓋古人用工于此，欲覽者生敬慕尊禮之意。其次人物可爲鑒戒，其次山水有無窮之趣，抑或畫花鳥以喻其活潑之機，畫牛馬以閱其神駿，若魚蝦雖精妙，非文房所寶玩者。今觀孤雲處士所繪《禹王治水圖册》，其疏瀹決排之功，手胼足胼之勞，躍躍縑上，尤非平時簡易之作。余於承乏館得睹此神品，而箴規鑒戒之心〔六〕，有不禁油然而生者也。方端謹識。」

又别本與此書一一相同，而署云「子昂」。其跋尾一紙亦與此跋無異，中間「今觀」下作「松雪翁」，末云：「癸巳仲夏月，上澣之吉識，鐵篴道人楊維楨。」此卷必有唐、宋人稿本，其車馬衣飾亦雜六朝來制度。野雲畫真而跋僞，子昂尤僞。

## 明沈石田扁舟倚雪大幛河間劉芝泉其年侍御藏

紙本。高九尺七寸，廣四尺九寸有半。上端題二詩：

扁舟倚雪臨江渚，高興淩寒雪亦空。不是山陰倦游者，西湖的作探梅翁。下鈐「白石翁」一印。

六月添衣喚童子，自畫雪圖茅屋裏。玉光出筆飛上樹，慘淡山陰無乃是。老生放筆還自笑，顛倒炎凉聊戲爾。門前有客來借看，滿眼黄塵汗如雨。

弘治丙辰夏六月。應寧提學索圖四載，并此請教，沈周。下鈐「啓南」、「石田」二印。

## 明文待詔落花圖横卷錢塘許滇生太宰藏

紙本。高九寸七分，長二尺九寸五分。别紙小楷書《落花詩》六十首，并跋尾長一丈一尺五寸。又别紙爲仲子嘉、孫元發、王穉登跋尾。畫無署名，首有「停雲生」、「文璧印」二印。末有「文璧印」、「悟言室印」二印。前有藏家印二：「士奇印」、「江邨」；後有「梁氏家藏」、「蕉林書屋」、「□汝静」三印。詩前有「惟庚寅吾以降」一印，又有「梁氏家藏」、「　山查仲章名昇字聲山之印」二印。畫前鑲絹上有「許乃普印」、「滇生」、「堪喜齋書畫印」、「時于此中得少佳趣」四印。

**詠得落花詩十首　沈周啓南**

富逞穠華滿樹春，香飄瓣落花還貧。紅芳既蜕仙成道，緑葉初陰子養仁。偶補燕巢泥薦寵，别修蜂蜜水資神。年年爲爾添惆悵，獨是蛾眉未嫁人。

飄飄蕩蕩復悠悠，樹底追尋到樹頭。趙武泥塗知辱雨，秦宫脂粉惜隨流。癡情戀酒粘紅袖，急意穿簾泊玉鈎。欲拾殘芳搗爲藥〔七〕，傷春難療箇中愁。

玉勒銀罌已倦游，東飛西落使人愁。急攙春去先辭樹，懶被風扶欲上樓。魚沫𣢑恩殘粉在，蛛絲牽愛小紅留。色香久在沉迷界，懺悔誰能倩比丘。

是誰揉碎錦雲堆，着地難扶氣力頹。懊惱夜深聽雨枕，浮沉朝入送春杯。梢傍小剩鶯還掠，風背差池鳩又催。瞥眼興亡供一笑，竟因何落竟何開。

十二街頭散冶游，滿街紅紫亂春愁。知時去去留難得，悟色空空念罷休。朝掃尚嫌奴作踐，晚歸還有馬堪憂。何人早起酬憐惜，孤負新妝倚翠樓。

夕陽無那小橋西，春事闌珊意欲迷。錦里門前溪好浣，黄陵廟裏鳥還啼。焚追螺甲教香火，煎帶牛酥囑膳嫨。萬寶千鈿真可惜，歸來直欲滿筐携。

一園桃李只須臾，白白朱朱徹樹無。亭怪草玄加舊白，窗嫌點易亂新朱。無方漂泊關游子，如此衰殘類老夫。來歲重開還自好，小篇聊復記榮枯。

芳菲死日是生時，李妹桃娘盡欲兒。人散酒闌春亦去，紅消緑長物無私。青山可惜文章喪，黄土何堪錦綉施。空記少年簪舞處，飄零今日鬢如絲。

供送春愁上客眉，亂紛紛地佇多時。凝招緑妾難成些，戲比紅兒煞要詩。臨水東風撩短鬢，惹空晴日共游絲。還隨蛺蝶追尋去，墻角公然隱半枝。

昨日繁華焕眼新，今朝瞥眼又成塵。深關羊户無來客，漫藉周亭有醉人。露涕烟洟傷故物，蝸涎蟻迹弔殘春。門墻蹊徑俱寥落，丞相知時却不嗔。

**和答石田先生落花詩之什　文璧徵明**

撲面飛簾漫有情，細香歌扇障盈盈。紅吹乾雪風千點，彩散朝霞雨滿城。春水渡江桃葉暗，茶烟圍榻鬢絲輕。從前不恨飄零事，青子梢頭取次成。

零落佳人意暗傷，爲誰憔悴減容光。將飛更舞迎風面，已褪猶嫣洗雨妝。芳草一年空路陌，緑陰明日自池塘。名園酒散春何處，惟有歸來屐齒香。

蜂撩褪粉偶粘衣，春減都消一片飛。蒂撓園風無奈弱，影摇廷日已全稀。樽前漫有盈盈淚，陌上空歌緩緩歸。未便小齋渾寂寞，緑陰芳草勝芳菲。

悵人無柰曉風何，逐水紛紛不戀柯。春雨捲簾紅粉瘦，夜凉踏影月明多。章臺舊事愁邊路，金縷新聲夢裏歌。過眼莫言皆物幻，别收功實在蜂窠。

戰紅酣紫一春忙，迴首春歸屬渺茫。竟爲雨殘緣太冶，未隨風盡有餘香。美人睡起空攀樹，蛺蝶飛來却過墻。脉脉芳情天萬里，夕陽應斷水邊腸。

桃蹊李徑緑成叢，春事飄零付落紅。不恨佳人難再得，緣知色相本來空。舞筵意態飛飛燕，禪榻情懷裊裊風。蝶使蜂媒多懶慢，一番無味夕陽中。

開喜穠纖落更幽，樹頭何用勝溪頭。有時細數坐來久，盡日貪看忘却愁。惹草縈沙風冉冉，傷春悵别水悠悠。不堪舊病仍中酒，疏雨濃烟鎖畫樓。

風裊殘枝已不任，那堪萬點更愁人。清溪浣恨難成錦，紅雨塵香并作塵。明月黄昏何處怨，游絲白日静中春。急須辦取東欄醉，倒地猶堪藉綺茵。

飛如有戀墮無聲，曲砌斜臺看得盈。細草栖香朱點染，晴絲撩片玉輕明。江風飄泊明妃淚，緑葉差池杜牧情。賴是主人能愛惜，不曾緣客掃柴荆。

情知芳事去還來，眼底飄飄自可哀。春漲平添棄脂水，曉寒思築避風臺。沾衣成陣看非雨，點徑能勻襯有苔。穠緑已無藏艷處，笑它蜂蝶尚裵徊。

**同徵明和答石田先生落花十詩　徐禎卿昌穀**

不須惆悵緑枝稠，畢竟繁華有斷頭。夜雨一庭争怨惜，夕陽半樹小淹留。佳人踏處弓鞋薄，燕子啣來別院幽。滿目春光今亦老，更能可管鏡中愁。

狼藉亭臺一夜風，可憐芳樹色銷穠。舞翻江浪春三級，飛入宮墻恨萬重。黄雀啄殘紅粉薄，杜鵑驚怨緑陰濃。不知開落渾常事，錯使愁人減玉容。

門掩殘紅樹樹稀，客車休訪雨中泥。蜂攀故蕊將心護，鳥過空枝破血啼。長月簾櫳風不定，一川烟景日平西。先生卧病渾難管，拾得餘英醉裏題。

歌酒闌干事已非，玉人惆悵捲羅幃。可堪荏冉争先謝，更不躊躇各自飛。盡掃庭枝風斂怨，偶黏屋網雨衝圍。今朝蝶似長安客，羞見殘春寂寞歸。

莫怪傷春意緒濃，百年光景一番空。梁王醉罥今朝覆，楚客離魂何處逢。瓶雪炙銷檐外日，鬌紅吹墮燭邊風。侯家茵席千重軟，憐取微姿厠幕中。

飄蕩西東不自持，多情牽惹有飛絲。恩私漫憶曾攀手，精魄難抛未冷枝。每歲兒童摇樹戲，空煩道路隔牆窺。經春爲爾添新債，開費清罇落費詩。

微綠臨窗障讀書，樹頭葉密結陰初。湘江有客傷遲暮，金谷無人惜未鋤。何處光陰三月閏，今朝消息幾分疏。情知世事渾如此，閑把蕭蕭短髮梳。

流鶯飛絮兩争忙，齊送春歸出苑墻。禁路晴車塵散綺，小橋溪店水浮香。輕狂合着風情句，悵快慚非鐵石腸。整取明朝詩篋在，晚陰涼閣賦池塘。

穠華奄忽又飛塵，門户青苔白日貧。烟柳前村仍好景，禪房曲徑有餘春。笋邊拂袖聽啼鳺，樹下離亭送遠人。時節匆匆驚過眼，豈能長得鬢毛新。

開時纔見葉尖芽，轉眼成陰又落花。平地水鄰添膩漲，滿庭日色浸殘霞。不憐玉質泥塗忍，好厄紅顏造化差。堪笑唐王太癡絶，却教御史管鉛華。

**再答徵明昌穀見和落花之作　沈周**

百五光陰瞬息中，夜來無樹不驚風。踏歌女子思楊白，進酒才人賦雨紅。金水送香波共渺，玉階看影月俱空。當時深院還重鎖，今出墻頭西復東。

陣陣紛飛看不真，霎時芳樹減精神。黄金莫鑄長生蒂，紅淚空啼短命春。草上苟存流寓迹，陌頭終化冶游塵。大家准備明年酒，慚愧重看是老人。

擾擾紛紛縱復横，那堪薄薄更輕輕。沾泥寥老無狂相，留物坡翁有過名。送雨送春長壽寺，飛來飛去洛陽城。莫將風雨冤埋殺，造化從來要忌盈。

似雨紛然落處晴，飄紅泊紫莫聊生。美人天遠無家別，逐客春深盡族行。去是何因忙趁蝶，問難爲説假啼鶯。悶思遺撥容酣枕，短夢茫茫又不明。

春歸莫怪懶開門，及至開門緑滿園。漁楫再尋非舊路，酒家難問是空村。悲歌夜帳虞兮淚，醉舞烟江白也魂。委地于今却惆悵，早無人立厭風旛。

芳華别我漫匆匆，已信難留留亦空。萬物死生寧離土，一場恩怨本同風。株連曉樹成愁緑，波及烟江有幸紅。漠漠香魂無點斷，數聲啼鳥夕陽中。

節枝侵曉啄芳痕，借爾階庭亦暫存。路不分明愁唤夢，酒無聊賴怕臨軒。隨風肯去從新嫁，棄樹難留絶故恩。惆悵斷香餘粉在，何人剪紙一招魂。

賣叟籃空雨滿城，鏖芳戰艷寂無聲。挽留不住春無力，送去還來風有情。莫論漫山便粗俗，仍憐點地亦輕盈。亂紛紛處無馮據，一局殘棋不算贏。

十分顔色儘堪誇，只柰風情不戀家。慣把無常玩成敗，别因容易惜繁華。兩姬先殞傷吴隊，千艷叢埋怨漢斜。□遣一枝閑挂杖，小池新錦看跳蛙。

香車寶馬少追陪，紅白紛紛又一迴。昨日不知今日異，開時便有落時催。只縱個裏觀生滅，再轉年頭証去來。老子與渠忘未得，殘紅收入掌中懷。

**和石田先生落花詩十首　吕常秉之**

醉拍金罇餞衆芳，東風無力更斜陽。溪魚跳浪驚多食，山鳥收聲似暗傷。皺却面皮同我老，笑他行色爲誰忙。停針闕意閨中婦，獨負年華過一場。

兒戲人間萬事同，春來春去幾番風。無端相對生愁處，不若合飄向醉中。幻景忽驚隨土化，餘姿暫借與溪紅。浮雲富貴皆如此，翟相門頭客子空。

黄四娘家迹已陳，今朝豈有昨朝春。不勞苦要人吹笛，自覺愁多酒入唇。粉蝶來尋無可柰，紫騮嘶過亦何因。芳魂定結仙姝在，憑仗高樓語句新。

夜聽無聲曉已殘，當時初賞種憂端。舞輕飛燕身隨隕，魂散嵬坡血未乾。世事快情那可久，天公薄相個中看。教人酩酊懷長吉，樂府宜將此曲彈。

不識春殘更出城，故枝别去總無情。雨前尚或逢游女，街上而今絶賣聲。一朵依稀疑碩果，半江狼藉葬傾城。憑誰常駐東風面，呼起黄筌與寫生。

倚杖風前莫嘆嗟，爲貪結子損榮華。隨烏去去於誰屋，愧燕飛飛護舊家。后土祠邊渾不見，平章宅裏寂無嘩。向來游賞先憑酒，不道澆愁更用賒。

紛紛舊徑復新蹊，成陣飄紅只尺迷。和露掬香猶撲鼻，與酥煎喫免污泥。鬬情飛燕殷勤送，愁殺黄鸝一再啼。絶似西施逢范蠡，新恩不戀越來溪。

村北村南只樹林，細推物理一微吟。雖於落木分前後，總是流年送古今。薜荔滿牆蒙點綴，蜻蜓近水學浮沈。隙駒夸父那追得，始信春宵可换金。

雨打風吹兩折磨，隔墻一樹也無多。過時先泣東家女，感事真逢春夢婆。山鳥山蜂渾懶却，湖烟湖水欲如何。陰陰柳岸移舟晚，只有漁郎發棹歌。

大觀除是達人知，勢撚更張固自宜。頓覺樹無驕侈相，正如國有老成時。來禽乞果先臨帖，梅子酸牙已詠詩。照料一技筇竹杖，芳罇不誤隔年期。

**三答太常吕公見和落花之作　沈周**

分香人散只空臺，紅粉三千首不回。惡刧信於今日盡，癡心疑有别家開。節推繫樹馬驚去，工部移舟燕蹴來。爛熳愁踪何地着，謝承惟有一庭苔。

玉蕊霞苞六尌全，一時分散覺凄然。風前敗興休當立，窗下關愁且背眠。放怨出宫誰戀主，抱香投井死同緣。無人相唤江南北，吹滿西興舊渡船。

馬追紅雨倦游回，春事闌珊意已灰。生怕漸多頻掃地，酷憐將盡數啣杯。莽無留戀墻頭過，私有裵徊扇底來。老去罣牽宜絶物，白頭自笑此心孩。

落柄開權既屬春，少容遲緩亦誰嗔。酷憎好事敗塗地，苦被閑愁殢殺人。細數只堪滋眼纈，仰吹時欲墮頭巾。不應挒虱窮檐者，薦坐公然有錦茵。

打失郊原富貴榮，群芳力莫與時争。將春托命春何托，恃色傾城色早傾。物不可長知墮幻，勢因無賴到輕生。閑窗戲把丹青筆，描寫人間懊惱情。

千林紅褪已如孿，一片初飛漸漸添。梨雪沍階人病酒，絮風撩面妾窺簾。并傷鳥起餘芳盡，泛愛鯈争晚浪恬。可柰去年生滅相，今年公案又重拈。

昨日才聞叫子規，又看青子緑陰時。秋娘勸早今方信，杜牧來尋已較遲。脱袴不歸魂冉冉，濺枝空有淚垂垂。淹留牆角蔫黄甚，暴殄芳菲罪阿誰。

芳樹清罇興已闌，抛階滚地又成團。帶烟白扇欞斜透，夾雨檐溝瓦半漫。老衲目皮閑作觀，小娃裙袂戲承歡。無端打破繁華夢，擁被傷春卧不安。

爲爾裵徊何處邊，赤欄杆外碧檐前。亂飛萬點紅無度，間過一鶯黄可憐。觀裏又來劉禹錫，江南重見李龜年。送春把酒追無及，留取銀燈補後緣。

盛時匆匆到衰時，一一芳枝變醜枝。感舊最聞前度客，愴茫休唱後庭詞。春如不謝春無度，天使長開天亦私。莫怪流連三十畝，老夫傷處少人知。

弘治甲子之春，石田先生賦落花之詩十篇，首以示璧。璧與友人徐昌穀甫相與嘆艷，屬而和之。先生喜，從而反和之。是歲璧計隨南京，謁太常卿加禾吕公，相與嘆艷，又屬而和之。先生益喜，又從而反和之。自是和者日盛，其篇皆十，總其篇若干，而先生之篇累三十而未已。其始成於信宿，及其再反而再和也，皆不更宿而成，成益易而語益工，其爲篇益富而不窮益奇。竊惟昔人以是詩稱者，惟二宋兄弟，然皆一篇而止，而妙麗膾炙，亦僅僅數語耳。若夫積詠而累十盈百，實自先生始。至於妙麗奇偉，多而不窮，固亦未有如先生今日之盛者。或謂古人於詩，半聯數語足以傳世，而先生爲是不已煩乎？豈尚不能忘情於勝人乎？抑有所托而取以自況也，是皆有心爲之。而先生不然，興之所至，觸物而成，蓋莫知其所以始，而亦莫得究其所以終，其積累而成，至於十於百，固非先生之初意也。而傳不傳又何庸心哉！惟其無所庸心，是以不覺其言之出而工也；而其傳也，又奚厭其多耶？至於區區陋劣之語，既屬附麗，其傳與否，實謂先生。璧固知非先生之儗，然亦安得以陋劣自外也。是歲十月之吉，衡山文璧徵明甫記。下鈐「文璧印」、「玉蘭堂」二印。

丙寅四月十六日，彭孔加年、王履約守、陸子傳師衍，同觀于雲卧閣。上二行篆書。下鈐「彭」、「年」二印。

畫法自李師訓父子而下，便稱摩詰。書法自鍾太傅以來，即數右軍。摩詰畫惟《避暑圖》爲奇絶，昔人謂其不餐烟火。右軍書惟《内景經》爲入神，昔人稱其飛天僊人、運腕太史。此卷兼而有之，吾未能以一字爲譽，直謂之希世未有之寶而已。高陽許初題。上六行行書。下鈐「許初」一印。

上題名及跋與詩同紙，末有「南韻齋印」、「江邨」、「高士奇圖書記」、「欽訓堂書畫記」、「翰墨林書畫章」、「梁氏家藏」六印。

右家待詔《落花圖》，蓋因石田之詩而作。樹石蕭疏多逸趣，仿叔明人物，精古有生氣；仿松雪屋宇，用筆如屈鐵絲；則超元而法宋，至設色玄淡清雅，軼宋而唐會，歷代名人之藴于胸中，而隨筆點染，有各極其致之妙，殆不可以形容也。後録詩共六十首，一波一畫，極於端楷，無纖微草率。復系以長跋，則記當一時唱和之盛，所以志不忘也。然則此卷不獨畫品書法可以不朽，而當時諸先達高情逸興，亦有所托而傳矣。展卷把玩，躍然興企慕之想。

嘉靖辛酉嘉平月之十日，仲子嘉謹識于崑山道中。小楷七行。△下鈐「休承」一印。

先待詔間爲小子發言：「余少年時，因石田先生有《落花》佳什，曾作《落花圖》，後并録石田與余及昌穀，秉之倡和諸作，頗極一時之勝。字畫亦皆余生平得意之筆，今不知流落何所。」發往來于衷，垂二十年。萬曆丁丑，因謁選人寓長安，于賈肆中獲見此卷，驚喜欲狂。後有和州季父《跋》，亦精工之極。奔走風波牛馬中，未嘗不携以自隨，時一開卷，便覺塵土之思都盡。今老矣，歸卧田間，永作山房珍寶。晴窗與兒輩共閲，并記始末于後。壬辰中秋後一日，仲孫元發拜識于蘭雪齋。上小楷八行。△下鈐「文印元發」一印。

《落花詩》，自昔作者不過一篇、兩篇而已，沈啓南先生倡之，諸公和之，先生復和諸公之作，至三十篇。愈多而愈不窮，清詞妙思，麗逸絶倫，人患其少，先生獨患其多耳。文太史從而圖之，并録倡和之作，共爲一卷。書法、畫品，皆精工鮮儷，可謂希世奇琛也。卷初失去，太史諸孫子悱復得之長安肆中，出以示余。展閲欣賞，楚人之弓，塞翁之馬，得失去來，豈非造物司其柄乎？甲午仲夏，後王穉登敬書。上楷書七行。△下鈐「青羊君」、「王印穉登」二印。

咸豐九年八月，友芝獲觀。

## 明文待詔臨巨然山水小横卷許滇生太宰藏

紙本。高一尺一寸弱，長二尺七寸半。引端横書「登臨吟眺」四大字。末有題詩，并别紙，高相等，引端長三尺七寸强，題詩長二尺，乾墨細皴，或可仿佛見巨師遺意。

登臨吟眺。徵明。并行書。△前鈐「停雲」朱圓印，後鈐「衡山」、「文印徵明」二印。

畫首有「□宗真賞」、「程印廷尚」、「悟言室印」三印。

嘉靖壬辰四月廿又二日，徵明寫。署款一行在畫末。△下鈐「徵」、「明」二印。

畫末有「敏□平生真賞」、「南楚車氏鑒藏」二印。

風蒲鳴獵獵，□鳥語關關。沿流整蘭棹，不覺度千山。行行躡蒼崖，嘯傲凌區寰。上擥紫芙蓉，下濯青潺湲。時依萬木末，忽出層雲間。白雲卷以舒，何似山僧閑。落日倚山閣，静看浮雲還。

青壁漫蓮宇，白雲護松關。山僧掩關卧，不知身在山。經禪厭枯寂，抱枕問塵寰。風松□覺來，澗雨送潺湲。鶯啼白日永，依然林壑間。顧余塵巾人，欲往不暫閑。偶踏漁舟至，仍隨落日還。

巨然此圖，模寫山寺景物，殆預爲治平設也。向爲琬上人所藏，今此圖已轉屬他人，余深惜之。然圖中景物猶歷歷在目，而前人題詠尚憶於懷，遂想像寫此，并追和前韻二篇。後人欲知巨然，則有余之贋本在也。長洲文徵明并識。

詩十行，跋八行，行書。界烏絲闌。首有「停云」一印，末有「徵仲父印」、「西山」二印。餘二空行内有「程廷尚印」、「寶夢堂圖書記」二印，界行後餘紙有「敏□平生真賞」、「南楚車氏鑒藏」、「□宗真賞」、「長溪沈氏圖史之章」四印。

巨然畫，吾未之見也。楊省吾世講以此貽我，不啻得巨師墨妙矣。咸豐己未六月四日，養園老人題記。

石田、子畏四詩，非爲文畫而作，不知當日何以附裝卷後。△下鈐「滇生乃普」、「堪喜齋翰墨」二印。

右滇師題記在詩後絹鑲上。所謂石田、子畏詩，乃題倪雲林《江南春畫卷》和其韻之作，子畏詩即「梅子墮花」二首，石田詩即再和《青筐欄街》二首。書不佳，且有誤脱字，詩已見前。

咸豐九年八月，友芝獲觀。

**【校勘記】**

〔一〕林藪未爲隱：「藪」原作「數」，「隱」字原空缺，據《松雪齋集》訂補。

〔二〕此頁有浮簽注云：「第八行『一三』之『一』字疑誤。」是也。

〔三〕原脱「凡馬五匹皆右首各牽」九字，據手稿本補。

〔四〕「柳花入水」原作「柳花入花」，據手稿本改。

〔五〕四印：原作「五印」。莫繩孫浮簽批曰：「第九行『五』字應改爲『四』。」據改。

〔六〕箴規：原誤爲「箴覞」，據手稿本改。

〔七〕拾：原誤爲「捨」，據手稿本改。

# 書畫經眼録卷四

## 明楊文襄江墅興詩卷

紙本。咸豐己未京都市出，文襄二詩，《石淙詩集》卷十三均載，蓋文襄爲錢寧江彬所構，乞骸骨歸後作也。至嘉靖三年，又起之，使總制三邊。

江墅興。武進陸焕章書。

右首題篆書三大字。

嘉靖元年壬午八月既望，郡守東萊藤侯爲秋江之約，醉歌余滄江别墅荻岸中，放舟至焦山登佳處亭，乘月而返，衆謂勝游不可無紀。偶侍者信口棹歌，有「天開圖畫長江裏」之句，余遂請以此七字爲韻，分賦一詩。余得「天」字：「霽曉清秋萬里天，一尊長日此盤旋。煙霞深處尋樵徑，蘆荻陰中繫釣船。劇飲平分沙鳥厝，豪吟下徹江龍淵。謝公漫有登臨興，賓主東南未乏賢。」「秋深白露水連天，勝賞兼勞太守賢。旋釣活魚供野饌，戲歌村曲扣船舷。狂來自采巖花食，醉後思分犢草眠。赤壁風光須讓此，莫因蘇賦羡當年。」石淙翁楊一清書。時同游者爲南京鴻臚卿劉克柔、致仕參議居德亨、參戎陸宗漢、浙江憲副許補之、四明范生洪、廣陵張生倗、藤侯危言，概余凡八人。下鈐「應寧」、「大學士章」兩印。首鈐「遼庵」一印。

右行草四十一行。

嘉靖紀元中秋後三日，偕潤城諸士夫集遼翁滄洲精舍會飲，飲酣，遂放舟大江，登焦山和韻。乾坤佳處古今留，仿佛蓬萊第一丘。坡老廢庵驚復創，遼翁名筆紀重游。喬松怪柏養龍峽，折葦荒芹白鷺洲。醉拍闌干蔟狂句，凉風吹逐水雲流。

放舟叢葦中，漁人争獻江魚，旋烹借酌，侍口占以「天開圖畫長江裏」一句，遂不韻紀勝。予得「開」字：「雲山叠叠畫圖開，四面波光斷俗埃。避地恰憐無客到，買田獨喜傍江來。澗花汀草香幽矣，林鳥淵魚趨樂哉。國老首題成絶倡，紗籠珍重莫相猜。江陰劉乾。下鈐「克柔」、「己未進士」二印。首鈐「毅齋」一印。

右行書廿五行。

嘉靖紀元仲秋三日，吾賢守東皋公偕潤賓侍遼翁放舟荻叢，雅歌校局，晚釣山茗，乘興焦山。小童口占「天開圖畫長江裏」之句，遂分爲韻。予得「圖」字，不自鄙俚，□輳登軸，幸識者毋粲之：「畫舫秋江上，游觀有巨儒。蒹葭依笑語，棋局助歡娱。海岳□奇態，詩歌屬故吾。野鷗含浪起，釣鯉入行厨。落日吟懷壯，西風凉月孤。百年車隙過，今夕酒腸粗。高踪繼坡老，誰爲寫新圖。」竹居子書。△下鈐一印，不可識及。「癸丑進士」一印。首鈐「京口」一印。

右行書十八行。

出郭尋幽詠幾迴，望中别墅勝蓬萊。郡侯酒壯悲秋□，國老詩成濟世才。木落流波花□遠，風高白露雁初來。任他日下焦君洞，猶對芙蓉□口開。足庵陸潮。下鈐「宗漢」一印。

右行書十三行。

## 明楊忠愍記開煤山稿并詩册頁

絹本。六幅。

臨洮八十里[鎖]林峽有煤山二區焉，一在峽之西，一在地竺寺前。先是，開者每爲番民所阻，有司至不能制。余以諫開馬市謫狄道，尋欲開之，而不敢專也。會張子汝言白于府縣，允之。委府相陳言往董，遂偕揮使李子節，門人李惟芳、陳恂、宋誥往治之。至則先懾之以威，次惠之以賞，由是煤利以開，番民遂服。予不嘉煤利之開，而喜番民之服也。遂記之。

憂時分外闊，何時囚西臺。君爲河山死，誰悲良木摧？法星仍近月，此日獨憐才。魂魄心猶壯，奸諛骨已灰。夷夏欲交驩，書生虛將壇。可憐當日獄，乃爾借星懷。寄呈繼津兄步正。繼盛。下鈐「椒山」白文印。

## 明董文敏仿峒關蒲雪圖直幅遵義唐氏夢硯齋藏

紙本。高五尺五寸半，廣二尺。樹、石、屋、舟，皆用赭寫，而撒粉爲雪，遠近小山阜數點，粉頂赭皴，亦董畫中罕見者。

偶閲唐楊昇《峒關蒲雪圖》，戲仿之。玄宰。△下鈐「董印其昌」一印。

## 明董文敏草書直幅遵義唐氏夢硯齋藏

絹本。高五尺六寸半，廣二尺二寸半。四行，以一行書名，筆其豪縱。

十月江南野色分，漁莊荻浦見沙痕。若爲剪取吴江水，著我微茫笠澤雲。董其昌。△下鈐「宫詹學士」、「董氏玄宰」二印，皆大二寸許，極佳。

## 明董文敏山水横卷

絹本。高一尺一寸强，長九尺八寸。畫居卷之四，書居其六。

董北苑畫樹者，有不作小樹者，如《秋山行旅》是也。又有作小樹，但只遠望之似樹，其實憑點綴以成形者。□謂此即米氏落茄之源委。蓋小樹最要淋漓約略，簡於枝柯而繁於形影，欲如文君之眉〔一〕，與黛色相參合，則是高手也。趙大年平遠寫湖天渺茫之景，極不俗。然不耐多皴，雖云學維而維畫正有細皴者，乃於重山疊嶂有之，趙未能盡其法也。

張伯雨題倪元鎮畫云：「無畫史縱橫習氣。」予家即此幀。又其題《師子林圖》云：「此畫真得荆、關遺意，非王蒙輩所能夢見也。」其高自標如此〔二〕。董其昌識。

右自跋二段，前段廿一行，後段九行。《跋》前有「玄賞齋」一印；後有「太史氏」、「董氏玄宰」二印。

此卷乃思翁忽于北苑樹法悟澈米氏落茄之源，與到落墨，蒼茫渾簡，都不似尋常蹊徑，真神品也。咸豐庚申秋分，訪息凡同歲于趙州，獲觀所藏，敬書卷末，以志欣幸。卷中自識後一段，若不與畫應，蓋完餘絹以盡書興，尤爲神妙。獨山莫友芝。

## 明王蒼若仙山樓閣直幅遵義唐氏夢硯齋藏

絹本。高六尺一寸强，寬二尺一寸半。界畫樓閣，皴染用乳金鈎勒，雲樹花鳥，藤蘿水石，皆突紙如生，工緻中奕奕有清韻〔三〕。題款二行在卷左上端，書亦妍好。

天台僊境。古粱王旻。△下鈐「王旻之印」、「蒼若」二印。

## 明黄忠端榕頌横卷貴筑陳息凡鍾祥州守藏

紙本。高一尺一寸七分，長一丈九尺六寸弱。行書。凡八十八行，紙凡五段。一段「榕頌」至「下大」，廿六行；二段「樹之」至「雅釋」十六行；三段「茂缺」至「久矣」十二行；四段「爰感」至「濫兮」；二十行「而頌」畢，爲元稿。五段十四行，爲他日所書跋。

榕頌　鈐有「秋影盦」、「伯生」二印。

南方有嘉樹焉，厥名曰榕。其枝則蹇産旁礴，含雲垂條。其葉則凝黝重碧，經霜不凋。其氏則連卷詰屈，孕蛟子螭。其幹則輪困總絡，蔽牛隱旌。其實則不華而收，摶若黍珠，斕如雞頭，其乳則含漿載醪，白於態酥，黏於石油。爾其爲體，遠望之，若俯若偃，若飄神嶠至於近岸；邇察之，若坐長者，環於翠幄，講論自樂。爾其爲蔭大者，或宫數畝，百露所滋，種龠得斗；其小者猶數百圍，行人遺凉，弛擔忘歸。凡此猶相其霄廊也。若其奇狀大騁，虬髯鱗鬣，倒生□根，如千歲人，披嘯相答。又有異性，用晦而明，晝焚不焰，夜燃而晶，宜於守庚。智者藝之，繞水懷石，值石而苞，值水而縮，如驪守握，不濫不瀆。至其文理隱起，黄白間紫，皴擘錯續，疏密犖磊，細中□棬，巨中門几，不避甃頭，不化青兕，以彼下質，具此四妙，已爲天下大樹之所無有矣。乃至其靈表和氣，隱德貞勁，雖朝夕披拂，未易得其端竟也。方夫天地藴陰，蝨螟代作，載緣人衣，蜚敗人服。此樹獨不生蟲蠹之屬，一二卷婁，微籠玄鷄，絶醜上游，適然不疑〔四〕。又或枯旱，柳榴椿死，靡草謝後〔五〕，頀落弊矣。此樹顛踵，俱存生理。但得襄土一尺，時逢涓滴，而美庥可俟。然不可以涉□原，過越水，自漁梁以東，幔亭以北，則離地絶類。是以國僑□肸，不足方其仁；展禽季路，不足方其清；禦寇惠施，不足方其智；寧武封籛鏗，不足方其静。而《爾雅》釋茂，缺於江南，郭、陸狀條，未躋閩海。□□廢社樗櫟，攄憤於散林，共汲土橿，徵聲於萬歲。鑒本揣末，不亦疏乎？夫天下號才之良有四：曰棨棟、舟車、棺槨、筐篚。然自堯茨丙隆，足有蒿宫。散樸之餘，實聞畫藻，舟車爲繆假之緣，棺槨乃含腐之物。離支種禍於上林，棗栗取諧於兒女，既已托於人雕，乃終委於下土。孰函體以藏用，乃備衆而渺□。以是四者，不稱榕公，則公之容爾久矣。爰感楚什，播其德音，用作《頌》曰：「帝錫炎土，畀以美蔭兮。羲道届中，柯葉乃盛兮。哀彼内熱，示且休兮。羕引□延，宛□樛兮。鉅抱弗述，尊所願兮。爲惠兆報，同世患兮。蹇其離立，賤行列兮。舍瑣爲攄，不受世悦兮。遠避蟲螒，通道術兮。創之不備，況桃柳兮。自爲蔽虧，從日月兮。時奮俶儻，魂而不□兮。屏細從大，似有所學兮。新故承跗，靡隕落兮。柳下之行，非所倚兮。鴻龐紛緼，又不類伯夷兮。鏟華固樣，自得之兮。不蹈窮谷，中自持兮。檻欄之玩，又乃離兮。逾嶺越江，惡以爲市兮。獨立不懼，師其地兮。世喜密理，韌以纖兮。嗟爾長大，詎有厭兮。寢食從之，吾又何憾兮。以爲樹海，從泛濫兮。稽含狀南方草木，記粵中榕事極侈矣。如云木貴連理，此樹獨不爲異兮。吾鄉榕事極多，而連理者殊少，但此木原自離立以爲廣陰，夷惠之間，雅得其概，不比羣枝也。近諸賢遂有取爲茶供者，又清奉大過，如用莊生以爲書侶矣。篇中俱不照此意，遵至無斧鉞，不避刀鋸交加。亟□悶之至性，具獨立之幹用，略悉其義，未之詳也。此本已多書之災木，留此原草，爲徐晉斌索去，今歸之而遠。而遠見稽氏全書，當□予之無當也。崇禎乙亥夏五，黄道周書。△下鈐「黄印道周」、「□□」二印。

石齋先生此卷，葉丹崖河帥於嘉慶庚辰年得自任城。方擬重付裝池，而旋即歸道山，以此未果。道光乙酉年，又爲余所得藏諸篋笥，以俟重裝。伏思石齋先生一代偉人，原不必藉書法以傳，即以書法論，亦復蒼老挺秀，用筆夭矯不羣，深得山陰遺法。至此文雖一時游嬉之作，而勁節孤忠，藉榕樹以寓言，已情見乎詞矣。可不寶諸？展玩之餘，謹識數行以志欽仰。虞山後學蔣因培。十一行，行書。△下鈐「伯生」一印。

右趙州守陳息凡同歲所藏黄石齋先生《榕頌》行草真迹卷，蓋崇禎五年，先生遘疾求去，瀕行上疏，忤時宰，被斥還閩爲民以後，擬楚詞《橘頌》之所作也。末自跋一紙，字差小，紀年崇禎乙亥。乙亥爲八年，先生至九年始召復故官，則作跋猶爲民時也。跋言「此本已多書之災木，留此原草，爲徐晉斌索去，今歸之而遠。」然則此卷爲初脱稿時第一清本，先生既自留之，又見索于交游，復流轉他氏，先生乃爲之跋，蓋平生極得意書矣。友芝鄉于友人所見先生楷寫《孝經》，筆勢出入魏齊，頓挫雄逸，絶去趙、董中間甜惡之味。此卷頓挫極相似，而天真過之，書經屬文，有意無意自别，信乎初寫《蘭亭》，决非他日更作所能及也。息凡弃勝國名迹數十，每舉此《頌》爲冠，謂其以人重耳。咸豐庚申秋，經趙訪之，勾留浹旬，珍重相示，乃具服其精鑒。《頌》本葉丹崖河帥物，後歸蔣伯生郡丞，而息凡得之，以伯生跋考論不析，瀕行更三日留，鈎核本末，以附卷尾。先生始左中允〔六〕，既以救錢龍錫貶三秩，調他曹，候補且三歲。其瀕行二疏，皆經國要言，切中時病，乃以周延儒、温體仁遽予罷斥。是後雖薦召復官，充日講，晉少詹，而所言百不一用。特爲楊嗣昌屢摭其文章不如鄭鄤一語資口實，轇轕枝拒，一切以邪説加之，已貶照磨，又削籍廷杖，永戍煙瘴。比嗣昌死，復有故官之召，方還朝，尋以病歸，而明社屋矣。嗚呼！學問抱負體用，具足如先生，自應明季相才第一，而摧排陷抑，徒成其爲空山偃蹇蔽芾無當之老榕也。悲夫！八月己巳，獨山後學莫友芝。十八行。△下鈐「莫五」、「其名曰友」二印。

跋《榕頌》已，更讀先生引疾、瀕行兩疏，悲憤棖觸，不可止，書十六韻。

明之崇禎始，舉措已乖方。良材動摧折，惡木紛棟梁。苛細無遠猷，姑息壞邊防。興獄興株累，弄權冒紀綱。錐刀擾大吏，罅隙延科場。事急茫所爲，援帥隔勤王。傳宣但中旨，趣辦乃布囊。豈必萬歲山，似此能無傷。石老引疾初，兩疏何慨慷。安危係根本，老慎宜周行。絶餌已怪特，削籍愈荒唐。鬱屈閩海榕，偃蔭溢千章。近岸神嶠接，隱洲僊幄張。蔽虧白日照，隔越孤島傍。挫抑轉生氣，支離益奇蒼。徒令感楚什，束手送興亡。邵亭畊叟友芝。八行。△下鈐「子偲」一印。

## 明黄忠端草隸直幅劉芝田瑞芬觀察藏

綾本。高可六尺餘，廣尺五寸許。

彼澹者水，而可行遠。彼屹者山，物患不干。浥濁逐塵，事理乃亂。注而澄之，猶不得半。故道始於素，天治於簡。維素與簡，近於先岸。簡素馭萬，乃得其貫。朋從往來，寢興游衍。一維簡居，一惟素願。事理不失，文質大焕。可以體道，可以寡怨。强恕求仁，此其範也。右自戊寅入大滌，偶書二銘，於静應素居之事略成影響，未若居敬窮理之深切著明也。孟長民又再請二章，仍以前言應之。它山淺率，不足求也。道周頓首。△下鈐「黄印道周」、「石齋」二印。首鈐「石道人」一印。前有「平原陸幔高鑒藏印」，後有「陸印」、「廷燦」二印。

右四行二字，末行下半識小行書二行。同治丙寅七月，在上海觀。

## 明黄忠端手札通州姜茂才渭藏原札二十三行。

憶在清河，溯風承吾師色笑，匪伊朝夕，距今七載。風景日殊，山河亦異，今吾師而在，扶危持傾，定不至此。世運將頹，秦梁先萎。瞻仰四方，寧不悲嘆。耽玩行實，想慕羹墻，如或見之，比於劉忠宣、馬端肅，真其倫也。弟在病中，拆臂之餘，不執筆者經年矣。黽勉敷敘，不能揄揚千一。又丁板蕩，無□爲榮遇之談，每□天步須多唏，□情文未茂，宜其然也。忠宣、端肅□於盛時，羣賢師濟，□日始旭。師當寅餞之際，遠猷邃識，進退皦然，固宜卓越諸表耳。新主□運，正當弘奬前賢，丕揚往哲，易名之典，當不日遇之。謹手書志銘，屬草呈政，不文不遠，尚冀貞珉，别寄如椽也。諸吟台光加餐外留〔七〕。七月廿八日，道周九頓首。

忠端公遺書，門人洪石秋思《序》稱凡四部，百九既十有六卷。其《經解》九種，康熙間有刻本，與未刻之《榕壇問業》，俱録——《四庫》。其《文集》舊刻十三卷，至道光朝陳恭甫侍御始訪得人家藏本五十卷，復益以所獲逸文逸詩數十，重定目録鋟板，與《經解》并行，謂完備矣。而此札竟出集中書札五卷之外，且集無爲師銘墓之文，此所稱《志銘》亦不見于集，甚矣！公之烟墨淪散，不可深勝輯也。按：公受知師，見於所編《年譜》者，有黄應舉、張鵬霄、閔夢得、鄭三俊、岳和聲、丁紹軾、張孔教、張履端、韓日纘十人，不知札所謂師在其中否？公于崇禎十六年癸未臘月墜崖折臂，年五十九。札云「折臂之餘」是公晚年書，楷而兼行，峭動「近率更，而脱其襽襀，優入晋賢，源通篆隸，圭稜别具風致，良可寶也。公文如其人，字如其文，雖一語足見孔翠，姜生磺溪得此，倘有好事者以壽諸石，而傳播天壤，則津逮靡涯矣。區區服膺之素志，于此有深望焉。同治二年癸亥仲秋下澣，後學臨川李聯琇敬跋于崇川旅舍。

謹案：箋云寅餞，又云新主，似當熹宗升遐，愍帝初立之際，小湖先生以折臂爲癸未，似可疑也。

同治四年長至後二日，江寧後學汪士鐸敬觀。

## 明唐子畏捕魚圖横卷遵義唐氏夢硯齋藏

絹本高一尺一寸强，長一丈三尺三寸强。名署卷末端。後附莊九微草書張志和詞。紙本。高一尺二寸半，長九尺五寸。

黄蘆白葦，夾岸千叢，原樹盡彫，時有紅葉，罾艇數十，出没于烟波浩渺間。樹草洲嶼，皆出生動，猶用宋法。下鈐「南京解元」一印。

舟上岸上百餘人，騎者、負者、奔者、坐者、篙者、纜者，皆極形象。

唐寅。△下鈐「六如居士」一印。

咸豐乙卯冬十月，莫友芝拜觀于夢硯齋。△下鈐「郘亭寓公」一印；又有「夢硯齋藏」、「成山唐氏」、「陳氏乾齋」三印。

唐張志和《漁父詞》五首。丙辰冬日，爲道冲魏老先生録於燕邸。九微莊奇顯識。△下鈐「莊奇顯印」、「太史氏」二印。首鈐「寧作我」一印。後有「陳氏衎復」一印。

## 明張夢晉畫唐子畏小像直幅遵義唐氏夢硯齋藏

紙本。高四尺五寸，廣一尺七寸。上端陸師道楷書《子畏小傳》。

六如居士小像。篆。

**唐子畏先生傳**

先生名寅，字伯虎，一字子畏，吴越里人。性穎利，少讀書，不識户外街陌，其中屹然有千里氣。父廣德，嘗語人此兒必成名，殆難成家乎。父没，猶落落。其友祝希哲先生謂之曰：「子欲成先志，當且事時業。若從己願，便可褫襴幞，燒科策。今徒藉名泮廬，目不接其册子，則取舍奈何？」先生于是墐户絶交往，亦不覓時輩講習，第日取少所治《毛氏詩》與所謂《四書》者，翻討擬議，祇合求時義。一年，試應天，遂録第一人。己未，偕計北上，有旁郡富子强先生同往。富子以賄敗，株累斥爲吏。先是，梁文康公竣試還，與程詹事敏政從容語次，數稱唐某才士，寧第甲江南。程公遂詣先生請三事，使具草三事，皆敏捷。程公亦稱唐某當世奇才，一第不足畢其長。無何，而程公奉詔主會試，忌先生者以蜚語聞，比廷鞫，竟論削程公籍，而先生廢。先生既廢，益放浪形迹，扁舟獨邁祝融、匡廬、天台、武夷，觀海東南，浮洞庭、彭蠡歸，益研習造化，玄蘊象數，尋究律曆，求揚馬元虚、邵氏聲音之理，而贊訂之，及風烏、壬遁、太乙，出入天人間。而是時寧庶人者，慕先生名，厚幣聘先生往。先生往一見，則度濠有反形，乃陽清狂不慧以免其禍。詩文不甚措意，謂後世知我不在是也。奇趣溢發，或寄于畫，下筆趨追唐、宋名匠，晚乃皈心佛乘，自號「六如」。治圃舍桃花塢，日般飲其中，客來共飲，去不問，醉便頽寢。年僅五十四卒。

嘉靖二年歲次癸未冬十一月廿又二日，陸師道書。△下鈐「師」、「衍」二印。

唐生曠古才，抗志薄章句。一與塵網牽，乃爲盛名誤。寥空舉黄鵠，脱略當世務。委形適冲漠，寓意托豪素。驕王酒醴筵，唾棄不一顧。流觀風月場，陶然有餘趣。名士不可爲，官錢且誣盜。用蘇子美事。置辨即奇辱，烟霞恣長嘯。古人不幸事，每深後來弔。要亦鴻爪泥，無足當一笑。命宫集箕斗，身後難評嘲。不見闤市中，紛紛弦索調。夢中一丸墨，腕底千幅紙。長謝後世人，知我不在此。盤胸鬱太華，放眼净泥滓。此才竟軒冕，所造安得爾。燕市桃花開，遺圖見巾履。太息金昌亭，十年祠屋圮。道光丁酉三月，朱綬仲環甫獲觀於宣武坊南寓齋，因題五言三首，是日爲修禊節。△下鈐「朱綬」、「環之父」二印。

六如居士與張夢晋居爲鄰，兩人志趣雅合，俱善畫，以故契深析蘭。少與孟晋縱酒，繼乃閉户，舉弘治十一年戊午鄉試第一，旋以會試家僮得賄露試題事，謫爲吏，耻不就，自署其章曰「江南第一風流才子」。宸濠聘之，居士察其有異志，佯狂放還。居士築室桃花塢，與客飲其中，居士中第年廿九，此圖當在四旬以外。《丹青志》謂夢晋畫人物無卑庸氣，信然。兹圖有張靈小印，當是夢晋之筆。兩人素相善，故更得其瀟洒出塵之度，是可寶也。鳧鄉七兄獲以見示，因爲識之。道光辛丑十月，竹葉□生弟姚元之記。△下鈐「姚□」一印。

雉以尾麗畢，士以才累身。先生藴奇抱，豈止文藝人。黄金鑠衆口，坎壈不獲伸。逆藩輦金帛，視之如輕塵。惟昔李供奉，亦陷永王璘。先生獨抗節，高識非常倫。不聞被褒擢，反棄滄江濱。惜哉闕廷上，遺此鳳與麟。同時有畸士，吮豪傳其真。流傳三百載，奕奕如有神。似聞金閶地，勝迹猶未湮。神弦迓精爽，歸去桃花春。道光癸卯夏五，監利王柏心題。△下鈐「王柏心」一印。

金昌亭畔曉風清，拂袖東南海上行。他日湖西訪遺迹，桃花庵裏拜先生。丁未嘉平，桂林朱琦謹題。

## 明史忠正行書楹聯遵義唐氏夢硯齋藏

絹本。各高四尺四寸半，廣七寸半。咸豐三年，黄郎中輔辰得之京市，書忠正史傳其端，寄子方方伯于湖北。明年正月，方伯遂殉職金口，亦先幾也。

文章輝五色，心迹喜雙清。可法。下鈐「衎鄰」、「史可法印」二印。

録郎中録《史傳》至「大清兵下江南，始詔還揚州，乃晝夜兼程而返」。遂書其後云：「録其事未竟，聞東南緊報，不能握筆矣。此寄子方，我兄弟能否再晤，未可定也。」咸豐三年三月，琴塢弟輔辰拜書。

## 明史忠正行書楹聯

宣城紙本。各高六尺四寸八分，廣一尺八分。

自學古賢修静節，唯應野鶴識高情。可法。△下鈐「史印可法」、「文通齋」二印。

史忠正公楹聯真迹。同治改元，收桐城士家舊藏。公自崇禎八年秋，以副使監江北諸軍，馳驅戰守，遏流賊于懷、桐、潛、太間，殆無刻暇。比十年，擢巡撫。賊漸東下，頗爲總理侍郎熊文燦招降。未降者亦觀望，皖警始稀。繹静節高情，意蓋或此時所書。下距閣部督師竟應文山之夢，八九年耳。小兒繩孫需次兩淮，擬雙鈎刊木牓奉懸忠正祠屋，其後母兄賀緒蕃又欲别刊以傳，因識。同治八年夏五月，獨山後學莫友芝。其書之卷中，則十年四月于淮南書局。下鈐「子偲」一印。

## 明仇十洲山水横卷泰和周春甫繼煦州守藏

絹本。高一尺四寸半，長一丈零七寸五分。署名在卷末，作畫自左始。春甫有桐陰山館，舊曾爲圖卷，轉題失之。以實甫此卷溪山重叠，中適有高桐夏屋，遂持爲己圖。吾友鄭子尹爲篆題「桐陰山館圖」于卷首，而系以詩，余亦同作。前有「王氏廉普鑒賞」、「皇甫坊印」、「百泉」、「木天清秘」四印。

仇英實父製。△下鈐「仇英」一印；又有「墨林生」、「子京父印」二印。

詩必此詩非詩人，畫必此畫兒童鄰。非馬喻馬馬始真，此意難與滯者論。君不見，小謝在何朝，而刻敷文之印；子雲生何代，而題李約之齋。五百年間一旦暮，識與不識相往來。況君尚友心，大雅同一堂，焉知仇十洲，不爲子畫山房。村曖曖兮雲遠，風娟娟兮樹凉。漁艇下時山水綠，蛇虎不到松蒼蒼。此景人間本無主，誰其寄之即暫據。烟雲變滅隨東風，何論畫師有今古。清曉此澄對，大與桃源同。吾欲與君日日醉游水南東，不聞戰鼓悲，老死葬其中。一念隨起復隨寂，究竟不知何主客。君看抱琴橋上人，似是老柴今日題卷神。周春甫三兄舊有《桐陰山館圖》，因轉題失去，即以實甫此卷當之。春甫曰借也，余曰真也，如曰未然，請視題識。咸豐乙卯歲十一月廿一日，鄭珍記。△下鈐「鄭珍私印」、「子尹」二印。

## 查二瞻山水册葉四幅

紙本。高尺有二寸强，廣一尺弱。同治甲子獲之懷寧肆中。

一路寒山萬木中。士標畫唐人詩意。

右一幅小行書三行題于左上角。旁鈐「二瞻」一印。

夜雨篝燈，漏下二十刻矣。士標畫。

右一幅小行書四行題于左上角。旁鈐「二瞻」一印。

黄子久畫平巒秋霽。士標。

右一幅小行書三行題于左上角。旁鈐「二瞻」小橢圓印。

巨師畫大壑鳴泉。己未十月，查士標擬意。

右一幅小行書五行題于左上角。旁鈐「士標」朱文小印。己未，康熙二十八年，時二瞻年六十五。此册頁不知若干開，皆其得意之作。前月繩兒爲芋仙買得八紙寄去，今又獲此四紙，存匣中。俟他日商爲延津之合也。

## 王石谷臨董仙掌雲氣山水横卷遵義唐氏藏

紙本。高一尺四寸，長一丈八尺。卷末并録舊題跋，猶少有餘紙。詩前有「夢研齋藏」、「我思古人」、「清暉老人時年八十有二」三印。

人家在仙掌，雲氣欲生衣。右丞詩中畫也。信筆塗抹，欲爲補圖耳。乙卯九月三日，元宰識。

此圖乙卯筆，甲子春入都門，見北苑《夏口待渡圖》横卷，乙丑中秋復展此卷，頗覺有合處。元宰重題。

思翁藏黄子久《富春山卷》，歸之荆溪吴光禄，嘆憶不去口。此卷雖從董、巨發脈，然有李龍眠，有江貫道，有趙松雪、吴仲圭，而以筆墨三昧運之，此生平銘心絶品，可與《富春山卷》并傳也。崇禎閏四月十九日，得觀於神清之室，余年八十矣。陳繼儒題。「閏」上遺「年」。

董文敏畫瀟洒天真，若不經意而出宋入元，諸法具備，此卷峰巒樹石，烟雲吞吐，變化莫測，都從董、巨風韻中來，兼得《富春》象外之趣，尤稱生平合作。華亭王司農出以相視，留玩旬日，偶爲仿之，并録原題於右。康熙歲次癸巳中秋後三日，劍門樵客王翬。△下鈐「石谷」、「王翬之印」二印。

## 王石谷臨唐人著色山水十二幅

并紙本。高七尺二寸，寬二尺零三分。咸豐五年冬，遵義楊雲波承瑞買于陳氏，唯一幅有題識。

丙申夏仲，自山左歸，有寫山之興。坐倦游，居晴窗，展唐人真迹，各仿其意，有自得處。覺雲煙之態，筆墨之趣。胸中腕底，信手拈來，都成妙諦。我思古人，古人恨不見我也。呵呵！行書四行半。石谷子王翬寫并識。題款一行。△下鈐「王翬之印」、「石谷」二印。

## 梅石居鄧石如石交圖橫卷 懷寧鄧守之傳密藏

同治丙寅三月，鄧守之傳密自安慶來相過。自去歲三月尾在焦山、揚州小聚，匝一年矣。以所藏《石交圖》相示索題。圖中戴笠像即其太翁完白先生石如，其科頭倚杖者，梅石居先生。石居長于完白二十餘歲，交最篤。完白來金陵，即主石居之明瓦廊寄圃。此畫中景，即寄圃也。乃乾隆末所作。湘鄉相公以完白翁本字石如，以字行，爲題曰《石交圖》。圖後石居之孫曾亮有題句云：「先生寄圃數徜徉，童稚追隨阿祖旁。世事雲烟人老大，披圖猶記古唐裝。」圖中二鶴即完白物，寄養圃中數年，後完白妻没而雌鶴死，又以雄鶴寄養懷寧城北之清凉庵，字曰佛奴，爲安慶守索去。完白游歸，乃作書索還。世所傳《寄鶴書》是也。比完白没，而此鶴亦死。

## 諸日如墨竹横卷

絹本。長二丈有六寸，高一尺二寸有半。卷首有「指壑」一印。

庚子秋日寫，爲洵鄉道兄。諸昇。△下鈐「諸昇」、「日如」二印。

諸昇字日如，號曦庵，仁和人，善蘭花竹石，竹法魯得之，雪竹尤佳。《續畫徵録》。

## 錢南園先生手札卷子羅平竇蘭泉侍御塄藏

紙本〔八〕。同治三年蘭泉奉召起入都，四月道安慶，持以相示，録如左，其題跋已備，待補歌詩。

弟灃頓首：比西路差事已畢，民樂歲豐，想政事之暇，梁、孟齊眉，子婦侍側，官途中猶然家庭之樂，可勝景羡！令侄久在都，愧不能纖毫爲情，實以大挑諸公出京，少有所累，頓至積爲大苦，雖竭具一酒食猶難耳。殊堪笑話。得張扶九書，知七月末已委署萍鄉，餘者略無所曉也。令侄之便，奉此請安，不一。曙齋二哥大人，弟灃頓首再拜。一紙八行。△下鈐「灃印」一印。

灃頓首二兄大人：令姪來草草一札，想已蒙鑒矣。寒節諸應迪吉，得胡友薌書，頗念。仲平大意，總以吾兄勿惜嚴訓爲祝。今月十四日，灃忝授江南道御史，敢不黽勉勤職。所需車馬衣服，本已預計，因大挑諸公，不敢漠視，遂至一空所有。今乃爲計甚急，情知廉俸必無贏餘，但無可奈何，仰求爲灃轉措百金，即於歲内寄至。不一二年榮擢入覲，灃當謹備以充行李，决不食言。十一月十七日，灃頓首再拜。一紙十二行。△下鈐「南園」一印。

弟灃敬請二兄大人近安！去冬一札，特有所懇，不審達否？灃自改官以後，諸凡大窘，所有應用車馬衣服，勢不得不稍爲置頓。是以冒昧於賬行中暫一挪用，詎意一滚一叠，子母幾於相侔，倘及今不更爲計，逝將伊於胡底。仰祈二兄拯我兹難，務爲多方設措，借給紋銀三百兩，將來有須在家置備物件之處，灃當陸續歸還，以供零用，決不食言。兹特具借券一紙爲據，務望即付來脚。雲霓之望，伫祈垂原。迫切迫切。灃頓首。三月十八日辰刻。

灃頓首曙齋二兄大人：前於五月中歸自山左，始讀諭札，并知不孤灃所望，隨一札托信成轉致。洎大姪來，又奉教諭，感愧何如。比想諸務安適，可勝仰羡。灃近狀大侄所悉，窘不可名。尤冀愛我，再假我數十金以卒此歲。企切之至！灃頓首再拜。一紙十行。△下鈐「灃印」一印。

弟灃頓首曙翁二兄大人：自交水得六郎偕行，六郎數有家報，但屬請安而不親數字，知如胞不以相苛也。灃犬馬之齒已逼桑榆，不揣此行，筋力大屬不支，又不自謹，途次染疾，藉非六郎提挈，幾不免於藁瘞道邊，想趨庭時爲道其詳也。六郎明達周慎而勤於學，吾曾未見其匹，昂霄聳壑，不過轉盼間事。德門大慶，所鍾有在，曷勝顒羡！兹以十一月廿四日南歸，計造膝下，正際春融，指日授官有地，杖履又多一逍遥之所，神仙陸地，匪吾老友而誰？賤軀藥稍收效，但精氣久虧，不任作勞，數字陳情，蓋十餘次停筆以抒攣筋，正不審平復當在何時也。廿三日辰刻謹頓首。二紙，一紙十一行，次紙九行。

昆明錢侍御南園先生，先君子戊子鄉薦同年也。與先君爲莫逆交，聯鑣馳驛會試。後先君補趙州學博，先生游公安萬荔村明府幕中。辛卯捷禮闈，選館，告假省親。趙州彌渡蘇提學治喪，先生以弟子徒步千里執紼，先君亦蘇公門下士，相遇握手者旬日。嗣入都，由翰林保御史洊升通政使，長安久居，薄俸不給，就館城内徐宅。每出城，由正陽門賃驢跨至宣武門，步入雲南館，與同鄉小聚，復由驢背還，其苦儉也如此。適先君以保存至都重聚，益相洽。己亥，先君出宰洪洞，是年有甘肅蘇四十三逆回之擾，進師凱旋，皆經洪邑。先生時有函問，函内所稱令姪爲族兄迎詔，以孝廉製衛缺，往還燕、晉，藉以贈答。張扶九諱翀，太和同年，後爲贛縣令。胡友薌乃弟仲平，孝感會元胡牧亭先生之嗣。牧亭，侍御戊子座師也。仲平居洪洞幕中數年，其謂歸自山左，蓋先與劉石菴相國馳赴濟南各郡，密辦所奏案，至所挪之金，多代助鄉人。此四函皆寄洪洞書，猶有遺失者。如庚子典試廣西，出都時致函云：「現已得差寄到百金，竟不須用，送修會館。」後此項爲同鄉出宰者貸用不償。先生於湖南學政聞訃家居，先君亦引疾歸林，訪先生於昆明。先生猶云前留修會館之金，予當賠還。二老翁相視而笑。癸丑八月，先生服闋入都，偕峻行途中，爲峻竄詩稿，談文藝，評古今人物，昕夕歡甚。次襄陽城，染寒疾，至直隸白河，危極，强扶到都，湘潭周侍郎石舫先生，其門人也。診視至冬至，始漸瘥。峻還滇，因有最後一札。此行先生長子嘉榴甫八齡，當先生垂危之日，峻偕之卧，後爲處州方太守壻，游庠就親浙江，未婚而夭。次子嘉棠，癸酉拔貢，現爲寧洱教諭。三子嘉棗，邑庠彦，舉孝廉方正。嗟乎！先生自乙卯再授侍御，入軍機，隨駕熱河，途中染疾，回京而逝，時年五十九。宇内失霖雨蒼生之望，溯先生之功業文章，自諸生以至提學，著作如林，諫章彈疏，彰彰在人耳目。先伯兄欲博曾隨湖南考試閲卷，所贈翰墨真草甚夥，諸子姪輩分藏珍寶。塽兒檢所藏五札，裝璜成幅，因述札中大略示璽、塽兩兒，知鄉先達與先君子同袍之誼如斯云。道光八年戊子五月，欲峻書於閩南鹺署。

南園先生端方正直，吾鄉之望人也。章於乾隆癸丑始晤先生於途，乙卯復謁先生於京，議論皆極誠篤，心折者久之。居無何，聞先生捐館矣！每於素好處見先生尺牘寸紙，未嘗不心慕愛玩，想見其爲人。今閲此卷，知先生與曙齋年伯交情之厚，而氣誼之親如此也。因書數語於後。道光己丑正月上元日，滇西後學程含章。

錢通政以敢言著名，乾隆時，書復入平原堂奥，故人之重其人者并重其書。松溪大公祖出此五札見示，皆致其尊甫曙齋先生，而郎君《蘭亭集》以成卷，致其景仰之懷者也。余跋通政手迹屢矣，于此卷尤有感焉。記云：人以類聚。通政與先生交誼如此，則其品詣之不相上下可知。今松溪以選拔歷官觀察，所至有聲，蘭泉少年成進士，觀政吏部，善人有後，信矣。而通政後三子存者惟嘉棗，而又困于場屋，何境遇之大相徑庭耶？天道之有可信有不可信如此，可慨也夫！吴縣顧蒓題于正陽門外之仁壽硯齋。△下鈐「顧蒓私印」、「南雅」、「辛卯歲作」三印。

南園通政與先叔父顧厓侍郎同捷南宫，入詞館，往來最密。余執後輩禮甚恭，當時抗章彈劾，直聲著於朝。今觀其遺迹，猶令人肅然起敬。蘭泉銓部，予禮闈所得士，出以示余。錢公之墨寶，竇氏之席珍，共垂不朽云。道光甲午，花朝八十叟曹振鏞題。

錢南園通政以直聲著于朝，言論風采，余猶及見之。此五札爲松溪年六兄所藏，皆致其尊甫曙齋先生者也。竊嘆前輩交誼之重有如是也。夫緩急人所恒有，顧以通政之介，夷然不屑者多矣。而獨有請於先生，此必先生之賢，有以見信于通政，而通政亦必有自信以取信於先生者。松溪觀察，吾鄉陶雲汀宫保以爲江南第一好官。讀第五札，知通政早識之於數十年前，則其鑒賞真尤不可及已。道光甲午清明後二日潘世恩。

昆明錢南園先生爲臺館前輩，立品端正，乾隆時在諫垣有直聲，余嘗以弗及一見爲憾！道光甲午奉使來浙，適大公祖松溪觀察調任海防，共事一載。見其不避勞怨，極爲心折。繼出所藏五札見示，知先生與尊甫曙齋先生交道之篤。今觀察爲國宣勤，而令嗣長君登賢書，次蘭泉鄉薦第一，祖孫相繼發解稱盛事，旋捷南宫，觀政銓部。則札中所云「德門大慶，所鍾有在」，若有以先見之者。余幸獲觀先生手迹，可想見其爲人，及讀觀察跋語，嘆其尊崇父執，表揚先輩，足以與五札并傳矣。道光丙申春季，古歙吴椿拜題於武林行館。

滇多君子，以余所見聞，不可更僕數。而通政錢南園先生之清剛正直，尤在人景仰咏嘆間也。先生之督學湖湘，閲今五十餘年矣，而後先入庠序者稱道出一口。兩入臺諫，論覈不避權貴，能除大慝而撼大奸。余往往于先達中聞其流風餘韻，未嘗不追維而不能置云。蘭泉竇君以先生與其祖曙齋先生書五則，并其尊人松溪觀察叙述書中大略見示，想見當時交道之篤，曙齋先生與松谿觀察之賢，蘭泉謹守家法，不同流俗，亦可謂卓然能自樹立者矣。滇多君子，不信然乎？道光壬寅六月既望，長沙唐鑑敬題于宣武門内承恩寺街之讀易軒。

姚姬傳先生作《南園詩存叙》稱：先生再爲御史時，直軍機處，奏和珅及軍機大臣常不在直之咎。和珅益嗛君，凡軍機勞苦事多以委君。君家貧，衣裘薄，夜入暮出，積勞成疾以殞。今觀此札，乃初爲御史時以須置車馬衣服，从竇公借貸，清貸之操，與一官相終始。所謂嚼斷菜根始能作百事者，信然信然！先父安公爲先生門下士，每紹基兄弟南歸應省試，輒命購藏遺墨〔九〕，先生督湖南學凡三任，流傳縑楮頗多，顧從未得其札牘。近來於羅芙洲水部睹其手札册子，兹蘭泉吏部兄復見示此卷。淵明《乞食》之詩、魯公《乞米》之帖，貧也非病，適徵道腴。先生清風介節，與古賢輝映後先。而竇公者，亦依清白吏傳子及孫，蘭泉珍守此卷，非徒以傳先生，亦所以發揚祖德歟！道光二十有三年仲春月，道州何紹基拜跋。△下鈐「耜□」、「九子山巢」二印。

洪稚存先生《北江詩話》稱昆明錢南園侍御爲當代第一流人，其詩亦不作第二人想，自是篤論。其詩則望江令師範刻之，其父則吾師何仙槎尚書刻之，而書法獨無專刻。侍御嘗督學楚南三任，陶冶多士，湘中人至今尸祝之，零縑斷楮，珍逾拱璧。蘭泉同年此卷，曩曾見之京師，冀其彙刻一帖。今來滇，復得借觀數月，先賢矩矱，企慕殷之，不僅誇半生眼福也。時咸豐甲寅春仲，安化羅繞典謹識于滇黔節署之致爽軒中。

南園先生剛嚴貞介，乾、嘉間偉人。即其法書詩畫，流傳人間，亦皆格高氣勁，絶人攀躋。蘭泉尊兄出示此卷五札，皆長安苦官乞貸補苴之書，而節操之堅，交誼之篤，胥流溢于簡端。乃知疢疾可以益人之智，窮餓所以熟人之仁，于豐亨逸豫之中，而求其德業之卓絶，殆未有也。同治三年四月，曾國藩識于安慶軍次。

## 吴冠英繪姚石甫都轉譚藝圖横卷

咸豐辛酉九月，客安慶軍幕，門人姚慕庭濬昌以其先人《談藝圖》來觀，并請爲求湘鄉相公題詠。因録之。

《談藝圖》　道光丁酉嘉平，石甫老友屬書，安化陶澍。

道光十七年冬，余再權兩淮運使。揚州舊爲賓客游宴之所，余所交海内賢哲衆矣，又爲日稍久，於是見過者蓋夥。或下榻齋中，共談道藝。江陰吴冠英儁善畫，乃圖而貌之。兒婿輩辰夕侍教，亦與其末。方作圖時，下榻最久而去之嶺南者，桐城方植之東樹。之江寧者，鄱陽陳伯游方海。暫返山陽者，潘四農德與甫過之江寧又偕往者，涇包慎伯世臣，儀徵劉生文淇孟瞻，吴廷颺熙載，王僧保西御，翼鳳句生，吴士榛佩蒼，甘泉楊季子亮。數過而返閩者，建寧張亨甫際亮。頗以爲憾。及圖成，而亨甫來，冠英已去，別倩補之殊不類，姑存之。圖中作小山，山前廣數十步。左爲二大松，怪石倚之。右爲小亭，圍以長檻，更西修竹娟娟，小童烹茶所也。山前横大石几，南而據几高坐者，爲宜興吴仲倫德旋；稍東爲武進李申耆兆洛；几東坐西面把卷者，桐城左右碻德慧；几西東面坐而髯者，寶山毛生甫嶽生；後石橋坐石欄者，廬江江龍門開；後生甫立者劉生楚楨寶楠；余下坐几南爲之主人。亨甫後至，更前置蒲團而盤其膝，去楚楨稍西，有兩人執手相顧，頎然者左葵之應午，側面者余子師沆。立兩人後作偶語者，余婿張滙也。新城陳淮生蘭第坐小亭中，倚檻與江都梅生植之蕴生共話。立而聽者，元和陳生克家叔梁。蔭大松下行且迴顧者，陽湖蔣丹積稜彤。緩步與語者，江寧宋勉之景昌也。夫道大矣，藝其末焉。故非道之藝不足貴。諸君子所日譚者，道與藝均進，若徒以詩酒從容，誇賓客之盛，非余道矣。桐城石甫姚瑩記。楊亮書。

【校勘記】

〔一〕欲：原誤爲「頭」，據手稿本改。

〔二〕此頁有浮簽注云：「第七行『標』字下，疑脱一『許』字。」手稿本「標」字下爲「置」字。

〔三〕奕奕：原誤爲「夾夾」，據手稿本改。

〔四〕適：原誤爲「遵」，據手稿本改。

〔五〕草：原誤爲「學」，據手稿本改。

〔六〕左：原脱，據手稿本補。

〔七〕莫繩孫有浮簽注云：「外留二字俟考。」

〔八〕此下手稿本有「高尺許或五、六、七、八寸不等」一句。

〔九〕藏：原誤爲「紙」，據手稿本改。

# 書畫經眼録附録卷上

## 唐人寫佛經一卷册頁

藏經紙本。每幅高建初尺一尺餘五分强，廣四寸七分。朱絲闌五行，每行十七字，凡十六幅。昔藏者商丘陳夢禪淮審定，以爲鍾紹京書而無據，唐人書則無疑。字絶佳，筆意似李北海，題籤刻「鍾紹京墨寶」五字，類趙書，下注「神品」二字，下刻「藥洲珍賞」四字印。首幅有「商丘陳氏家藏」，末幅有「陳淮審定」，後有潘寧跋。寧于雍正乙卯曾跋褚千峰僞作之《漢李昭碑》，并題詩二十韻，時年已七十五，蓋順治初元生人。此跋署癸丑，則雍正十二年也。

鉛山蔣知白君質《墨餘書異》卷一神卜條云：陳望之中丞曾巡撫江西，名淮，河南人。此云商丘陳淮，蓋即其人也。蔣，乾嘉時人，與曾賓谷、陳曼生爲文字交〔二〕。

## 摩訶僧祇律卷第二十九録標目十字，經文不録

鍾紹京書，唐賢墨寶第一。商丘陳淮觀于漢臯官舍，下鈐「夢禪」一印。

右題名小楷在第十六幅末行。

余藏舊搨墨迹不下數十種，俱爲好事者持去。今僅存宋搨十三行及顔平原《麻姑仙壇記》，皆楷法中之精品也。墨寶有二：一則子敬書《樂毅論》，一則鍾紹京書《摩訶僧祇律》一卷，皆神品也。學書原不易，能取法古人，必無俗韻。余老矣，不復臨摹，以子敬書授次子栻，令其專學。此册留以自玩，但單卷甚覺寂寥。憶昔在白下時，於南城市中見趙松雪書《東方像贊》，筆意圓勁，深得右軍三昧，抱玩之下不忍釋手。噫！安得遂我翰墨緣，得與此經共爲聯璧也。癸丑夏四月佛生日前，時對勺藥滿罌，展觀此册，因識。陋夫潘寧題於緑天草廬。下鈐「寧」、「中寧父」二印。

## 孟蜀黄副使花竹文待詔題詩册頁

黄要叔《花竹飛蟲》絹本六幅，首幅有楷書兼黄箋小簽，蓋當時呈進内廷之筆。文待詔

題詩紙本六幅，均高九寸，廣九寸弱。絹極粗厚，經千歲不無朽碎，而設色凝堆工緻，花葉鮮艷生動，婉若初折，飛蟲亦栩栩如生，誠趙宋前無上精品，何可以其絹有朽碎處，遂忽略視之。溯自咸豐辛酉皖口軍次，粗率重妝，及今亦四十餘年，其鮮妍之色仍未少遜，自兹珍重藏弆，雖更歷千年可也。近世盛稱泰西人繪事精絶，殆未知中國古法如李唐、吴道子所繪人物，有八面生意活動之稱，後蜀黄筌畫雉，殿上鷹認雉爲生，掣筌肘者數四。此册花竹枝葉蜂蝶，靡不面面生意若活，能事取法，何必舍近求遠？鑒藏家固以題咏著録、流傳有自、整潔無損者爲珍，然市賈作僞，乃專求能手摹仿此類，以欺時人。即素以鑒别自喜者，亦往往墮其術中，此難免米氏貪名好聲之譏。蓋奇書古畫，有歷千百年，頻經浩劫，復出于故紙堆中，識者獲而彰之，始耀于世。譬諸相人，重國士于微賤，斯稱真鑒。苟真贋莫辨，第以有名人經藏印記、題跋，即附和以爲珍秘，殆所謂皮相者耶。近又專尚四王、吴、惲，甚者價重千鎰，所見尤隘。

第一幅繪淩霄附竹枝。「幽居荏苒得春饒，坐攬羣芳萬慮消。屋裏蘭荃青滿眼，不妨有地種淩霄。」《淩霄花》，徵明。

第二幅繪折枝薔薇小蝶。碎剪輕綃彩色新，畫屏錦帳不勝春。已知絶艷超凡品，復有清香更可人。《薔薇》，徵明。

第三幅繪折枝千葉石榴花。「五月榴花照眼明，枝頭時見子初成。可憐此地無車馬，傾倒青苔落絳英。」《石榴花》，徵明。

第四幅繪折枝黄花雙蝶。「公衙亦可種黄花，何必東籬醉便佳。欲試先生歸去意，不因五斗博烏紗。」《黄花》，徵明。

第五幅繪牽牛花，附竹枝及蜂房蜻蜓。「幽花苒苒含朝露，弱蔓青青動晚霏。自與此君相托後，懶從天上覓支機。」《牽牛花》，徵明。

第六幅繪蓼花。「海國天寒早欲霜，蓼花紅淡照新粧。曾同仙子吟秋月，更伴漁翁醉夕陽。」《蓼花》，徵明。

以上每紙題詩均行草六行，署名下鈐「文徵明印」、「奥山」兩印，六幅并同。

## 宋胡文定行書横卷

紙本。高建初尺一尺三寸，長六尺六寸强。行書。十八行，行三字，字大約可三寸。末二行署「後學胡安國書」。左鈐印章二，均難辨識。同治初元[二]，先徵君收之皖江軍次。字體端麗，殆有名儒氣象，流傳千歲，紙墨尚整潔，希世寶也。

文武兼資，廟廷偉器。擁祐聖明，捧日而起。恩遇有加，抑畏無替。保身全名，經邦掌制。巍巍當時，煒煒來裔。卓哉！相業，吁其難繼，後學胡安國書。

## 元錢舜舉畫宋太祖蹴踘圖立幅

絹本。高三尺五寸强，廣尺有五寸。下段爲圖，上段題識。

《趙太祖蹴踘圖》舊藏秘府，後流落人間。因見此本而摹之，儻非天神革命，亦不敢圖。習懶翁錢選舜舉。

右題識行書三行，署款下鈐「舜舉印章」、「舜舉」二印。

青巾黄袍者，太祖也。對蹴踘者，趙普也。青巾衣紫者，乃太宗也。居太宗之下，乃石守信也。巾垂于前者，党晉也。年少衣青者，楚昭輔也。此畫昔留御府，因兵火流落人間，亦可想閑中一時之樂也。

右題識行書六行。

聚戲人間渾等倫，豈殊凡翼與常鱗。一朝龍鳳飛天去，總是攀龍附鳳人。錫山王達善題。

右題詩行書三行，署款下鈐「玉堂學士」、「王氏達善」二印。

## 元趙文敏畫馬巨幀

紙本。高建初尺五尺六寸弱，廣二尺七寸强。出揚州舊家，紙色雖暗，尚完整無朽碎，繪枯樹二株，縶一紫叱撥，殊神駿。設色猶可辨識。幅左近邊寸許署九字，絶佳。蓋至大乙酉文敏五十六歲時作，距今六百年矣。明項子京經藏。幅顛右角有「天籟閣」，幅末右角有「項墨林父秘笈之印」及「友石審定」二印，均朱文，市出。文敏書畫百鮮一真，似此真迹神品，誠不易觀，明眼人自能審别。

至大二年秋九月，子昂。

右行楷一行，下鈐「趙氏子昂」朱文方印。

## 元趙仲光桃園圖明文徵明仲春桃花源記合卷

趙畫絹本，高尺二寸，長二丈六尺一寸强，當九尺六寸及一丈九尺三寸處，并斷析，皆非當時接縫。末署楷書一行。按：仲光爲文敏公次子。品詣高尚，隱居不仕，繪事極精能，兼工真行草書。此卷道光中先徵君門人胡子何教授以贈先君。咸豐戊午，由黔中携之京都，重爲裝池。同治壬戌春，于懷寧軍次復獲文徵仲書《桃花源記》真迹，蓋嘉靖辛亥八十二歲時書，筆意猶鮮勁可喜，洵能品也。光緒戊寅，繩孫自金陵移寓邗上，始裝附趙卷之後，遂成聯璧。文書紙本，高尺有二寸七分，紅二段，通長一丈，墨絲欄，四十九行，書占四十有二，餘空欄七行，欄尾尚有空紙尺餘。

至正甲午春二月，吴興趙奕畫。

右小楷十二字，署于卷尾，下鈐「仲光」一印。

右絹本。高尺，長二丈，爲門人胡子何大令舊藏。今年秋，子何自黎平過我午山墓廬，出之行篋，余審定爲元趙奕《桃源圖》。奕字仲光，文敏公次子，史稱與其兄雍皆以書畫知名，而其遺墨在國朝收藏之富，評閲之夥，如孫退谷、宋牧仲、高澹人諸公，俱未及片楮寸幅，即明代鈐山、米萘等記書畫亦無之。甚以士良夏氏序《圖鑑》，後至正甲午十二年耳，於仲穆子若孫且著之，復不出奕姓字，是知仲光手迹，在元代已少見者，何論明後也。此卷至今垂五百年，而墨色分明，無稍損蝕，誠希世之珍哉！至其筆法高雅，纖毫畢具，塵外意象，緣情叠出，趙伯驌、伯駒所圖，當不是過。每一展對，輒詠坡公「不知人間何處有此境，徑欲往買二頃田」，頓覺塵懷俱盡。此中人語，不足爲外人道也。子何善秘弆之，以杜豪巧者之路，後有閑興，猶思向摩詰、昌黎乞靈也。道光己酉八月六日，遵義鄭珍識於巢經巢。

右行書二十一行，署款下鈐「鄭珍私印」、「子尹」二印。

**桃源記**文不録。

嘉靖辛亥春二月望日，徵明書於停雲館中。

右行書四十二行，首行下有「玉蘭堂」、「惟庚寅吾已降」。末行署款下有「文徵明印」、「奥山」諸印。

## 明姚恭靖小楷書童中州先生後和陶詩横卷

紙本。高九寸六分，凡五段。每段墨絲欄七十五行，通長丈有五尺二寸强。詩凡九十九首，蠅頭楷書，三百四十八行，行廿六字。恭靖自跋低二字接書，凡十五行，行廿四字。跋後鈐「道衍私印」、「斯道」二印。印後爲萬曆十四年吴良旨跋，六行同紙，後鈐「吴良旨印」、「復古生」二印。卷首有「世寶」、「彦堅」、「項士端印」、「嘉賓」、「吴友鳳印」、「吴良旨印」、「希之」諸印。吴跋前有「項士端印」白間朱文。「希之」、「程聯之印」。跋後有「吴友鳳印」、「吴廷鑒賞」、「吴復亨印」諸印。同治壬戌，九叔父獲之祁門軍次，以賜伯兄彝孫，新化鄧丈伯昭徵君瑶見而好之，爲書其後。昔聞湖口高州守心夔言，京都西山寺中有恭靖泥金手書《藏經》六百函，字竟半寸許，首尾若一。今觀此卷挺逸秀韻，盡萬言無懈筆，非學力精能，神智卓絶，何以臻此？故出而佐命，勛業隨之。惜出處未慎，至同懷女兄亦鄙棄之而不顧，能無慚悔？余嘗戲論恭靖設及際會太祖開國，則英主賢佐，胥自佛門，千古絶特矣。

## 後和陶詩

余往年嘗一和陶靖節詩，俯仰垂四十年。浮雲世事，何所蔑有？及來河朔，觸事感懷，間用其韻；積日既久，辭無詮次，因裒而目之曰《後和陶詩》。然余前所和者，多因其事而寓已意，今所和者，第用其韻，不復用其事云。

### 九日閑居

端居澹無慮，默以觀我生。窮達貴自適，憂樂真强名。四序更代謝，日月有晦明。君看九秋月，春雷遂無聲。況我哀莫景，齒髮非壯齡。幸有一尊酒，興至聊自傾。尚憐霜下菊，不逐春葩榮。盛衰各有節，可見天地情。俯仰還自笑，吾生豈無成。

### 庚子歲五月中從都還阻風於規林二首

我昔少年日，無事幸休居。佩弦戒性緩，每師董安于。迨兹桑榆景，始悟失東隅。屢將孱弱軀，觸冒風波途。嚴冬朔風急，夜絶高郵湖。豈不幸利涉，爲計良已疏。古人戒垂堂，況我衰病餘。前途諒多險，欲悔將焉如。

仲冬度長淮，滉蕩迷所之。同行得佳侶，乃諧夙所期。憶昨辭京國，與子適同時。參差各首路，不謂會在兹。舉觴更相屬，滿飲不須辭。人生如浮萍，聚散安足疑。

## 雜詩十一首

雞鶩竟争食，海鶴乃出塵。青雲豈不高，無階難致身。伊予性寡諧，賴有六籍親。白頭客遠鄉，索居四無鄰。譬彼西崦月，餘輝已鄉晨。修名不蚤立，俯仰愧古人。

今日知何日，觴言陟崇嶺。乃知陽九節，登高效桓景。同行二三友，笑我官獨冷。歸來對妻子，言笑清夜永。而我獨何爲，萬里將孤影。去鄉逾十年，白首困馳騁。天道周必復，動極行當静。

海水深莫測，誰謂蠡可量。壺公解縮地，不傳費長房。世豈有斯理，變故殊未央。人事有代謝，慘舒猶陰陽。跬步苟弗慎，坦途亦羊腸。

勞生無百年，知止乃逸豫。尺鷃聊自足，雲鵬謾高翥。所以邴曼容，位高即免去。富貴豈不懷，能不爲身慮。君看嗜利徒，末路竟何如。驅車下峻坂，中路安得住。康莊苟弗慎，寧非覆車處。保生良有道，至要在戒懼。

生世豈不長，少年忽已老。況復涉憂患，餘生僅能保。客鄉風土殊，水火異濕燥。百事每隨人，五更起常早。寧能逐聲利，冰炭置懷抱。有酒陶一觴，身外無復道。

生世無百年，我願長歡喜。尊中有美酒，胸次無塵事。寵辱了不知，動静得如意。妻孥常在眼，親故數相值。暢飲送餘年，一任歲月駛。身後稱善人，財産不須置。

我昔少年日，不識飢寒迫。出門常載酒，東阡復西陌。崎嶇涉憂患，鬢髮忽已白。南北走萬里，未覺天地窄。歲月如飄風，百年真過客。俯仰宇宙間，誰能究安宅？

白日下平陸，北風號枯桑。塵沙動地起，眯目揚粃糠。我行在中野，況乃久休糧。解裝憩逆旅，笛聲感山陽。舊游盡陳迹，撫事增永傷。故山不可見，憂來忽無方。世事詎有涯，且復陶一觴。

故人遠貽書，贈我綺兩端。開緘三嘆息，感此歲月遷。昔我上湘水，過君衡岳巔。避席爲我榻，擊鮮爲我餐。别來歲運周，覿面嗟無緣。秋風雁南鄉，擬寄停雲篇。

方朔非玩世，遇事聊滑稽。顔公詎好名，勒字磨蒼崖。古人遺世志，往往興我懷。我嘗道平原，荒庭蔓草彌。摩挲讀斷刻，文采何陸離。二公其猶龍，詎受塵鞅羈。高名着日月，光耀無時虧。

十月渡黄河，北風凄已涼。河水深且駛，遡洄上吕梁。仰視南鴈飛，緬焉懷故鄉。吴葛已十暑，楚砧亦三霜。寧知衰莫年，轉覺歸路長。

### 和劉柴桑

昔我去鄉里，所至輒躊躇。躊躇何所嘆，華屋無人居。父老向我言，往往卿相廬。存者日頹弊，餘已成丘墟。亦有良田疇，歲久不菑畬。先人始創業，艱難亦勤劬。不謂數世後，子孫亦已無。我謂父老言，其人非二疏。賣金趣供具，此外奚所須。我躬諒不閲，身後欲何如？

### 酬劉柴桑

昔誦《齊物篇》乃始悟莊周。蟪蛄了一生，奚必知春秋。所以龐德公，没齒安田疇。勞生盡百年，能免化去否？不如飲美酒，息心以天游。

## 歸園田六首

少小樂閑曠，被褐守空山。白頭賦遠游，倏已二十年。簞瓢陋巷居，安得如顏淵。昨宵偶不寐，憶我南山田。平生伏臘資，今棄草莽間。豈無升斗禄，差以慰目前。妻孥在遠道，棄置同雲烟。獨念故山下，草屋行將顛。亦知身後名，未若生前閑。且復對尊酒，一醉已陶然。

達人解弢天，曠士謝塵鞅。清宵感幽夢，白日由心想。所以魯連生，高蹈即長往。如何蕭太傅，乃不悟疏廣。平生松柏姿，零若同草莽。

青年駒過隙，素髮颯已衰。鴻鴈已南鄉，問我何當歸。北風天早寒，游子嘆無衣。平生首丘念，此志願無違。

端居寡人事，出門誰與娛。蕭條空巷中，華屋久成墟。時復榛曲間，一造隱者居。荒庭何時有[三]，榆柳四五株。默坐澹無營，屢空常晏如。人生豈不足，一飽便有餘。窮達非所校，天地有盈虚。放浪大化中，誰能測有無？

我家南山下，茅屋枕溪曲。白頭每思歸，此願何時足？敗壁懸素琴，荒庭暗棋局。天道恒好還，世事如轉燭。寧知若木景，不返扶桑旭。

我昔在田野，東阡與南陌。時有素心人，濁酒聊共適。既醉各歸卧，不知牛羊夕。醒來視西牖，殘月在囱隙。寧知衰暮年，乃復困行役。天公如佚老，言歸遂耕績。擊壤樂餘生，簞瓢敢求益。

**讀山海經十三首**

《山海經》涉於怪誕，《陶詩》亦寓言爾。予前和頗用其事，故今第用其韻，不復用其事云。

自余客京國，遂與園田疏。去鄉疏十年，夢想舊里廬。客居何所樂，賴有圖與書。亦復尊有酒，出門可無車。客至時引酌，笑言擷園蔬。勿云山川異，得與故人俱。富貴非所慕，貧賤乃良圖。悠悠百年後，聲迹同翳如。

服藥求長生，飲酒回童顏。自有天地來，何人可長年。嘗聞瀛海中，亦有蓬萊山。何人涉此境，荒忽皆寓言。

東都尚節義，知幾惟太丘。雅言無臧否，世人皆我傳。胡爲别澠淄，河濟混同流。所以郭林宗，栖栖事遠游。

良驥老伏櫪，世豈無孫陽。駑駘駕鼓車，安用萬里長。貴耳多賤目，按劍疑夜光。豈不求駿骨，凡目眩驪黄。

古有志怪書，詭誕殊可憐。精衛欲填海，愚公老移山。世豈有斯理，味者感其言。所以《山海經》，流傳亦千年。

珍禽豢雕籠，未若巢林木。蕣蘭藝庭階，何如在空谷。所以出塵土，振衣思新浴。物理諒非遠，吾其反自燭。

昔有抱瓮叟，灌畦漢水陰。功寡力已疲，偃息愒中林。豈不悟桔槔，賜也非知音。人生本無欲，何事有機心？

下士局一隅，尺寸較短長。達人洞物表，萬里猶尋常。區區百里途，宿舂每贏糧。白石有時爛，漫漫夜未央。

跛鱉亦千里，未必名善走。狼足豈不長，乃資狽相負。安行自能達，躁進亦何有。曷不觀積薪，高者至乃後。

徐市載秦女，樓船入東海。神山不可見，仙人果何在？茂陵惑方士，白首始一悔。空留蟠桃核，千載誰能待？

昔讀軒岐書，往往悟深旨。未信秦越人，一砭能起死。長生諒可學，壽夭徵素履。内視養冲和，外物非所恃。

一壺可千金，二桃殺三士。所以方外人，取足在知止。百年駒過隙，萬事聊復爾。我師東門翁，詎敢嘆無子。

家雞憚作犧，山木患爲才。所以啚穴士，不爲寵利來。大鵬摶高風，尺鷃迺見猜。扶摇九萬里，致身何悠哉！

**己酉九日**

客游五千里，乃得物外交。朔土天早寒，九月草樹凋。衍公林下秀，要我共登高。秋風净游氛，流目空雲霄。稍覺懷抱寬，遂忘登陟勞。古人不可見，俯仰心爲焦。緬懷廬山遠，神契栗里陶。斯人去已遠，千年猶一朝。

## 貧士七首

仲宣客荆州，劉表尚可依。一旦游西園，夜月乘清暉。翩翩佳公子，華蓋相與飛。信美非吾土，胡爲遂忘歸。夷叔在西山，蕨薇可厭飢。富貴豈不樂，失身良足悲。

相如初使蜀，駟馬從高軒。萬里遠來歸，抱渴卧文園。榮華亦何有，過眼同霏烟。獨有揚子雲，六籍自覃研。平生守環堵，著書稱法言。白首作符命，惜哉亦非賢。

客從遠方來，贈我伯牙琴。鼓之不成調，世久無此音。古人去已遠，古意不可尋。獨有醉鄉好，濁醪常乏斟。簞瓢居陋巷，顔生良足欽。富貴身外物，何能動其心。

我昔客吴會，歲星直降婁。乃有素心人，晨夕更唱酬。及兹客燕薊，歲星行一周。親友去眼遠，日夕生離憂。物外得衍師，似是支遁儔。同鄉或同歸，此外非所求。

嚴光辭寵禄，歸卧越江干。柳下古逸民，乃不卑小官。大布足禦冬，藜藿充朝餐。人生至所急，豈不在飢寒。此心苟知足，没身無厚顔。所以古君子，固窮寧抱關。

人生靡定止，飄蕩如轉蓬。萬事了不齊，疇能詰化工。寧知揚子雲，乃愧楚兩龔。天運有代謝，倚伏恒不同。委順隨所遇，胡爲計窮通。用舍固有命，勖哉慎所從。

羊曇懷謝傅，路不由西州。一日乘醉歸，獨行無侣儔。中路感華屋，不覺涕泗流。若人未聞道，身外何足憂。死生猶旦暮，榮辱更獻酬。獨有令名在，君子慎厥修。

鄉好，空罍常乏酒。百年駒過隙，此生遂虚負。孰知造物意，於人良獨厚。所貴立修名，榮華亦何有。

## 擬古九首

七月涼風至，早凋嘆蒲柳。人生非金石，詎得千歲久。頗聞王子喬，斯人安得友。獨有醉鄉好，空罍常乏酒。百年駒過隙，此生遂虚負。孰知造物意，於人良獨厚。所貴立修名，榮華亦何有。

生世無百年，孰究天地終。寧知洛邑地，乃處陸渾戎。古來遺世士，守雌知其雄。我生七九年，始識廣莫風。朔土恒早寒，況乃歲律窮。發春諒不遠，行見星鳥中。

月落囱牖白，日出東南隅。披衣茅檐下，稍覺四體舒。故山邈千里，永念先人廬。晨夕庇風雨，少小之所居。别去逾十年，豈但園田蕪。齒髮日衰暮，天意諒何如〔四〕。

處世亦有道，好樂願無荒。如何千金子，乃不戒垂堂。采玉逾崑崙，求珠涉混茫。奔走豪俠窟，敓攘名利場。哥鍾聲未歇，身已歸北邙。世運有代謝，倚伏互低昂。金帛一朝盡，妻孥各異方。富貴自可樂，也復可憐傷。

西京全盛時，金城高且完。十二羅通衢，四方萃衣冠。金張貴公子，錦衣照朱顔。甲第連雲霄，車馬塞城闉。鷄鳴趨青瑣，日晏下朝端。璚樓啓華宴，瑶瑟發清彈。吴娃引趙女，妙舞翔鳳鸞。亦知衡門下，士不免饑寒。

嘗聞古僊人，斯人寧在兹。今日非昨日，爲樂當及時。趙舞徵邯鄲，齊謳選臨淄。晝日恒苦短，秉燭無復疑。千金沽美酒，滿飲不須辭。此志已弗遂，淵明良可師。奈何之美醞，空罍常自欺。村醪諒云薄，且復斟酌之。一飲已頹然，誦我無言詩。

美玉韞荆璞，三獻泣卞和。寧戚扣牛角，中夜猶商歌。古來不遇士，蹭蹬良亦多。百年水上漚，萬事風中花。且復對尊酒，不飲當如何。

崑崙有玄芝，千載始一採。刀圭未入口，倏已朱顔改。精衛銜木石，欲以填巨海。努力成修名，歲月不我待。及時不勉勵，後日諒難悔。

下士困形役，至人得天游。尸居一室間，心已歷九州。所以驅牛翁，不肯飲下流。翩翩九苞鳳，飲啄崑崙丘。一飛下虞廷，再鳴正岐周。瑞物不世出，安用羅網求？

**移居二首**

去鄉逾十年，松菊荒舊宅。平生釣游地，夢想猶昨夕。寧知衰暮景，乃復事行役。崎嶇歧路間，舍者每争席。人生無百年，旦暮異今昔。一廛遂所安，詎敢嘆離析。

我昔在田里，曾和淵明詩。俯仰三十年，不謂身見之。去鄉五千里，往往勞夢思。秋風舊茅屋，來歸豈無時。獨念籬下菊，能復留今兹。天道每好還，斯語良不欺。

**責子**

人生老無子，何異果不實。淵明五男兒，嘆息盈紙筆。而我惟一身，異鄉寡儔匹。萬里形將影，未見衛生術。甲子已一周，流年又加七。俯仰愧古人，内省恒戰慄。來日知幾何，委順付造物。

### 有會而作

客鄉逢歉歲，旅食幸無飢。素餐已厚顔，況敢慕輕肥。出逢窮巷士，往往寒無衣。念之力弗逮，内省恒自悲。千載后稷心，詎謂今人非。許身企稷契，永懷杜拾遺。若人不可作，吾將誰與歸。賴有醉鄉在，痛飲乃吾師。

### 還舊居

托形寓宇内，何往非所歸。百年如傳舍，安用生嘆悲。東鄰有華屋，舊業今已非。西鄰富倉庾，征斂無孑遺。我雖客遠鄉，栖息獲所依。學術久荒廢，士林誤見推。丘墓豈不懷，齒髮況已衰。獨有思親淚，臨風時一揮。

### 游斜川

淵明樂閑曠，未老遄歸休。而我衰暮年，栖栖事遠游。南睇蒼梧雲，北飲河濟流。巢林愧飛鳥，泳川羡浮鷗。豈不懷故山，耕鑿安一丘。鹿豕得我侣，木石亦我儔。此意且弗遂，壯志胡能酬。後日知幾何，能遂斯志不？自嗟還自笑，浪爲身外憂。行藏信所遇，委順夫何求。

### 怨詩楚調示龐主簿鄧治中

豐歉勿諉數，致之有由然。乃不事穮蓘，而欲冀有年。所以古達人，弗謂造化偏。況我客遠方，所業惟石田。筆耕幸有穫，敢覬三百廛。隆冬恒蚤作，長夏亦晏眠。常恐老無聞，坐閲歲月還。故山邈在望，心往足弗前。東鄰有癃叟，比日無炊烟。而我方飽食，俯仰愧前賢。

**示周續之祖企謝景夷三郎**

我昔少年日，遇事惟歡忻。出逢軒蓋車，誰非得意人。行行向立年，憂患良有因。干戈既俶擾，飢饉仍薦臻。恒恐齒髮暮，荏苒隳無聞。白首際休運，敢辭道里勤。北游□百舍，所至空四鄰。何日遂南轅，歸釣越水濱。

**乞食**

詩人固有窮，造物每困之。一瓢或不給，萬鍾乃固辭。所以道旁餓，蒙袂慚嗟來。淵明志匪食，高致在啣杯。所造輒酩酊，笑言遂成詩。厚禄人所慕，内省非其才。無功而竊食，憂患良自貽。

**答龐參軍**

弱齡業墳典，日誦逾萬言。緬懷董夫子，下帷不窺園。立年遘兵革，篋笥無遺篇。闔室倦奔走，比舍罔弗然。中年際隆平，規以尋舊緣。出處靡所定，素志無由宣。南徂極湘浦，北首逾恒山。故鄉益悠遠，悵望歸何年？

**五月旦作示戴主簿**

楊子泣路歧，阮生感途窮。況我困羈旅，白首途路中。客居恒匱乏，猶幸歲屢豐。一身如蓬轉，飄蕩隨天風。南行歷九疑，北乃至無終。緬懷老氏言，大盈常若冲。當今盛文治，世道方向隆。歸尚諒可冀，揆日游岱嵩。

### 於王撫軍座送客

白露下百草，榮木亦已腓。客居嘆離索，况餞故人歸。憶昔在田里，丘隴獲所依。寧知衰暮年，廼與心事違。南北走萬里，自笑還自悲。譬彼西崦日，揮戈駐餘暉。君今返桑梓，我行尚遲遲。南歸諒有日，造物其我遺。

### 連雨獨飲

窮達固有命，出處亦偶然。半世守環堵，白首歧路間。平生笑葛洪，燒丹慕神仙。不如醉鄉隱，萬事從其天。今晨坐風雨，無人爲我先。鄰家有美酒，舊逋未能還。且復掩關卧，消此日如年。客况每如此，餘事可忘言。

### 與殷晉安别

天運恒不息，人生每長勤。嗟我初束髪，即與耒耜親。三十遘亂離，蕩析空四鄰。東西厭奔走，寢食忘宵晨。四十甫安宅，涇渭清濁分。五十去鄉里，迨兹二十春。南浮湘水月，北睇崆峒雲。故鄉日以遠，欲歸道無因。來日知幾何，簞瓢可安貧。庶幾百年後，不失稱善人。

### 贈羊長史

西京全盛時，朝野多歡娱。甲第連雲霄，勛業旗常書。五侯諸貴人，騎從華且都。綉衣緣偏諸，被服争僭逾。鷄鳴趨華省，日晏侍金輿。君卿與谷永，日夕軒蓋俱。于時楊子雲，索居獨躊躇。閉關守太玄，屢空常晏如。資蒞方被野，誰能采蘼蕪。獨有問奇者，載酒相與娛。奈何作符命，惜哉計已疏。正誼不謀利，賢哉董仲舒。

**歲暮和張常侍**

索居苦淫雨，彌月聞流泉。杜門謝過客，誰與相晤言。通衢潴積水，蛙黽聲何繁。況當鶉火月，遘此伏陰愆。嘗聞朔土高，北上逾連山。頻年困塗潦，無乃天道還。禾黍卧沮洳，蛟蛇相糾纏。嗟我羈旅人，所望在有年。況復拙生理，有無誰懋遷。豐歉諒有數，默以守自然。

**癸卯歲始春懷古田舍二首**

范蠡始覇越，鳥喙悟勾踐。扁舟即長逝，此身僅能免。至今五湖間，烟水相與緬。後來非無人，千載稱獨善。我嘗客吴中，屢嘆高情遠。獨怪東入齊，殖貨遂忘返。雖累千金資，所謀良已淺。

君子貴尚志，憂道不憂貧。耕夫不患餒，所患力弗勤。我昔在田里，耕鑿稱野人。白首起農畝，聿睹文運新。去鄉二十年，親故忘戚欣。豈不念歸田，弗獲所問津。秋風舊茅屋，何由洽比鄰。此志諒能遂，老爲堯舜民。

**乙巳歲三月爲建威參軍使都經錢谿**

大鵬徙南溟，高風久培積。扶摇九萬里，振迅纔一昔。鷟鳩蓬蒿下，豈不傳羽翮。決起搶榆枋，迥若霄漢隔。物固有小大，乃概爲形役。惟人萬物靈，立志諒不易。胡爲逐聲利，東西隨蕩析。不有霜雪時，何由知松柏？

## 和胡西曹示顧賊曹

朔土秋氣高，日夕來凉飈。鴻鴈已南鄉，游子寒無衣。履霜戒堅冰，幾者動之微。所以漆室女，浩嘆憂園葵。燁燁階下蘭，一夕遽變衰。愁來誰與語，有酒聊自揮。故鄉豈不懷，我行尚遲遲。百年同過客，何事生嘆悲。

## 始作鎮軍參軍經曲阿

榮叟老帶索，虞卿窮著書。人生衰暮年，所事百不如。荆棘莽中野，出門靡通衢。況復客遠方，親故日以疏。故鄉邈千里，歸路何盤紆。妻孥幸已至，詎嘆食無餘。因思天壤間，幾人獲安居？門前車馬客，寶帶懸金魚。名位豈不榮，乃爲文法拘。獨羡衡門士，終身守田廬。

## 止酒

人生戒止足，適意即中止。淵明半世中，寄迹醉鄉裏。未斷杯中物，賦詩責其子。晚節忽自悟，遇酒無復喜。彭澤解印歸，三徵遂不起。我觀《止酒》詩，因以觀物理。再誦《賓初筵》，反躬自責已。沉湎彼何人，太息而已矣。誰能障狂瀾，汗漫無涯涘。始悟《酒誥》篇，肇民惟元祀。

## 辛丑歲七月赴假還江陵夜行途中作

世事諒難必，天道恒冥冥。人生非木石，何能遂忘情。伊予業農畝，結髮守柴荆。白首去鄉國，每愧魯兩生。緬懷園田蕪，輾轉宵達明。猶幸遘休運，海宇方隆平。亦欲名山游，足弗任遠征。有書可寓目，有禄可代耕。毋爲浪自苦，坐受塵紲縈。去去百年外，泯没歸無名。

**丙辰歲八月中於下潠田舍穫**

舍者不争席，漁者不争隈。此意久弗見，太古思無懷。希音豈不和，罔與里耳諧。我生頗好古，於道猶醯雞。半世惑多歧，未遂驅車回。阮生豈不達，途窮乃興哀。孰知醉鄉好，始覺懷抱開。滉蕩太和中，不知流俗穨。淵明亦辟世，未覺與道乘。不入名利途，何往非安栖。

**庚戌歲九月中於西田穫早稻**

人生如轉蓬，行止千萬端。嗟我亦何人，而敢懷宴安。試於中夜静，冥心聊内觀。家居五十年，天道豈好還。南行觸炎雲，北上朔風寒。不涉名利途，詎知行路難。獨念舊茅屋，久閉越江干。南山峙其前，峭拔如商顔。何由遂歸田，耕雲老柴關。天意未可必，俯仰還自嘆。

**和郭主簿二首**

手種堂前柳，再夏已成陰。客居感歲時，念之動中襟。昔我去鄉邑，行囊惟素琴。親故一朝别，俯仰異古今。結髮志求道，於事罔弗欽。白首恒寡歡，有酒聊自斟。妻孥遠道至，笑語接鄉音。猶恨故人遠，無由盍朋簪。三復伐木詩，懷人意殊深。

北陸謝炎曦，西郊延素節。商猋浄游氛，天宇湛澄徹。索居久離羣，邈與朋舊絶。昔我同袍友，陳力亦就列。平生所願學，豈不希人傑。風波一飄蕩，不謂成永訣。獨有相知心，皎皎明如月。

## 飲酒詩二十首

我昔在田野，意行隨所之。田翁數留飲，既醉忘歸時。荏苒四十年，自謂常如兹。白首困馳騖，委運無復疑。所嗟乏美酒，霜螯屢虚持。

精衛欲填海，愚公逝移山。有志竟弗遂，蹭蹬成空言。所以劉阮徒，衹用酒爲年。生前苟適意，安用身後傳。

達人不留物，太上乃忘情。如何夸毗子，屑屑徒好名。古來知此者，惟有魯連生。却秦不受賞，寵辱胡能驚。曷不觀天道，世運有虧成。

昔有齊庭鳥，三年始一飛。志士偶未達，無用生嘆悲。得失互倚伏，寵辱相因依。君看陶彭澤，到官即遄歸。百年能幾何，況乃齒髮衰。徒有憂世心，時事每相違。

逸士樂閑曠，宵人騖塵喧。所志各有異，勿謂造化偏。伊余性寡昧，抱拙守空山。誤落朝市中，歲周未能還。故山邈在望，歲暮嗟何言。

孟軻受兼金，世或論非是。宣尼大聖人，乃罹武叔毁。況我去聖遠，屢嘆無有爾。三復萋菲詩，流言易成綺。

弱齡富文藻，華采粲若英。中年尚簡静，遇事每忘情。況復涉憂患，幸免過滿傾。青陽育羣芳，鶗鴂已載鳴。悟此消息理，默以觀我生。

天馬出渥洼，龍種異凡姿。珊瑚産滄海，瑩然璚樹枝。托迹處幽敻，乃爲世所奇。伊人惟物靈，出處慎所爲。高蹈羣物表，塵鞅胡能羈。

在昔太古世，風氣未曾開。問之當何時，葛天與無懷。自從人僞滋，大道日以離。逸獸靡止足，高鳥微安栖。蕩蕩函谷關，請封一丸泥。志大術斯淺，於事誠寡諧。淵明悟斯理，無由燭羣迷。不涉太行險，中道驅車迴。

達人游大方，曲士滯一隅。險道靡夷徑，狹術無廣途。君看九軌道，方駕遂長驅。胸中得天游，頃步亦有餘。所以古君子，寸心爲廣居。

少年慕神仙，雅志欲求道。崎嶇涉憂患，不謂身已老。豈無松柏姿，歲久亦枯槁。君看方外人，未悟壺中好。燒丹煉黄白，外物以爲寶。不如醉鄉士，傲睨萬物表。

辭受貴合義，出處亦以時。三聘有弗起，萬鍾有固辭。所以古君子，立志恒在兹。寸心辨義利，萬事無復疑。如何奔競徒，甘爲聲利欺。驅車九折坂，日暮欲何之？

昔聞父老言，醉鄉有佳境。安得中山酒，千日醉乃醒。求之三十年，竟未得要領。獨愛陶淵明，蚤脱囊中穎。至今飲酒詩，暖若丹青炳。

少年如轉燭，不謂老已至。賴有酒忘憂，愁多無復醉。上策止於斯，況敢問其次。勞生無百年，適意以爲貴。不如飲太和，淡中有至味。

客居如轉蓬，誰能究安宅。平生經歷地，過眼已陳迹。況復不稼穡，胡取禾三百。大布足禦冬，詎羡狐裘白。獨愧老無聞，歲月良可惜。

勞生已白首，未聞衛生經。南北走萬里，百事嗟無成。得失互倚伏，過眼飽所更。緬懷太古世，共胥與大庭。麒麟在郊藪，丹鳳時一鳴。此意不復見，懷哉千古情。

涉秋炎暑退，仲月來涼風。適見大火流，已復星虚中。四序更代謝，人事有變通。曷不觀玄象，天道猶張弓。

人生欲無涯，至戒在貪得。中心諒自足，外物胡能惑？所以原憲徒，委運任通塞。宵人競錐刀，季札乃辭國。豈不萬言當，不如守一默。

讀書期致用，爲貧豈不仕。胡爲尚高志，進退懼失己。伊予業章句，所重在廉耻。半生守環堵，白首去鄉里。跋疐川途間，歲行逾一紀。來日能幾何，前塗未知止。修身以俟命，天道諒可恃。

世道日以降，百僞無一真。澆風扇四維，末俗何由淳。淵明雖好古，舉世方尚新。南北風馬牛，肥瘠越與秦。幸有醉鄉飲，可避車馬塵。況我後千載，勞生每長勤。奔走歧路間，邈與六籍親。結髮志求道，白首迷通津。豈不靈萬物，被服加冠巾。修名苟不立，愧此天地人。

凡九十九首，其《三良》、《形影》、《桃花源》等篇，前詩已達鄙意，故今不復和云。

和韻非古也。爲之者猶爲難。其所難者，拘於韻不免於牽强，往往有爲之者，貴圖足其篇章乃已。

中州先生以陶靖節詩多寓己意而和其韻，其辭如繭抽泉決，略不見其艱窘，矧有牽强者耶？讀之使人歆艷無已。愚嘗謂靖節人品卓絶，志趣閑遠，況其於詩得《三百篇》之遺意，所以不假刻琢，自然成章。後世雖有擬效之者，皆仿佛想像，豈能企及者哉？今先生寓以己意，而特和其韻，不亦難矣乎？蓋先生才力老成，問學淹貫，二十年來奔走北南，雖涉歷世故，樂天知命，有合於靖節之志趣，故其所和之詩，與前人之擬效者，大有徑庭也。然其所和者，因歲月久遠，不一而成，故有前後之説耳。前和者，金華蘇先生平仲書；後和者，先生與余同客于燕，而欲余書。余於先生之作而甚愛之，不容不書也。遂拭老眼，勉録于簡。覽者當求先生是詩之妙，慎勿以余之字畫工拙爲較也。故識于卷末。洪武二十五年倉龍壬申冬十月廿又七日，獨庵道衍。

禹、稷、顔回同道，異地則皆然。姚太師未遇時，居則書《和陶詩》，似欲效靖節終其身也；及遇主得行其道，南征北討，開萬世基，非孟氏異地皆然之説乎？自三代而下，出處得其正者，惟諸葛武侯、陶處士二人耳。師心法二人，其亦仿佛也已。觀其修楷書法，皆出右軍、大令，後人焉得窺其藩籬也。予發大師底藴矣！此卷重於拱璧。萬曆十四年歲丙戌七月四日，緣循道人吴良旨。

## 中州先生和陶詩卷跋

同治二年癸亥春，黔中莫君祥芝從祁門至安慶，齎所購中州先生《和陶詩》卷，蓋姚恭靖廣孝所手書也。莫君以予其兄子彝孫。君兄郘亭出示蜀中李眉生駕部鴻裔，李君愛而久假之。

余又从李君所暫假，日夕觀之。詩凡九十九首，言近而意遠，語淡而趣深。誠如恭靖所云「其辭如繭抽泉決，略不見其艱窘。」恭靖又言「所和者因歲月久遠，有前後之別。前和者，金華蘇先生平仲書之；後和者，則屬余書，末署洪武二十五年倉龍壬申冬十月廿又七日獨庵道衍書。」其書匀細，瘦硬通神，悠然有静穆之氣。余與郘亭、眉生深賞此卷詩與字之妙，顧不知中州先生爲何許人，意恒悢悢。一夕，就枕不寐，披衣剪燭，檢閱《列朝詩集》，則中州先生姓名赫然在焉。先生名冀，童其姓，浙之金華人。洪武九年被徵修書，明年職教全湘，後爲湖州府學教授，遷北平教授，坐罪卒。此集中小傳語也。余既得悉中州先生姓名仕履，亟以告莫、李二君，共相幸慰。獨惜恭靖少好學工詩，即其手録《和陶》諸作，用意至勤，亦似仰企靖節高風，乃一入燕邸，即密進異謀，纂奪不忍言之事，毅然身任而力贊之，若惟恐計之不速成者。迨後以少師出鎮蘇湖，至長洲候其同産姊，姊不納，訪其友王賓，亦不見，但遥語曰：「和尚誤矣。」復往見姊，姊詈之，乃自惘然。往讀史，深爲恭靖憾惜。今後四百六十九年後見其手迹，既愛賞之，則益不禁爲之深惜矣。蘇先生平仲名伯衡，洪武初由國子學正擢翰林編修，力辭歸，後復徵至，又以疾辭，最後爲處州教授。蓋有文而其行又高者也。時癸亥年春十有八日，新化鄧瑶伯昭甫跋并書。

《列朝詩集》，童校書冀字中州，金華人，文學與蘭谿吴、沈齊名。洪武丙辰被徵修書。明年職教全湘，後爲湖州府學教授，遷北平教授，坐罪卒。中州《前和陶詩》，蘇平仲書。其《後詩》，則洪武二十五年壬申與獨庵少師同客於燕，少師用蠅頭小楷繼寫成卷，而題其後云「中州先生才力老成」云云。矧有牽强者耶？己丑歲之涂月，子管得少師手書卷，鈔以示余。余故鈔其十之二云。

## 明沈石田贈蜀藩雪棧圖并詩長卷

圖紙本，高一尺四寸强，凡三段，通長一丈五尺三寸强。詩紙本，高一尺四寸，凡二段，通長九尺四寸。卷首文三橋分書「天梯石棧」四字，後有祝枝山、吴匏庵、王百穀及琨玉諸跋。按：此卷詩後署「弘治甲子臘日畫并詩」，則詩畫書并白石翁七十八歲時作。檢明無錫葉汝德所刊《石田詩選》十卷，此三詩皆未見。蓋晚年之作，在葉氏刊本後，僅賴是卷以存，尤足珍矣。繹琨玉跋語，知爲尹文端公舊藏，其稱丙申春家似邨六兄以此卷郵寄涂陽，似邨即文端少子慶蘭也。畫首尾之上角均有朱文舊印，不可辨識，當即白石翁自鈐之記。下方有「臣印傳經」、「小琴翰墨」二印；尾有「徐小琴書畫文字之印」及「澤深」二印。

劍閣玉巉岏，諸峰面面寒。天涯名利客，誰信此艱難。劍閣嵯峨半天外，錦城迢遞萬山中。秋風去去羊腸路，落日愁聞起暮鐘。京國遠來將萬里，士民歡悦共謳吟。久欽西伯施仁政，終見東平樂善心。江帶錦城花爛熳，山横劍閣樹蕭森。只今宗社安如石，聖念尤親九族深。弘治甲子臘日畫并詩，沈周。下鈐「沈氏啓南」、「白石翁」二印。

右三詩及署款作二寸許，行書二十七行。「宗社」、「聖念」字，均台寫。引首有「□□亭」一印，後有「徐氏頌魯家藏神品」及「澤深」、「王子卿審定」、「季常氏鑒賞章」四印。

冉冉投蒼旻，盤盤陟峻雲。春山攢地象，朝日觀天文。金策排人境，玄懷滌世氛。抱城江海氣，登頓挹氤氲。偶閱石田翁《劍閣圖》，因書舊作。允明。下鈐「祝允明印」一印。

石田翁筆底走董、巨，此卷全法荆、關，乃知此老胸中無所不能。吾家舊有《東莊圖》，可以押主齊盟，然更覺此卷蒼古之意勃勃也。得此篋笥中，便有劍閣嵯峨之象。何必親躋蜀道哉！延陵吴寬。下鈐「吴寬」、「延陵吴氏」二印。

沈石田真迹近年已不可多構，此卷先相國文端公舊藏之物。丙申春余出守涂陽，家似村六兄以此於郵函見寄，辰閲一過，其蒼秀古茂之氣，洵非後人所能摹仿萬一也，寶之。上元後十日，琨玉識。

右三跋、祝詩爲一紙，吴跋及琨玉跋爲一紙。後有「徐氏寶晉珍藏」、「霞川主人鑑賞圖書」二印。

石田先生臨王叔明《雪椒圖》，叔明又臨王右丞筆，乃是一挂幀，與此卷布景設色無一不似。三十年前曾見於黄姬水淳父案頭。今復閲此横卷，真米南宫所云「焕若神明，復還舊觀」也。王穉登題。下鈐「王印穉登」、「百穀」二印。

右跋另一紙，後有「小琴鑒賞」、「傳經私印」二印。

## 明文待詔菊庵圖山水并詩横卷

宣城紙本。高尺二寸有六分，長一丈有四分。一幅無接縫，尾署「嘉靖改元八月」，蓋衡山先生五十二歲時作。卷首有「雪坪心賞」、「棣邨心賞」二印；尾有「新安程雪坪鑒定」一印。詩洒金宣，高尺有二寸六分，長五尺。題七律詩并跋，後有王雅宜題五律，署款鈐印後尚餘紙約尺有八寸。同治癸亥，九叔父自祁門軍次寄示。繩孫。

嘉靖改元八月，長洲文徵明畫。下鈐「徵」、「明」二印。

右小楷十二字，署于畫卷之末。

西風采采弄秋黃，種菊人邇菊未荒。老圃尚餘清節在，殘英長抱故枝香。愁侵九日還逢雨，寒入東籬忽踐霜。珍重孤兒偏愛惜，百年手澤自難忘。達公先生不忘其先府君菊庵之志，因號「存菊友生」。文徵明爲賦此詩，并奉拙畫。

右詩并跋作行草十一行。首鈐「停雲」一印，署款下鈐「徵明」、「徵仲」二印。

江南秋色好，十月似春□。僊萃凌霜發，寒英著雨鮮。黄金簇縷細，白玉綴球圓。并作東籬賞，相看晚節妍。雅宜王子寵。

右詩作行草五行。署款下鈐「王履吉印」、「韡齋」二印。

## 明董文敏山水并詩册葉

畫泥金箋，書畫各五幅，紙本。高一尺餘三分，廣七寸四分。非經意之作，興到命筆，畫竟輒題數語，尤饒韻趣。所見董畫多矣，天然餘韻都不及此。款署戊辰，爲崇禎元年，文敏年七十四矣。書絹本，高廣同。每幅畫已，作一首，五詩《崇禎八家詩》并録。

高彦敬房山雖法二米，而多設色，余則仍以水墨仿之。我自用我法耳。戊辰八月二日，并識。董玄宰。

右畫第一幅小行書題于幅顛，秀逸可愛。

李營丘奇峰木。思翁背臨。

右畫第二幅題字。

米虎兒山水深得荒率天真之趣，暇日漫爲仿此。思翁。

右畫第三幅題語。

擬子久《秋山圖》。玄宰。

右畫第四幅題字，下鈐「董其昌印」一印。

仿許道寧筆於臨平道中。玄宰。

右畫第五幅題字，下鈐「董其昌印」一印。

炊烟連斷靄，隱隱見松亭。亭中有静者，單讀《净名經》。其昌。

右一幅書題畫贈山人詩，下鈐「董其昌」、「知制誥日講官」二印。

剩水殘山好卜居，差憐院體過江餘。誰知簡遠高人意，一一豪端百卷書。其昌。

右一幅書題倪迂畫詩，下鈐「董其昌印」、「太史氏」二印。

南山與秋色，氣勢兩争峙。閑者解其紛，君今已閑未？其昌。二印同前。

右一幅書題王叔明畫詩，下鈐二印同前。

野色散遥岑，繁陰帶平楚。大癡未是癡，老我仍學我。其昌。

右一幅題黄子久畫詩，下鈐「董其昌」、「知制誥日講官」二印。

緑谿青嶂是秦餘，靈境今歸《藏史居》。素友詎迷初得路，頑仙曾讀未焚書。董其昌書。

右一幅書題畫爲楊弱水侍郎詩，下鈐「知制誥日講官」一印。

## 明董文敏手劄并書札稿册葉

左七帖皆文敏真迹書劄中之精品，頗有當時事實，具桐城舊家所藏。又左「三筑」以下二帖，則係文敏書記手稿，涂乙增竄，靡不悉當，今具録其改訂之筆。同治初元壬戌，侍先徵君客皖，時縄孫獲元時梅花道人絹本《墨竹巨幅》真迹，清勁絶塵，望之若習習作風聲。嘉善金文眉生以係其鄉賢五百年前名筆，玩不舍去，先君遂慨然贈之。既賦詩以謝，携之歸里，復以思翁此二札稿寄以報余。

其昌潦倒再出，兼在楚中，勞怨萬狀。頃有黄岡鼓譟頑童之事，殊駭聞聽。以前年蘇州守周與貴縣談令事例，即不佞昌，亦當先離方以聽處分。及讀大疏，似須兩臺具題，方可解任，又未敢輒去。今撫台疏非□至矣，借門下鼎力，必得遂其歸志，感激之私，世世銜結矣。别揭奉覽，亦求門下持論共扶紀綱，諸不□名正具。

右札紙二幅，各高尺有一寸，廣六寸七分。行草共十三行，前有朱文圓印，不可識；後有「朗巖」長印。

昨見尺一，并見投詩，哀王孫而進食，敢忘此心？但未得其當耳。《文選六臣注》已得一部，願以爲壽，幸自取之，恐遣人送至，復煩乃公力錢耳。一笑。十九日。往清溪，俟還當面談并訂。弟其昌頓首。

右札二紙，高尺一寸有半，廣五寸有半。行草八行。

自昨歲相聞後，恰值泰來，屈軼盈朝，鬼神爲助。杲日一出，冰山遂消。其昌爲閣下慶，爲廟社慶，恨江山悠緬，不能如武昌作吏時數得參承動定耳。南中、□□二《疏》，識者稱快，聞某深交二三君子，皆以向往閣下爲名，而别有肺腸，將爲陰害。内典云「著如來衣，坐如來坐，滅如來法」，斯頗近之。幸爲二黄門點破，然猶宣言于朝云。老先生曾致書湘潭，詆□公爲反覆而阻其北科之路，即渠辨疏中亦明言如此。其昌謂閣下九流如鏡，于□□之品，知之素真，托□攻□，决無是事。果無之，亦當遺書黄門，明言者之妄，不至爲奸人所借以難□而自解也。湘潭愎鷙于不佞，不遺餘力，今却似請公入瓮矣。婁水喪子，葛藤果斷，聞薦三公自代，繼以陳居士繼儒之止，因去閩中，儀老亦迫于公論，爲是懺悔耳。因候台居□□不一，賤名正具。左沖。

右札三紙，各高尺有一寸，廣六寸有半，均有直格行草二十四行，中有裁挖八處，蓋裱時有避忌字去之耳。首有「其昌」一印。

范□履使者來傳翁丈手書，具感存念，更聞史云老已覓得《太清樓帖》，足否？舍親陳□卜特走吕城求一見，且摹之，恐張年姪未必欲售也。如尚未可得，乞丈作尺牘求玉老令舍親張渚借摹，將刻石耳。久不見王使君，殊令人想叔度、玄度。第舊冬天寒，不能再出躬駕，倘相見，倖致意。錦軸文，弟久廢，貴邑賀文，可屬他長者。弟習子月養陽之訣，今方閉關，勿用勞思也。若翁丈命駕，則固能爲十日留矣。諸不一。子月二日，弟名正肅。左沖。

右札三紙，有裁并迹，高九寸有半，廣五寸餘六寸不等，行草十八行。

弟昌承翁丈收爲世外之交，乃南北馳驅，皆若巧相避者，曾不得把臂周旋，如武林之會。今則雲山道睽，惟翹望紫氣於絳霄碧落之間而已。彭又朔翁五月過敝郡，爲風流所宗，言度劫延生之訣，津津有竅，又服氣者輒著靈驗。又以丹頭少許授王解元，即制真汞不休，秋深便别往海岸天台，不可留矣。翁丈既已盡其術，弟則茫然，殆不可化也。敝門生吴文學以援例入都，安得張茂生爲角巾生延譽，弟念都門已無故人，即有之，誰能吹噓寒士，知其痛痒者？此生工文而書法絶妙，弟當托爲捉刀，幸翁丈以口角爲佛事也。諸不一。六月朔，弟名正肅。左冲。

右札四紙，各高尺有半寸，廣五寸有半，行草二十行，首尾各鈐「其昌」一小印。

江南絶勝處在黄山，而海子又黄山絶勝處。賴寵靈得遍游，亦千古快事。今早冒絶險下未數里，逢使來致手問，知吴中之駕僅返信宿，公事鞅掌，何復記存山中人耶？深感。此夕宿湯寺，歸途尚當溪南故人盤桓數日，計初旬可返郡請教，遂乞一舟東矣。先以數字布謝，諸俟面悉不既，弟名卑具。

右札三紙，具高尺餘六分，廣五寸有半，行草十二行。

日爲憂煎之疾，不能及筆硯事。今日稍間，便爲書之，承惠正爾客集，即當烹嘗，謝謝！其昌頓首！

右札一紙，高尺有二寸，廣七寸，行草五行。紙有裁併迹。

三筑六橋之勝，不佞昌十年一試游屐。惟是荷衣蕙帶，青笠緑蓑，于冠裳之會寥寥也。乃台臺高軒垂訪〔五〕，且娓娓談簡肅公時事，令不佞昌感舊懷賢，如陪北海于膺門，覿宅相于舒第，虚往實歸，此游非漫矣。聖朝洗滌一新，正人吐氣，雅望如台翁，不日且仗鉞東南，不佞得再奉清論，不勝大幸！兹因慈□令李□□履任之便，敬附空函，以候道履。臨啓神往。

右札稿一紙，高尺一寸有半，廣尺三寸有半，行草十一行。

恭維翁臺以膚功膺主眷，尋當入正臺紳，持九流之鑑，在清朝爲參天之柏，在時局爲當門之蘭，讒人罔極，固其所也。然有詔慰留，特異恒等。俠客猶然報知，況賜履大臣，方以敉賊蒙國恩厚而然。惜海上一簣之功，不杜後來如簧之口。不佞昌懷欲陳之而未有便，兹因舍親慈令李沛履任之便，敬布區區。春仲倍承篤摯之愛，并鳴感臆，曷勝瞻企之至。

右一札二紙，高廣同前，劄稿行草廿一行，前有「程溥之印」，後有「銅鼓齋賞」印。

## 【校勘記】

〔一〕此段原無，據莫繩孫簽條補入。

〔二〕同治：原誤作「光緒」，按，莫友芝客皖在同治初年，故改。

〔三〕何時：國家圖書館藏莫繩孫三册本作「何所」。

〔四〕如：原誤作「知」，據詩意改。

〔五〕據後文，「台臺」當係「翁臺」之誤。

# 書畫經眼録附録卷下

## 明家雲卿公書詩稿橫卷

紙本。高尺有一寸四分，長丈有一尺三寸，行草五十六行。爲詩五首，《自跋》四行，後署「雲卿」二字，占一行。未鈐印記。五詩《石秀齋集》中并有檢校，惟一二字小異。題目則「望岱」上多「淮陰道中」四字耳。

《望岱》：馬首失羣峰，崔嵬立岱宗。天門開象緯，日觀隱芙容。大國風堪表，東方氣轉濃。白雲元自起，寧爲漢時封。

《戲馬臺與劉使君宴集》：楚帳龍騅去不迴，陣雲亂自鎖荒臺。當年氣色作塵土，我輩登臨但酒杯。坐入翠潮千嶂合，歌成白雪九秋來。使君自戀高陽侶，無柰鄉心落木催。

《淮口阻風》：移舟出淮口，狂瀾莽回互。秋至河伯欣，風驕石尤怒。指程安可期，去津渺難渡。超忽凌中流，迷茫叛前路。物變當自平，神全了無忤。因知浮生理，泛泛亦如故。

《劉揚州遣舟送余還謝》：濤聲八月廣陵秋，浪柮分明溯錦流。便得一帆安穩去，不須箋記惱荆州。

《京口送趙太史還朝》：鋏瓮城邊莫雨絲，仙槎詔泛大江湄。青雲氣色君還去，白眼風塵我任之。天禄舊章憑椽筆，尚方新詔給隃麋。金莖寒傍燕山雪，想見霞裾映鳳池。自燕關歸吴，得《雜詩》數首，録其可觀者于丹陽舟中。雲卿。

## 明家雲卿公山水横卷〔一〕

金箋紙本。高建初尺九寸八分，長五尺三寸三分。署款及印記俱缺失，惟卷首下方有王伯穀題識，知爲雲卿公真迹。九叔父善徵公同治壬戌收之祁門軍次。

入青蓮舫閲廷韓畫障，如宗少文之室，衆山皆響，青林白鳥，無暇捲簾看耳。穉登。下鈐「登」字朱文印。

右題識小行書六行。

## 明孫雪居晚菘紅葉并贊立幅

絹本。高二尺一寸六分，廣一尺二寸。

天茁此徒，多取而吾廉不傷。士知此味，多食而吾記不荒。藏至珍於淡薄，安貧賤於久長。

西畦多雨，南園未霜。朝飡一箸，齒頰生香。先生飽矣，其樂洋洋。雪居弘書并圖。

右贊行草七行，書於幅之上半微偏左，署款下鈐「雪居」、「漢陽太守章」二印。下半幅繪着色寫意白菜，并折枝紅葉，極生動鮮妍。

## 明詹景鳳墨竹并詩立幅〔二〕

紙本。高六尺有二寸强，廣尺有四寸强，上段題詩，草書奇偉，下段墨竹數枝，清勁絶俗。

見如丈別來四年，便已成佛聞。結精舍山中，寫此問之，并贅俚語：「曾入華林幾許年，趺跏只認自家禪。聞君說定定何說，默坐空山花墜天。」萬曆辛卯三月之十七日，長髯大士詹景鳳於留紙敬識。

右上半幅所題草書六行，引首鈐「太史氏」，題詩下右方鈐「詹氏文叔」、「景鳳」；左方鈐「牛馬走」、橢圓「東西南北之人」、「世有康壽」、「常依陸賈班嗣楊王孫之處士」。下半幅畫竹數枝，紙脚右方鈐「東圖」、「翰苑詞臣」、「天曹仙吏」，共八印。

## 明仇十洲爲項子京畫狄梁公望雲圖直幅

絹本。高五尺，廣二尺六寸，首有「天籟閣」長印。右方微損，下有「金□人氏曾藏」，尾有「桃□」楕圓印，「墨林□□」及「項□」印，均因褾妝時裁損，印右小半。同治初元安慶市出，前人稱什洲爲趙伯駒後身，即文、沈亦未盡其法，惜贋作滿都市，鮮可觀者。今見此卷，益信其無愧能手。

嘉靖庚申長夏，墨林先生屬摹趙文敏公筆法，吴門實甫仇英製。

右卷首署款小楷二十五字一行。下鈐「石洲」壺蘆形印、「仇英之印」、「仇氏實父」三印。

## 明楊龍友墨筆山水立幅

絹本。高三尺九寸强，廣一尺五寸强。上方偏右行書署款。

庚辰新春寫于凝緑軒，吉州楊文驄。

右署款作二行，下鈐「楊文驄印」一印。

# 明黄忠端公手劄册葉

箋高一尺强，廣四寸强。

病中屢荷注存爲感，多日腹大，痈手足。□□□□來報皆未能閲。暑已且退矣。□□□□，即當覓舟西上，精絺未敢服，徒感凉[城]之庇，拜惠已多，謝謝！何如綾書遲，不日與報子同繳，儻見有清理疏下，及事體關礙者開示，病中都不能詳閲，諸荒緒也。謝謝！廿一日，道周頓首。

右一札凡三箋，每箋四行，第二箋因褾册，已剖爲二。

拜華箋悚惶如何，龍鸞之采，覆於籧篨，三素之英，蒙[於]枯草。欲借禽籟以頌喬光，集下裳而宣日晏，愈難乎難矣。五載以來，沐浴湛浸，不間遠近，自長安以迨下里，每食必祝，惟是邇台出入承明，匡持提攝，爲宇宙正此□□蒼生，出此湯火，今瀲車□戒，茂封□夕，結襪老生，既無□□□，投痾殘年，又乏子荆之□□□□，聖主雅意革弊，邇台懋績明新，仰當天心，下孚衆志而已。吏治文章，古今□□，弘聲大實，吾徒□有寸心以□，時勢如此，項領瞻烏，微我邇台，孰爲鞏後者。周病久益□□□，一箋詞不能畢，攬筆惘然，伏祈鑒宥，并恕空函。中秋望後□□□。

右劄六箋，第二、第五兩箋均因裱册裁剖爲二，第六箋署名後餘紙一行，末有「道周」白文半印，墨書「又」字於上；第一箋首右邊有「私印」白文半印，皆若鈐騎縫者然。咸豐庚申，於趙州見陳息凡年丈所藏《忠端榕頌》手稿，筆意與此兩札無殊。公書行草出入鍾、張，雖此書記小札，亦字字謹嚴，無一率意之筆，勁節孤忠，於此可見。

## 明何玄子自書詩立幅

綾本。高八尺六分，廣二尺二寸四分。

冰心玉骨自生初，風雅抽楊札不如。但誦《感懷詩》四首，堪當伏闕疏千餘。高樓客滿恒驚座，曲巷春深獨著書。自序漫稱牛馬走，即看入直承明廬。奉贈吴至之盟丈并求正，友弟何楷。

右行書五行，署款下鈐「玄子」、「何楷之印」二印。先生字玄子，漳州鎮海衛人。讀書過目不忘，官給事中，納忠排奸，風節凛然，與黄忠端諸公有「長安五諫」之稱。唐王入閩，擢尚書，掌都察院事。以鄭芝龍、鴻逵兄弟横甚，斥其無人臣禮，二人益怒，連疏告去，芝龍使步將楊耿于途中截其一耳。後漳州破，抑鬱而卒。尤邃經學，撰《詩經世本古義》二十八卷，《四庫》著録，世多行本。是幅咸豐辛酉冬獲之安慶軍次，蓋公手書己作。歷三百餘年，猶整潔完好，允宜保之。

# 孫徵君鹿江邨年譜叙手稿册頁

此稿先君子咸豐庚申秋獲之衛輝書肆。蓋定興鹿忠節公門人陳鋐撰公《年譜》初成，康熙七年戊申，孫夏峰徵君復命長子立雅輩搜補遺事續定，作序之手稿也。是時徵君年已八十有五，距忠節公殉節三十二年矣，此叙《夏峰集》佚載。先君云：「徵君理學名儒，固不藉工書爲重。」此雖耄年手迹，即以書論，老于習魯公《争坐帖》者，亦未易及。重視徵君手稿，何可與他書畫同日語也。

《江邨年譜序》戊申之春，涿鹿國鎮陳生寄吾友《年譜》至。予迴環讀之，别三十餘年矣，精神眉宇，宛宛在目，因嘉國鎮乃師門真弟子也。國鎮年最少，入江邨之門最晚，而所得於江邨者乃最深。故此譜他人不能爲，而毅然爲之。于一生苦心之處，著力之事，亦庶幾乎刻畫無遺矣。獨念爲命一書，草創討論，修飾潤色，而辭始備。因與立兒等再四閲之，令其稍爲去取，以佐成國鎮之全瑜。《魯論》二十篇，孔子自叙之譜也。曾之《大學》，思之《中庸》，孟之《七篇》，皆所以譜孔子之所未發也。譜豈有盡哉？濂、洛、關、閩而後，以至姚江，迨我江邨，皆所以自譜其譜，以川流孔子之譜也。譜豈有盡哉？是在及門諸子以各得其師之所傳者，而各譜其師之精神面目，乃所謂殊途而同歸，一致而百慮，譜豈有盡哉？《説約》、《認真》諸篇，吾友自叙之年譜也。

予四十年受知之友也，言别既久，不敢以後死遂忘麗澤。獨坐之時，所隨筆而譜公者不足，與同人相對，隨口而譜公者，日不知凡幾。然編年紀事，本自宛見其人，畢竟少此一篇不得，國鎮此編足慰吾友，且以慰老懷矣。

## 禹鴻臚繪高江邨花源草堂圖陳文貞撰書記横卷

圖一紙，高尺有二寸七分，長二尺有八寸。恭録澤州陳文貞公手書《御製詩》一紙，高同前，長尺有三寸。《記》一紙。《午亭文編》逸載，高同前，長五尺有六寸强，《恭紀詩》一紙，高同前，長尺有七寸。後一紙，有同治初元讜齋主人跋語。

禹之鼎寫。

右四字係圖尾署款。下倒鈐「庚戌丁亥壬子乙巳」一印，殆即慎齋鴻臚生年日月時，誤倒鈐也。

恭録**御製詩：《題西溪山莊以竹窗二字賜高士奇》** 花源路幾重，柴橜皆沃土。烟翠竹窗幽，雪香梅岸古。

《題西溪》 十里西溪曲，修篁入望深。暖催梅信蚤，水落竹痕侵。俗藉魚爲業，園饒笋作林。民風愛淳樸，不厭一登臨。

右篆書十行恭録，尾鈐「子孫寶之」一印。

## 花源草堂記

上之康熙二十八年己巳春正月，南巡守，至武陵，幸西溪高君澹人草堂。御製詩一章，又取詩之第一章「竹窗」二字，親爲書以賜之。於是澹人以「竹窗」爲號，而以賜詩之首句名其西溪之堂曰「花源草堂」，所以識其遭遇之異，恩禮之隆，示不忘也。將使世之善畫者圖之，能爲詩者詠歌之。而謂余粗知文者，曰「爲我記之」。夫以澹人之承帝賚，迓天庥，雖微圖畫，世猶將傳述之。况今世善畫者衆，欲爲澹人畫者尤衆。若夫詠歌之，厥爲頌美，已盡其義，索然無餘，則今世之爲詩者能之，不必余文也。澹人之以余粗知文者，而問記於余，其意豈謂是乎？余惟草堂之事，不患不張大於時人之耳目，且書之國史，傳之後世，流播之遠且久，雖善畫者不能如焉，雖詠歌之無以盡，而頌美之無以加也。然則可爲澹人道者，恩重則報稱難副，地近則危隙易生，身事聖主，勉爲良臣，使芳名盛美，足以耀竹帛而垂無窮。則草堂之事愈益以傳，畫不畫，詠歌不詠歌，非所急務也。余衰殘閑放，無益於世，辱澹人之徵余文，其不以余言爲詩也。澹人嘗言南宋時其上世祖翥，樂道潔修，能爲歌詩，自名其居「信天窠」，理宗題賜「菊磵」，至今學者稱「菊磵先生」。蓋君宗之賢，聞於世而達於上者，世有其人哉！於記法得并書，謂是庶幾以當頌美之意云爾。澤州陳廷敬題。

右《記》行楷書四十八行，署名下鈐「陳廷敬印」、「説巖」二印。

康熙二十八年二月初十日，扈從聖駕，由昭慶寺至木橋頭泛小舟，賜幸西溪山莊，敬用沈約東園韻：華騶駐野橋，芝蓋停山路。漾舟入隈隩，仄徑紆仙步。修竹遞蔭覆，老梅自盤互。嵐光異昏曉，鳥聲變新故。瀏瀏吹面風，泫泫沾衣露。溪上舊柴桑，乃邀天一顧。厥壤饒筍魚，原禽有雉兔。乍春開總翠，驟暖落繁素。登閣延宸覽，賞逐雲烟暮。感此不世遭，山靈式王度。

聖駕臨幸西溪山莊，賜五言詩并御書「竹窗」二字。恭紀：渚水灣環路淺深，何期聖立一登臨。勾陳暫駐溪橋外，朗曜能迴澗壑陰。雪蕊烟梢光睿藻，竹窗梅岸洽宸襟。恩暉振古真難并。貞珉難鐫感激心。」「舊業重編枳棘籬，漁村淳樸只茅茨。松齋藥畹何曾有，嵐氣榛煙且是宜。弱草長成垂露葉，寒光盡發向南枝。何當玉趾經過地，千載流傳際會奇。」錢塘高士奇恭紀。

右《恭紀詩》小楷二十八行，署名下鈐「高士奇圖書記」長印。

西溪在武陵北山之陰，清流數十里，不通西湖，林壑幽邃，尤多梅，其空曠處彌望，則皆叢蘆修葦，莫秋乍花，一白如雪，極煙水之趣。游者必襆被信宿往還，故裙屐罕至。大抵西湖如美人，西溪如高士，顯晦特異爾。溪深處有茭蘆庵，爲董香光書額，誤以「交」爲「茭」，前人辨之。旁即厲樊榭與其姬人月上墓，嘉慶中，諸文人曾爲樊榭祀木主於庵，而月上附之。吴縠人祭酒爲作文，載《有正味齋集》中。澹人别墅當在初入西溪處，俗所謂留下者是也。宋高宗駐杭，欲以其地建都城，嗣不果，故名「留下」。又云董昌叛時，惟此地不遭兵燹，因有今名。不知孰是？

澹人少長于杭，宦成後遷居嘉興之平湖，與陸清獻公共里閈，其子孫百數十年皆爲平湖人，詢之杭，蓋不知焉。同治初元中秋，讜齋主人述，眉紋子書于皖口軍次。

## 朱竹垞臨曹景完碑橫卷

紙本。高六寸弱，長一丈六尺八寸，鉛絲欄，一百五十三行。碑文及自跋占一百四十行。後餘空行十三。

朱竹垞先生臨《曹景完碑》篆書。　同治初元閏中秋，邵亭眲叟皖寓所收，題以莊首。後鈐先徵君名字二印。

右一紙長二尺弱，篆書十字作十行，署款行書四行。

**曹全碑**文不録。

余九齡學八分書，先舍人授以石臺《孝經》，几案墻壁塗寫殆遍。及壯，睹漢隸，始大悔之，然不能變而古矣。康熙壬午，西陂先生出佳紙索臨《曹全碑》，老眼生花，旬日乃就。此猶桓宣武擬劉太尉，似處皆恨，矧并其形失之乎？先生慎毋示客，知能護故人之短也。三月既望，小長蘆金鳳亭長朱彝尊識，時年七十又四。後鈐「朱十」、「彝」、「尊」三小印。

右鉛絲欄一百二十二行，行七字，臨全碑，末行下有「頌魚審定」一印，又自跋行書二十七行，鈐三小印占一行。間一空行，後有「臣犖」、「西陂詩老書畫府印」，此印朱文。極精美，占一行。後一行中，有先徵君名印及繩孫名字印。又後有空欄十行，尚有餘紙二寸許，紙尾有「長生安樂徐傳經之印」、「徐頌餘印」、「德清徐傳經頌魚父鑑藏金石文字書畫之印」三印。

## 成親王錢吴穀人旋里詩册頁

紙本。高九寸四分，廣四寸四分。都十四幅，蓋即王當時手書贈穀人先生之真迹原本。憶咸豐己未，曾見此詩石刻拓本，是否此本鉤摹上石，抑係别書之本，記不確也。

憶昔金陀汪雲壑，懷抱向人真濩落。手把一編致我前，謂言當代詩人作。建安已來詩萬家，已與草木同泥沙。君知窮人是句律，且復與古争風化。雖無萬錢共箸下，幸有斗酒從人賒。酒中朋輩皆健者，弄筆亂抉詩蒙芽。但遇深林出肝肺，不知離别應天涯。徐陵庾信工隟句，子安義山曰莫遇。一夕初成《懷古篇》，千家合注《錢塘賦》。我於未面熟識君，叉手一揖先論文。書厨能行諒自愧，屋索空滿何足云。君還謂我詩多法，此語豈向他人聞。春風東來吹白雲，鄉心摇摇緑波紋。買舟便出東門道，襆被衝泥行李少。相送唯應數酒人，瓦瓶倒盡思芳草。捆書一嘆腐儒寒，待鬧多防津吏惱。假塗發興登太山，觸我舊夢窮躋攀。此行定逢張景巖，紫芝一葉童人顔。天際輕帆客歸矣，捧芝上壽庭闈喜。劇憐放筆弄湖山，也把爲官話閭里。君聽北港夜潮來，我正東華曙鐘起。又聞雲壑兩兒子，貧不能燈月照紙。呼來促坐與澆愁，歲莫聊分賣文采。丁巳二月，錢吴穀人先生旋里，成親王。

右十四幅，每幅行草三行，署款下鈐「成親王」、「詒晋齋印」二印。

## 龔半千畫法并柴丈畫説册頁

紙本。都四十七幅，幅高一尺餘七分，廣七寸七分。第一幅畫樹幹法，自一二三筆漸益至成枝幹，旁注筆法起止，并書其説。第二幅葉法，亦自一筆遞增至成叢。第三幅枝幹法。第四幅葉法。第五幅枝幹法。第六幅葉法。第七幅至廿幅皆成幅山水，疏密近遠，法法賅備。蓋用以教子弟者也。第廿一幅首題曰「柴丈畫説」，盡二十七幅爲説四十一條，書法參畫意，遒勁蒼古，變化莫測，洵興到之筆。《知不足齋叢書》中有《半千畫訣》一卷，檢校無同條，則是册又失傳之稿，恃此而勵存者，尤足珍矣。昔人論柴丈畫韻秀不足，非鑒之真。蓋山林氣重，富麗遜焉，有肖其爲人。觀于「畫家三等」之説，其高尚自許可見。此册同治壬戌獲之懷寧軍次，冀好事者亟壽諸石以惠學者。憶甲子冬江寧初復時，偶偕貴定程子循閑步，遥見小肆内明間縣一舊畫山水，紙已黤黑，因謂子循曰：「君曷往審視，若其署款，必龔半千也。」子循入看良久，出告余曰：「實龔賢筆，君何遠視若此？」余喜如戲彩擲成，相與軒渠，蓋書畫卓然成家者，如人之器宇丰采，迥異流俗，姑妄縣擬，不幸言中，使半千而在，聞此能不欣然鼓掌。

第一株□□□□，凡筆要遒勁。遒者柔而不弱；勁者剛而不脆。遒勁是畫家第一筆，煉成通于書矣。

自上而下，上鋭下立，中要頓挫。此十二字，注于起一筆旁。接左枝自左而右。此七字，注于六筆成枝幹旁。

右第一幅所題。此幅有「半千」、「柴丈」二小長印，又有「史在信印」、「董史」、「吴丹六」三印。

寒林稍枯不妨，春林便宜潤了，寒林枝禿，春林枝鋭，左枝重一道，竟從二筆中入，筆宜乾。

中枝加一筆，自上而下，從下剔上，宜直。從上而下，則宜遒勁。

添小枝時，必將通身加皴一遍。

右第三幅所題。是幅有「柴丈」小印及「董史」印。

葉無定名，惟人所造。此種俗稱爲扁點。筆要中鋒，始兩頭無起止之迹，大約其中多類書法之隸。墨不可一色，先將淡墨吃于筆底，再點稍□墨于筆尖，從上點下，自濃淡分矣。

三葉即分小出入，九葉即分大出入。

此葉之妙在一出一入。

一叢中葉，不但上濃而下淡，即一筆内亦有濃淡處。然後墨始靈。

右第四幅所題。此幅直「柴丈」小印。

□樹却不枯，□寒林添枝之諫筆也。

□還點葉，□身留白。若畫枯樹，便通身皴黑了。

右第五幅所題。是幅有「柴丈」小印，又有「直道人」印。

**柴丈畫説**

畫家三等：畫士、畫師、畫工。

畫士爲上，畫師次之，畫工爲下。或曰畫師尚矣，何重士爲？柴丈曰：畫者，詩之餘；詩者，文之餘；文者，道之餘。吾輩日以學道爲事，明乎道，則博雅亦可，渾朴亦可，不失爲第一流人。故詩文字畫，皆道之緒餘，所以見重于人群也。若諄諄以筆墨爲事，□比賤也。雖然，畫師亦不可及。作法以垂後世，立規而憲衆能，始□爲師。所以抑師而揚士者，獎人學道[也]。明乎道，始知畫之來由；不明乎道，所謂習其事而不明其理者是也。若畫工，既不知畫理之所存，又不能立法作則，而資繼起，徒以歲月而易人廪給，[古]人所謂賣日者也。以手養口，何異運斤彫瓦之人？君子恥之，鄙其名曰「工」。工與士，若乘騄駬而分馳也。

畫家四要：筆法、墨氣、丘壑、氣韻。

□□筆法再□丘壑氣□講丘壑，氣韻不可説，二者得，則氣韻生矣。筆法要古，墨氣要厚，丘壑要穩，氣韻要渾。又曰筆法要健，墨氣要活，丘壑要奇，氣韻要雅。氣韻猶言風致也。也筆中鋒自古〔三〕，墨氣不可以歲月計，年愈老，墨愈厚。巧不可得，而拙者得之，功深也。鄭子房曰：「柴丈墨氣如煉丹，墨氣活，丹成矣。」此語近是。

**筆法**

筆要中鋒爲第一，惟中鋒乃可以學大家。若偏鋒，且不能見重于當代，況傳後乎？中鋒乃藏，藏鋒乃古，與書法無異。筆法古乃疏，乃厚，乃圓活，自無刻結板之病。

右三等、四要、筆法，聯書四幅，首有「半千」白文竟寸方印，又有「董史氏」、「史在信印」二方印。

空景易，實景難，空景要冷，實景要鬆。

冷非薄也，冷而薄謂之寡，有千丘萬壑而仍冷者，静故也。有一石一木而鬧者，筆粗惡也。

筆墨簡者自冷。

筆墨關人受用，筆潤者享富，筆枯者食貧，枯而潤者清貴，濕而粗滯者賤。

後枯加潤易，從濕改瘦難，潤非濕也。

樹潤則山石皆潤，樹枯則山石皆枯，樹濃而山淡者，非理也；濃樹有初點便黑者，必寫意，若工畫必由淺而加深。

濃樹有加七遍墨者，若七遍皆濃墨，則不成樹矣，可見濃樹積枯成潤，不誣也。

加七遍墨，非七遍皆正點也。一遍點，二遍加，三遍皴，便歇了待乾，又加濃點，又加淡點，一道連總染，是爲七遍。

濃樹不染不潤，然染正難，厚不得，薄不得，厚有墨迹，薄與不染同。濃樹内有點有加，有皴有染，有加帶點，有染帶皴，不可不細求也。

直點葉則皴染皆直，若横點葉則皴染皆横。

濃可點，淡可加，乾爲皴，濕爲染。

加淡葉，則冒于濃葉之上，但差參耳。

一到加葉時，其中便寓有皴染之理。

樹中有皴染，非皴自皴而染自染耳。乾染爲皴，濕皴爲染。

若皴染後，樹不明白，不妨又加濃點。

樹葉皆上濃下淡，濃處稍潤不妨，淡處宜稍乾。

點葉轉左大枝起，然後點樹頭，若向右，樹即不妨先點樹頭矣。

點濃樹最難。近視之，却一點是一點；遠望之，却甚混淪，必乾筆濃淡加點，而混淪處皴染之力。

有一遍葉不加者，必葉葉皆有濃淡活潑處。若死死墨用在上，無取疏林也。

疏林葉四邊若漬墨，而中稍淡，此用墨之功也。筆外枯而内潤，則葉乃爾，明此法，點苔俱用。

點葉必緊緊抱定樹身始秀，若散漫，則犯壅瘇病矣。

一縱一横，葉之一道。

點葉不可見筆尖筆根，見筆尖筆根者，偏鋒也。

中鋒鋒乃藏，藏鋒筆乃圓。筆圓氣乃厚，此點葉之有至也。

松針若寫楷，横點若寫隸，半菊若寫草，圓圈若寫篆。

松針有數種，然亦不可亂用。大約細畫宜工，粗畫宜寫，長而稀者爲貴。

若枯松，竟有不畫葉者，亦有僅畫數葉者，以少爲高。

松宜孤，柳宜衆。衆松類壽□，孤柳類美人景。

孤松在林，必高衆木。

松多直立，柳多偃卧。

松依石，柳依水；松在高岡，柳在淺瀨。

松愈老，葉愈稀；柳愈老，條愈疏。筆力不高古者，不宜作松柳。

柳不宜畫，惟荒柳可畫。凡樹筆法不宜枯脆，惟荒柳宜枯脆。荒柳所附，惟淺沙、僻路、短草、寒烟、宿水而已。他不得雜其中。柳身短而枝長，丫多而節密。

畫柳之法，惟我獨得，前人無有傳者。凡畫柳，先只畫短身，長枝古樹，絶不作畫柳想。幾樹皆成，然後更添枝上引條，惟折下數筆而已。若起先便作畫柳想頭于胸中，筆未上伸而先折下，便成春柳，所謂美人景也。

柳條折處要方：條與枝若接實不接，若不接實接，所謂意到筆不到可也。

柳丫雖多直，用向上者伸出數枝，不必枝枝皆出也。

畫樹惟松柏、梧桐、杉柳并作色楓葉有名，其餘皆無名也。然畫家亦各有傳受之名，如墨葉、扁點、圓圈之類，正不必分，所謂桑柘槐榆也。

畫葉原無定名，惟傳者自立耳。畫葉原無定款，惟畫者自立耳。畫葉雖無定式，然不可流入小方，并離經叛道，人所不恒見之類。大約墨葉、扁點、芭蕉、披頭、圓圈數種正格耳。他雖千奇萬狀，皆由此化去。如墨葉一種，化而爲肥墨葉并直點，瘦而爲半菊，長而爲披頭，横而爲虎鬚，團而爲菊花頭，飛白爲夾葉，亂而爲聚點。扁點化而爲圓點，横而爲長眉，信筆爲斜點，放而爲大點，枯而爲細點，雙鈎爲鳳眼。披頭化爲長披，爲淡景，爲覆髮，爲直點，爲白羽，爲飛毛，爲懸針。圓圈化而爲草四，爲篆六，爲全菊、半菊，爲聚果，爲旗扇，爲栗色，爲挂茄，爲芭蕉葉，爲白翎，種種不一，不可名狀，皆以前五種爲母。

主樹非墨葉即扁點，此二種又諸葉之正格。

畫葉之法，不可雷同。一樹横，則二樹直，三樹向上，四五樹又宜變改，或秋景便用夾葉，幾樹中定用一夾葉者，謂之破勢。幾樹皆墨，此樹獨白，欲其醒耳。

右廿七幅，每幅六行，末未署名，惟鈐「龔賢之印」、「半千」竟寸二方印。

## 王安節繪浣花餘馥山水册頁

絹本。高五寸六分，廣八寸强。都三十幅，惟首幅鈐白文「王概印」及朱文「安節」；末幅鈐朱文「概」、白文「安節印」二分許四小印。是册頗法趙宋院本，參取元明大家而運以己意，靡法不備，其精能超絶，豈讓耕煙散人？錢塘吴仲遠分轉深於六法，曾假臨摹，至再匝月，謂古今來以繪事名家者，似此卅幅，畢生能成幾許？不十年寢饋其中，一藝之名，固未易也。同治壬戌、癸亥間，侍先徵君客曾文正公安慶軍幕時，偶留意繪事，適許丈益齋太守于祁門軍次獲此册，屬先九叔父善徵公寄示，許丈奬益後進，致可欽矣。今忽忽數十年，繩孫一藝未成，深負長者期許。惟審繹安節所繪杜句意，先後倩名流書全章于當幅左方，珍弆以志不忘云爾。

# 石濤墨筆山水花卉册葉

紙本。高尺有一寸，廣尺有五寸。以絹底舊紙及宣城紙各三幅，作墨筆山水。前五幅隨興潑墨，其雄厚蒼莽之氣，雖大癡、白石翁殆無以過之。末一幅則岸蘆遠岫，水天一色，一小艇容與中流，有老杜「江湖滿地一漁翁」句意。又如泛西子湖孤高自賞，非倪高士一流，那得有此超逸景象。白雲秋水，秀韻天成，與前五幅如出兩手。乃知此老胸中丘壑，不易窺測。又以穀紙墨筆作牡丹、荷花、瓶花、綉球、蘭花五幅，水仙一幅，則以粗羅紋紙，蓋興到時輒用案頭殘幅隨筆揮洒，漫題詩歌，集成此册。校其經意之作，尤饒天真興趣，真鑒家自能别識。憶同治癸亥，張丈仙舫觀察曾持贈先徵君石濤著色繪太白《將進酒》詩意絹本大幅，書李詩并題跋于幅顛，未幾，爲李丈芋仙大令奪去。余又獲石濤巨册十開，以細筆寫佛地山水〔四〕，重巒古木，怪石懸泉，畫十幅，滿紙無小空隙，皴法多效黄鶴山樵，僅署「大滌子陳人濟」數小字于末幅，皆其精能傑作，亦爲李丈久假未歸，今歷數十年，夢寐猶未之或忘也。

老年不替少年行，少年不信非天問。而今踪迹費憑空，都載少年一笑中。後人莫不有初時，束髮帔襟强自支。六十年來身是客，五湖四海任漂忽。高襟長袖豈翩翩，未曾放筆先了緣。

伸懷相望蓬萊子，蓬萊愴悴顛髦裏。髮書密甚闢四羣，鰲民播弄山中雲。山中星斗驚座寒，錯落墨池開我顔。我非傴息工奇拙，終日奔騰向我奪。萬狀千尋巨不來，一時目睫天暫回。我歌一曲君一弦，古今去住那得前。我周尺寸呼仰止，若不忘言誰則天。

右用絹底舊紙，作山水行書七古十二行于畫幅之左。又左鈐「半個漢」、「阿長」二印，下角有「菊坪珍賞」印。

礐董非董，礐米非米。古人今人，誰師誰體。但出但入，平翻筆底。

右亦用絹底舊紙，作山水楷書四言六句七行于右上角，鈐「半個漢」印，下角有「菊坪珍賞」印。

偶來尋石叟，吟上一峰顛。仰卧雲根石，俯臨天際船。江翻天白日，路轉叠青田。一笑蒼茫裏，飛揚讓謫仙。

右亦用絹底舊紙，作山水楷書五律二行于右下，鈐「半個漢」印。

誰共浮沈天地間，老無一物轉癡頑。不知石硯荒如許，醉裏吟成對客删。

右宣城紙，作畫山水四行楷書七絶于左角，下鈐「粤山」、「阿長」二印；右下角鈐「菊坪珍賞」印。

弄墨游行三十年，不逢别者不開拳。此中多少閑田地，荒却白雲秋水邊。

右宣城紙，作山水小楷四行題七絶于右上角，左鈐「鈍」、「根」二小印。

茱萸灣裏打西風，水上行人問故宫。秋草茫茫滿天鴈，鹽煙新漲海陵東。邗溝嗚咽走金堤，禪智松風接竹西。城裏歌聲如鼎沸，月明橋上有烏啼。廣陵城上月兒圓，廣陵城下水如煙。乳燕乍飛天乍曉，江家墩下買游船。水上笙歌葉葉輕，水門初啓放船行。折花蕩子沿堤去，牽起湘簾隔歲情。重重臺榭直西寬，側岸平橋點石欄。却怪圩人未歸去，隔牆金粉漸成寒。垂楊一曲午逍遥，城郭依稀在碧霄。蝶板鶯簧勾不住，許多兒女問紅橋。百尺朱欄跨緑波，游人終古説肩摩。一從錦纜看花後，此地常聞麥秀歌。韓園雖好殯宫荒，歌妓魂歸恨杳茫。堤外蓮花千萬朵，不知誰似舊人香。法海寺前多素秋，清平橋畔足嬉游。兒童偏愛觀音閣，看殺燒香不輕頭。三山頂上望紅塵，無數衣冠總未真。大業風流難寫出，繁弦急管爲誰春。戊寅《廣陵竹枝詞》之十一。清湘大滌子。

右宣城紙作山水上半幅，題《廣陵竹枝詞》，隸書廿四行。署款下鈐「半個漢」、「阿長」二印；又下有「菊坪珍賞」印。

萬姿千態似流神，一度看來一面真。雨後可傳頃國色，風前照眼賞音人。香携滿袖多留景，品入瑶臺不聚塵。寄語東君分次第，莫教蜂蝶亂争春。

右穀紙墨筆作牡丹，四行楷書七律于右上方，左鈐「半個漢」、「阿長」二印；下角有「菊坪珍賞」印。

寶相初圓淡似秋，一花兩葉插中流。不然豈少胭脂在，稱意還須水墨勾。

右穀紙墨筆荷花，七行楷書七絶于幅右上角，鈐「阿長」印；幅左下角有「菊坪珍賞」印。

瓶裏花開宛向人，雨中人遠獨花親。對花作畫將人意，畫裏傳神總是春。

右穀紙墨筆瓶花蕙、海棠各一枝，三行行書七絶于幅左下角，下鈐「半個漢」、「阿長」印；左下角有「菊坪珍賞」印。

丰姿不與世花柔，無限瑶光豁我眸。暫寄筆端休逞色，天工零落玉爲球。

右穀紙墨筆綉球，竟寸行書題七絶于下，鈐「耕心草堂」印，大亦竟寸；右角有「菊坪珍賞」印。

此道余寫四十□年，今尚有得失，若一氣渴心粗，則何能下筆。清湘大滌子請別出一隻眼。

右穀紙墨筆蘭花，行草題三行于右，鈐「小乘客」、「得一人知己無憾」于左，下有「菊坪珍賞」印。余則以爲此幅殆不免氣渴心粗之病，與其所題語正爾相反，然又决非贋作，真鑒家以謂何如。

前宵孤夢落江邊，秋水盈盈雪作煙。率爾動情閑惹筆，寫來春水化爲仙。

右羅紋粗紙墨筆水仙，隸書七絶于右上角，鈐「粤山」、「半個漢」二印；下角有「菊坪珍賞」印。

## 鄭慕倩山水册頁

紙本。畫八幅，高約八九寸，大小不一，筆意秀逸，饒有韻趣。詩及題語皆清雅可觀，蓋學人之筆，逸品也。册中所鈐印章不同者有三十方之多，殆其自作，是慕倩又印人也，然其篆刻則遜于畫矣。

過眼雲煙看不了，平時申卷甚爲癡。黟山那得倪黄見，倘使登臨畫更奇。△丹臺眺遠。慕倩。

右詩以分許小楷二行題于幅右，僅此一幅着色，署款下鈐「鄭旼之印」、「穆倩」二小印，幅左下角有「我思古人」印。

所恨予遊晚，松乎豈不年。尚留恨作記，空恃石能堅。歲月忽今古，滄桑小變遷。却如敦大節，身後亦名傳。予到黄山，破石松已摧矣。導者謂當年形象若此。旼。

右詩以分許小楷三行題于幅左，署名下鈐分許「穆倩」小印，下有「□中一點分明處不負高山不負人」、「醉鄉侯印」，畫之右偏押山皺上有「以畫説法」一印。此下七幅皆墨筆山水。

影動潛蛟夜壑秋，萬山深處起高樓。不嫌瞶瞶閑情對，洗耳何須更上流。宿狎浪閣作。

鄭旼。

右詩以分許小楷四行題于幅顛，署名下鈐「穆倩」小印；幅下左角鈐「耕硯」、「古歙鄭旼慕倩書畫印」、「得意書」三印。

風泉有清音

右五字以分許小楷書于幅右上角，下鈐「慕倩」小印。又一幅左鈐「磊磊落落」；右鈐「穆倩」二印。另一紙題論元道州《中興頌序》語，與畫無涉，不録。

又一幅左鈐「穆倩」，右鈐「昗墜弌盋」二印，另紙題論太公語，極迂誕，不録。

以《停雲》、《榮木》、《歸鳥》合爲一圖。柴桑當燕巢林木之時，百感填膺，不爲縣令，以種秫未登時可去也。用天之道，分地之利，孰不思際明時，偶抹小册六番，隨其興到書之。鄭旼。

右畫幅右下角鈐「穆倩」「淵飛魚躍」二印，左鈐「世外狂夫」印。另紙行書六行題語如右。署名下鈐「鄭穆倩」、「中國男子」、「滿眼雲水色明月樓上人」三印。

米氏父子以恩廕入爲博士，故得免於元祐之禍。吾于程子正路《西園雅集圖跋》言之悉矣。蓋聖門之南宫适也。斯世不應不見其人，予望古遥集，且聞顔州守之得寶藏碑下墨迹，故作米氏落墨而附書之。鄭旼。

右畫幅惟右下角鈐「受孔子教」、「穆倩」二印。另紙行書六行題語如右。署名下鈐「鄭旼私印」、「穆倩」、「琴心節酒餘」三印。

## 羅兩峰方白蓮夫婦畫册

絹本。高七寸三分，廣九寸六分。凡八幅，首四幅兩峰畫樹木、竹石、芭蕉、浮屠、洞天，每幅繪莊嚴佛像一尊；後四幅白蓮畫奇花四相圖，皆筆意雅淡，誠如張船山先生跋云：「非五濁地人所能夢想也。」同治初，沈伯川司馬介戴君禮庭求先徵君書，以是册相報。

無量壽佛化城莊嚴變相圖，宋句龍爽畫，羅聘敬摹以祝長文宋先生壽。

右佛像署款隸書六行，下鈐「羅」、「聘」二小印。

娑蘿花　兩峰。

右一葉立題隸書三字，右方有「白蓮小女」一印。

如意花　「羅」、「聘」二印。

右一幅横題隸書三字，下鈐「羅」、「聘」二小印；右方有「方氏白蓮」印。

龍巢花

右一幅立題隸書三字下鈐聘印左方有白蓮小女印。

木蓮花　兩峰。

無憂林中奇花四相圖。白蓮方氏敬繪。下鈐「方氏白蓮」方印。

右一幅横題隸書三字，下鈐「兩峰」印，下楷書署款二行。蓋隸書爲兩峰題；小楷二行，白蓮自署也。

此揚州新羅山人兩峰暨其婦方氏白蓮合册也。山人爲冬心翁入室弟子，而白蓮亦出自名門，伉儷之篤，播于邗上。嘉慶十年歲在乙丑冬十月，于庭一兄出視其尊甫長父先生祝壽諸册，獨此册最爲超出乎尋常者。兩峰夫婦俱精内典，故其人物、花卉各具莊嚴之相，恐非五濁地人所能夢想也。焚香頂禮數過，不禁歡喜無量云。船山張問陶。□下鈐「仲冶」、「張問陶」二印。

右跋行書十五行，末有「宋黻之印」、「千里鑒藏」二印。

## 張懷白繪李申耆蕭子滂諸君同舟圖横卷

紙本。廣狹具卷中荆溪劉鋞所撰《圖記》。圖前爲侯官林文忠公署首一紙，圖後劉記及蕭詩爲一紙，次祝、季、陸三詩爲一紙，又次李申耆先生及楊詩爲一紙，吴、姜、張三詩及季仙九重題識爲一紙，最後莊眉生士彦書後又一紙，都六幅，裝爲長卷。《記》中不詳諸人姓名，僅著其字及所居籍；莊氏書後則兼詳姓名，而不及伐閲。張懷白、蕭鼒東之名又隱不書。《圖記》所謂篠山，蓋指大祝子常，春江即夏氏秝薌也。憶咸豐己未侍先徵君客京都，識江陰吴冠英丈儁於椒山祠，蓋風雅士，精六法，審嗜金石，善拓吉金全器，與六舟僧同擅其長。嗣於安慶軍次，見其所繪桐城姚石圃都轉瑩與當時名流方植之、包慎伯、劉孟瞻諸先生《講藝圖》，洵寫真能手。而同時長洲彭朗峰氏藴璨輯《畫史匯傳》，凡著於録者七千餘人，博極搜采，實古今畫家淵海。如武進湯樂民經歷禄名，伯仲三人均年少生存，并著於編。斯時吴丈冠英、張氏懷白，俱以丹青名於時，又近在鄰邑，獨遺不載，蒙所未解。因録懷白此圖，吴丈又其同里，已久歸道山，適觸於懷，遂連累書之，益以見一藝之名傳不傳，殆有幸不幸歟！

《同舟圖》，草書，大六寸許。子滂詞兄屬，道光甲午人日，林則徐題，行書。下鈐「林則徐印」、「吴越秦楚齊梁使□」，首有「管領江淮河漢」白文長章。

《同舟圖》，篆書。子滂屬懷白補圖，琴甫篆，行書。下鈐「袁桐私印」并在圖尾。

《同舟圖記》。《圖記》冷金箋書，蕭子滂詩接書於後，共一紙。

圖衡五尺，縱三之一，墨所加盡之，巨浪四繞爲一舟，尺有二寸而羨。中舟而爲木篷，平其頂，窗櫺四達。前一檣長類舟，帆叠置篷頂，帆縴二，上自檣頂下掇帆有餘，則見篷後，一依檣，一颺前，作微風勢，篷底設几一，後置茶具，圖形者十一人。篷之下兩人，白鬚而撫几對坐者，後篠山，前弦齋，仙九執卷其旁，探首檣間者賡颺，坐向後者懷白。近懷白而撫舷面水一少年子蒼，舟尾挾柁而贔屭以蹲者申耆。船頭坐語者二人，内面循陔者春江，循陔對之。一人立檣下，矯首仰而盱，若語柁公「風利欲拽帆」者子滂。篷之後童子背面候茶者，子滂之兄子黼東也。此十人者，自篠山、賡颺、循陔、仙九、懷白之居江陰，外此則申耆居武進不同，弦齋、春江、荆溪又不同，子滂、子蒼居浙之山陰，則更不同。然而嗜好同、意氣同，并時而聚首於江陰，無不同也。且此十人者，大半各不相識，皆因子滂以遞爲納交，則又同也。或曰懷白之爲是圖也，語云「同舟而遇風，則胡越可以相救」，喻友誼之摯也。圖之命名以之。道光甲申立春後三日，弦齋劉鏗記。

澄江喜遇張懷白，寫真名手誰能敵。添毫一一肖以神，不寫姿容寫心魄。吾黨論文亦心交，相逢不以形骸隔。繪得同舟十一人，吴越名流接裍席。談詩脱帽君山巔，滄州笑傲憑誰識。荒陂一角不成村，遠水三分渺難測。乘風一日行千程，化工如得飛仙筆。可惜坡公不見吾，明月清風追赤壁。後賢雅尚景前賢，天風吹繞雲蘿宅。何人自識真面目，幾輩能教壽顔色。預愁別後談宴稀，每際良會生淒惻。他年再展《同舟圖》，定有同人濟川客。道光甲申子滂蕭以霈自題。下鈐「蕭以霈印」、「子滂」兩印，此書於劉弦齋《圖記》書之後，共一紙，《記》前下端鈐「雲蘿仙館」一印。

祝子常、季仙九、陸萊藏三詩共一紙。

大江千里與萬里，郭李同舟偶然爾。一朝暢懷有如此，同舟書屬諸君子。柁師一人鎮舟尾，鳳凰臺客河西李。張帆一人蕭公子，元龍之豪湖海士。子蒼怡怡好兄弟，皎如玉樹篷窗底。黼東英英最妙齒，鼎鐺候火微傾耳。懷白天機發妙理，僧繇後身古畫史。彭甫净拭烏皮几，擁書面南百城抵。春江雅範略相似，滿目文瀾散霞綺。秫薌經經而緯史，筆舌隨意如翻水。仙九仙乎難可擬，千頃汪汪波瀰瀰。登之不清擾不滓，吾家賡颺笑且喜。就淺就深一肩仔，子常平生感知己。一心區區共終始，長空一色浄於洗。飛流乘風去如駛，泛泛中流采芳芷，溯洄從之宛中沚。子滂尊兄正。祝百十未定稿，壬午正月。下鈐「百十之印」。

子滂庚辰甫識我，屬題《大江秋艇圖》。江煙漠漠一葉小，意氣已若相招呼。雲蘿幾年拓吟館，傾襟倒屣無時無。世間廣厦豈易得，願駕萬斛凌五湖。神仙艷説李與郭，泛泛二子毋乃孤。分舟載客若陶峴，扣弦擊楫終難俱。遂緣舊圖發新意，雜寫人涉兼卬須。卯君子蒼俯欄檻，小阮黼東吹茗爐。徵君炯炯明雙臚，違庵道人恬且愉。懷白側面工自肖，賡颺豐頤而鬒鬚。船頭挈伴坐相對，春江媚嫵蠊廬臞。子滂一心期共濟，仰視飄脚風桅扶。何人倚柁相首尾，鳳凰臺長方踟趺。篷窗中間厠賤子，猶手一卷寧非迂。同舟如此致足樂，蛟螭避走鯨鱷驅。居然五六數中合，或者天遣同嬉娛。朝朝潮頭打鵝鼻，自此入海真委輸。蓬萊三山引船返，求仙訪藥胡爲乎？頗聞黄河落天上，江淮轉漕多艱虞。峨艑巨舸塞京口，腰笏欲挽愁易于。豈如飽張十幅蒲，縱意所往無程途。平生要破萬里浪，豪邁那同千金壺。不然捲圖睨素壁，到岸一笑皆盧胡。右乙酉春月爲子滂題《同舟圖》作，未書於卷。兹子滂自彝陵寓書屬補録之。圖中之人半已雲散，言念疇曩，良用惘然。子滂覽之，其亦思合併之難。而有摩挲珍惜於此圖此詩者乎？丁亥正月五日季芝昌并識。下鈐「季芝昌」一印。

故人尺素馳長鬚，山重水複來盤紆。手持一幅錦裝古，展看乃是《同舟圖》。圖中之人凡十一，十輩當年舊相識。個個傳神阿堵中，除是長康無此筆。愛而不見李青蓮，鑄金願事年復年。千金一諾重季布，微特詩翰夸神仙。言行質且推夏馥，八分兼擅稱三服。博極群書劉孝標，談玄未敢輕癡叔。誰與好事蕭大山，小山詩亦雛清孱。阿咸獨得阮孚愛，他年冀列娥眉班。祝氏二翁尚高義，象器爲兄景先弟。傳道今年伯氏亡，天涯欲墮傷心淚。畫人畫骨張文通，鬚眉還自傳形容。三毫真態誰叔則，一片靈臺誰晋公。此圖無繼兼無偶，此舟信道人才藪。破浪乘風指顧間，文章半係扶輪手。結交盛道南蘭陵，十年文宴如川增。若不同心有如水，雲翻雨覆天應憎。筌蹄契協紛若鳳，不起風濤憂患共。而今踪迹散東西，黄金煉得張高夢。我與蕭青亦舊游，别來人海一虚舟。相思惹得秋衾夢，夢向雲蘿逐俊流。李賡李賡共誰濟，掛冠畢竟輸君易。宦海沉淪兀不安，中流捩柁我其替。丁亥新秋奉題子滂仁弟大人雅屬即正。萊藏陸我嵩稿本。後鈐「我嵩私印」、「來藏」兩印。

李申耆詩一紙，紙尾有楊傳棨一詩。道光五年是乙酉。

子滂二兄屬江陰張懷白寫照，兼寫諸友并令弟子蒼，賢小阮鼒東，凡十一人，爲《同舟圖》，宜興劉彭甫爲之序。携以索詩，是日子滂觴我於輩學齋，集者九人，皆圖中人也。不與者彭甫、鼒東耳。飲罷復登君山尋殘梅，望海門，慨然有懷，即題其卷。道光五年二月十一日也。

入春五十日，十日九日雨。今日風日好，頓覺興可鼓。呼朋挈臺榼，入座忘賓主。縱横飛觥船，料量配醯醑。壁間拓横幅，一一肖眉宇。居然答形影，便欲相爾汝。聘君中嵬峨，老友得原父。挾册博士仰，讀書僧繇俯。令弟旁倚檻，小祝前窺户。船頭坐者誰，張目説今古。孝廉及茂才，肥瘠各媚嫵。公子立傍桅，拱手顧而語。下走慚長年，扶柁若遥許。茶爐水壇側，同侄背吹火。生氣出毫髮，夢蝶真栩栩。公子那得百斛船，載此間友相周旋。掛帆何方泊何所，試往位置巫門邊。春申之山高童童，當年珠履多英雄。洪波滔滔東到海，猶鬱餘怒飛濤瀧。峨舸巨艑日出没，鯨牙鱷齒相撞衝。圖中之人膽何壯，敢破萬里乘長風。去年仲冬十二日，惡風無端恣狂突。一日一夜無停聲，驟如三軍喊如鬭。烏支祁驕掣斷鎖，頭觸淮堤尾捎抶。巨障横崩水懸注，幾萬生靈澄蟣蝨。山陽廣陵半爲海，洪湖瀉乾不没膝。都水使者相對泣，壘高掘深已三月。漕渠一綫不可行，欲濟千艘恐無術。春來差喜雨水多，桃雨江潮并堤溢。樓船噭嘈銜尾前，計里斯時抵石鱉。三閘新來通利無，太倉何日輸嘉粟。怪哉此舟如野鳧，中流方羊樂只且。弦旁蓬蓬浪花起，咫尺風雨當何如。失聲一擲瞪眼視，十數措大安施乎？會當努力作篙槳，縭維矴槃勤侍儲。天風浩蕩吹衣裾，梅花微笑偎山隅。汲泉敲火與澆酒，日已斜睨吾歸歟。詩成頭懵不辨楷，請携以還付阿買。并煩寄語然藜人，此刻攤書且須罷。李兆洛屬稿。下鈐「申耆」、「李兆洛印」兩印。

先徵君舊藏李申耆先生嘉慶乙卯書放翁詩四幅，完白山人之嗣君鄧守之丈傳密跋，謂乙卯申耆先生年五十有一，則此詩成於道光五年乙酉，蓋先生五十七歲時作也。宣統庚戌繩孫謹識。

駭浪頹風我已驚，愧無忠信馭長鯨。何時得芘篷窗底，同向牛流自在行。壬辰十一月喜晤子滂尊兄，出圖索題，率成二十八字，陽湖弟楊傳棨。下鈐「楊棨懷屺」一印，書於中耆先生詩後餘紙。

**吴仰峰、姜訪溪、張師齡三詩及丁酉九月季仙九重題共一紙。**

生綃滿幅賺雲煙，誰泛秋波米畫船。得似西園成雅集，能交北海盡時賢。鷗鄉知在遥村外，鴉點翻從薄幕天。一曲霓裳同日洛，乘槎快向斗牛邊。子滂尊兄大人屬題，仰峰弟吴翊清稿。下鈐「吴翊清印」、「幼峰」二印。

人在水雲鄉，凌虚瞷混茫。前塵何歷歷，此境且相羊。蘭訂同心譜，茶烹折脚鐺。蓬瀛看咫尺，風利快無航。子滂仁兄大人屬題，訪溪弟姜祥磻草。下鈐「臣磻」、「菖湖漁郎」二印。

老輩風流碧社盟，同舟亦有百年情。一鄉遠脈如相接，六代狂瀾不受驚。鸞鶴都成觀海想，魚龍要聽和詩聲。遲余高會金山頂，何日江天短棹横。余嘗有志集大江南北名士觴於金山。子滂仁兄大雅正句。師齡張祥河。下鈐「張」、「祥河」二印。

道光丁酉九月重觀於泲南使署之四照樓，時與子滂同宦山左，而余將受代北行，益不勝聚散之感云。季芝昌識。下鈐「臣芝昌印」一印。

**莊眉生此跋在最末，另一紙書。**

道光甲申，予在瀔江，與張君懷白同寓祝氏之宛舟學舍，懷白善傳神，曾爲子滂作《同舟圖》，圖中凡十有一人。李丈申耆兆洛，祝丈子常百十，賡颺登墀，夏秫薌朝翼，季仙九芝昌，劉弦齋鏗，劉春江濟，蕭子滂以霈，蕭子蒼以霦，蕭黼東、懷白亦與焉。余因賡颺丈識子滂，因子滂識弦齋、春江及子滂之弟子蒼、侄黼東，時申耆丈主講暨陽書院，常偕子常丈、仙九、秝薌集雲蘿館，刻燭咏詩，予亦幸厠其間。距今已三十年矣。圖中人大半歸道山。仙九現居里門，子滂則十年不通音問，一家不知漂泊何所。余於二千里外忽見此圖，棖觸前因，不禁死生契闊睽合聚散之感云。咸豐甲寅十月之望，陽湖莊士彦書後。下鈐「莊士彦眉生父」一印。

## 【校勘記】

〔一〕「家雲卿」，莫繩孫抄四册本作「莫雲卿」。按，古人稱同姓長輩爲家某人，不稱姓，以示尊敬。

〔二〕《郘亭日記》咸豐十一年十二月廿三日記：「繩買得明詹東圖景鳳畫竹并自題絶句寄見如丈直幅，亦萬曆辛未作，東圖休寧人，前人稱其畫竹清勁絶俗，觀此幅，信然。書、詩亦妙品。」可與此互參。

〔三〕此頁浮簽莫繩孫注云：「『也筆中鋒』四字，疑有疑誤。」

〔四〕細筆：原爲「墨筆」，後圈去「墨」字，改爲「細」字。

# 書畫經眼録跋〔二〕

凌惕安

獨山邵亭莫先生以同治辛未卒於揚州，而學者悲思，天下嚮慕。片言遺文，奉若球璧。其仲嗣仲武復於墨經中，足成先生未經删定之書三種：曰《宋元舊本書經眼録》，曰《書畫經眼録》，且就所見輯爲《附編》，以嘉惠士林，可謂善繼善述者矣。《宋元舊本書經眼録》當於癸酉七月刻於金陵，足備目録家之參訂。惟《書畫經眼録》適仲武以應官槺樾，未及綉梓，荏苒遂六十年。顧其中於吴、唐、蜀、宋名迹頗可考見，又爲先生精神所寄，未可聽其終闕。今年春，馳簡尋求。仲武嗣君經農郵政見屬，辭恉凄婉，受書三嘆。自亦以爲歷刦滄桑，甲子一周。此稿獲歸於我，則播行之事，豈他人任？因詳加校讎，重付寫官，而原稿之間有待於編查者，亦爲之檢討記識，脊倫節比，以如其旨。綜覽一過，足豁心眸，乃舉以授梓人。人生快事，孰逾於此？獨憾當時攝影術未入中土，未能各著其迹象以顯其神奇，此則時代之所使然，而無可如何者也。即觀全書所輯才數十種，以先生之聞望所至，群流鏡仰，争貢所庋以求鑒定者比比也；而所見尚僅止於是，他何論焉！余以民八如故都，見武英殿所陳列歷代名迹，無慮萬千。向所稱天府之儲民間無由得見者，皆獲躬與其盛，心醉而神移者若而日，此蓋時代之賜也。若論眼福，則後來者居上矣。安得起先生於九原，一一評騭之，以估定其價值。庶幾是人是物，兩不相負耶！誠以書畫一事，學也，而幾於道矣；非性靈、學問、道德兼而有之，不足以臻上乘而流傳於後世。亦非具斯三者，神與古會，不足以言識別。先生生平造詣既足垂致千古，而眼力復高出於一時，書畫經其品題，真乃相得益彰，若斯編者是也。校既竟，因書所懷以爲緣起。民國二十有二年十月。

【校勘記】

〔一〕此跋原無，據民國《貴州通志·藝文志》所録點校，附於書末。